Michèle Neuland
Neuland-Moderation

Neuland
Verlag für lebendiges Lernen

Künzell

Für meinen Vater,
der den Weg für dieses Buch bereitet hat.

CIP-Titelaufnahme der Deutschen Bibliothek

Neuland, Michèle:
Neuland-Moderation / Michèle Neuland. [Karikaturen: Guido Neuland]. – 4. Aufl. – Künzell:
Neuland Verl. für lebendiges Lernen, 2001
ISBN 3-931403-24-6

Das Werk einschließlich aller seiner Teile ist urheberrechtlich geschützt. Jede Verwertung ist ohne
Zustimmung des Verlags unzulässig. Das gilt insbesondere für Vervielfältigung, Übersetzungen,
Mikroverfilmungen und die Einspeicherung und Verarbeitung in elektronischen Systemen.
Copyright © 2001 Neuland Verlag für lebendiges Lernen, Künzell
Umschlaggestaltung: Leszek Skurski, Rudi Neuland
Chartgestaltung: Ilona Wehner
Karikaturen: Guido Neuland
Satz: Simone Höhl
Druck: Fuldaer Verlagsanstalt
Printed in Germany

Inhaltsverzeichnis

	Seite
Einleitung	1
1. Moderation und die Dimensionen der Ganzheitlichkeit	3
1.1 Voraussetzungen zum Lernen und Arbeiten schaffen	6
1.1.1 Lern- und Arbeitsumfeldgestaltung	6
1.1.2 Lern- und Arbeitshilfen zur Verfügung stellen	8
1.1.3 Lern- bzw. Arbeitsdramaturgie erstellen	8
1.1.4 Gesundes Leben	9
1.1.4.1 Ernährung: Mahlzeiten und Pausenarrangements	9
1.1.4.2 Bewegung an frischer Luft	12
1.1.4.3 Biorhythmus beachten	13
1.2 Während des Lernens und Arbeitens	16
1.2.1 Pädagogische Aspekte berücksichtigen	16
1.2.2 Lernrhythmus	19
1.2.2.1 Anspannung und Entspannung als Gegenpole	19
1.2.2.2 Lernunterbrechung zur Reflektion (klösterliches Lernen)	20
1.2.2.3 Pausenintervall, Zeit und Länge	22
1.2.2.4 Offenes Lernen	22
1.2.3 Lernmethodik	22
1.2.3.1 Sozial interaktives Lernen	23
1.2.3.2 Arbeitsformen	24
1.2.3.3 Kognitives, affektives und psychomotorisches Lernen (mit allen Sinnen lernen)	24
1.2.3.4 Gestaltelemente als Beitrag zur aktiven Erlebniswelt des Lernenden bzw. Arbeitenden	27
1.2.3.5 Lernunterstützung durch Farben, Musik und Düfte	34
1.2.3.6 Lernstile und -typen	38
1.2.3.7 Reflektionsphasen	41
1.2.4 Humanistische Lernpsychologie	47
1.2.5 Lernblockaden, Lernstörungen abbauen	48
1.2.6 Die Rolle des Lehrenden/Moderators	48
1.3 Nach dem Lernen	49
1.4 Wissenschaftliche Einordnung	52
1.5 Literatur	54

2. Zur Geschichte der Moderation	55
Literatur	58
3. Philosophie	59
3.1 Verhalten des Moderators	60
3.1.1 Verhaltens-Hilfsregeln	60
3.1.2 Der philosophische Exkurs	69
3.1.3 Die Rollen eines Moderators	71
3.1.4 Authentizität des Moderators	72
3.2 Spielregeln	72
3.3 Humanistische Pädagogik, das TZI-Dreieck und anderes mehr	77
3.3.1 Humanistische Pädagogik	78
3.3.2 Themenzentrierte Interaktion	81
3.3.3 Gruppendynamik	85
3.3.3.1 Informelle Rollen in der Teilnehmergruppe	86
3.3.3.2 Transparenzfragen bzw. Blitzlicht	88
3.4 Moderation als Führungsstil (moderierend führen)	90
3.5 Literatur	94
4. Fragen sind Schlüssel zu neuen Türen	95
4.1 Formulierung von Fragen	95
4.2 Verschiedene Fragesituationen	98
4.3 Moderations-Regeln	99
4.4 Aufgaben des Moderators	100
4.5 Literatur	100
Überblick über die einzelnen Moderations-Techniken	101
5. Die Kartenfrage	102
5.1 Durchführung	102
5.2 Regeln zum Kartenschreiben	104
5.3 Vorteile und Eignung der Kartenfrage	104
5.4 Hilfsmittel	105

6. Klumpen bilden (Clustern) — 106
- 6.1 Durchführung — 106
- 6.2 Regeln zum Klumpen/Clustern — 110
- 6.3 Aufgaben des Moderators — 111
- 6.4 Zweckorientierte Vorgehensweisen — 112

7. Strukturierte Fragen — 114
- 7.1 Durchführung — 114
- 7.2 Unterschiedliche Arten strukturierter Fragen — 114
  - 7.2.1 Satzergänzungen — 114
  - 7.2.2 Doppelfragen — 115
  - 7.2.3 Mehrfachfragen — 117
    - 7.2.3.1 „Aus-der-Sicht-von"-Schema — 117
    - 7.2.3.2 „Fünf-Kapitel-Überschriften"-Schema — 118
    - 7.2.3.3 Schema „Konzentrische Kreise" — 120

8. Zuruffrage — 122
- 8.1 Durchführung — 123
- 8.2 Aufgaben des Moderators — 124
- 8.3 Eignung und Anwendungsgebiete — 124
- 8.4 Hilfsmittel — 125

9. Punktfragen — 126
- 9.1 Ein-Punktfragen — 126
  - 9.1.1 Durchführung — 126
  - 9.1.2 Aufgaben des Moderators — 128
  - 9.1.3 Verschiedene Raster der Ein-Punktfrage — 128
  - 9.1.4 Anwendungsmöglichkeiten — 132
  - 9.1.5 Eignung — 136
  - 9.1.6 Hilfsmittel — 136
- 9.2 Mehr-Punktfragen — 137
  - 9.2.1 Durchführung — 137
  - 9.2.2 Aufgaben des Moderators — 139
  - 9.2.3 Verschiedene Raster der Mehr-Punktfrage — 139
  - 9.2.4 Eignung — 142
  - 9.2.5 Hilfsmittel — 142

10. Listen bzw. Kataloge	143
10.1 Durchführung	143
10.2 Verschiedene Listen	144
10.2.1 Themen- oder Problemlisten	144
10.2.2 Tätigkeitskatalog	147
10.2.2.1 Durchführung	147
10.2.2.2 Aufgaben des Moderators	149
10.2.3 Empfehlungsliste	149
10.2.4 Selbstverpflichtungs- und Regelkataloge	150
10.2.5 Offene Punkte-Liste	150
10.2.6 Teilnehmerliste	151
10.3 Hilfsmittel	153
10.4 Literatur zu den Moderationstechniken	154
11. Visualisierung	155
11.1 Vorteile der Visualisierung	159
11.2 Ziel der Visualisierung	160
11.3 Aufgaben des Moderators	160
11.4 Elemente der Visualisierung	161
11.4.1 Schrift	162
11.4.2 Farbe	168
11.4.3 Formen	180
11.4.3.1 Einsatz der Formen	180
11.4.3.2 Anordnung der Elemente	185
11.5 Spontane Visualisierung	189
11.6 Mind-Map	190
11.7 Literatur	192
12. Phasen einer Moderation und ihre Planbarkeit	195
12.1 Phasen moderierter Veranstaltungen	195
12.2 Prozeß versus Produkt	211
12.3 Planbarkeit einer Moderation	212
12.4 Planung erfahrungsorientierten Lernens	216
12.5 Musterdramaturgien	219
12.6 Literatur	223

13. Wechsel von Arbeitsformen/-methodiken	224
13.1 Plenum	224
13.2 Gruppenarbeit	224
13.2.1 Durchführung	225
13.2.2 Regeln für die Gruppenarbeit	227
13.2.3 Aufgaben des Moderators	229
13.2.4 Vorteile der Gruppenarbeit	229
13.2.5 Hilfsmittel	230
13.3 Partnerarbeit	230
13.3.1 Arten der Partnerarbeit	230
13.3.2 Phasen der Partnerarbeit	231
13.3.3 Eignung	232
13.3.4 Lernpartnerschaften	232
13.3.5 Hilfsmittel	233
13.4 Einzelarbeit	234
13.4.1 Durchführung	234
13.4.2 Eignung	234
13.4.3 Vorteile und Nachteile der Einzelarbeit	235
13.4.4 Hilfsmittel	235
13.5 Präsentation der Arbeitsergebnisse	236
13.5.1 Visualisierter Vortrag	236
13.5.1.1 Aufgaben des Moderators	237
13.5.1.2 Feedback-Regeln	238
13.5.2 Vernissage	239
13.5.3 Hilfsmittel	240
13.6 Literatur	240
14. Sprache in der Moderation	241
14.1 Sprache - was wir darunter verstehen	241
14.2 Die vier Seiten einer Nachricht	241
14.3 Tips zur Sprechweise	244
14.4 Gespräche in Gang setzen und initiieren	245
14.4.1 Umgang mit der Fragetechnik	245
14.4.2 Aktives Zuhören	247

14.5 Zusammenfassen nach der KKP-Methode	249
14.5.1 Hören und Behalten	249
14.5.2 Redezeit und Gedankenzeit	249
14.5.3 Das KKP-Modell	250
14.6 Umgang mit Widerspruch	251
14.6.1 Verhalten bei konstruktiven Einwänden	252
14.6.1.1 Psychologische Aspekte	252
14.6.1.2 Einige Einwandtechniken	253
14.6.2 Verhalten bei ideenlosen Einwänden	257
14.6.3 Verhalten bei destruktiver Kritik	257
14.6.3.1 Allgemeine Aspekte	257
14.6.3.2 Ironischer Widerspruch	257
14.6.3.3 Erwiderungsformen	258
14.7 Literatur	258
15. Handwerkszeug des Moderators	259
15.1 Pinwand	259
15.2 Pinwand-Papier	261
15.3 Moderatorenkoffer	261
15.4 Kärtchen	262
15.5 Punkte	263
15.6 Moderations-People	263
15.7 Sprechblasen	263
15.8 Nadeln	263
15.9 Marker	264
15.10 Namensschild	265
15.11 Klebestift bzw. Sprühkleber	265
15.12 Schere	266
15.13 Pinwand-Protokoll-Kopierer (PPK) und Digitale Kamera	266
15.14 FlipChart	268
15.15 Overhead-Projektor (OHP)	268
15.16 Moderations-Software und Chart-Planer	269
15.17 Materialbedarfsliste	269

16. Lernumgebung	271
16.1 Raumform und -bedarf	271
16.2 Raumfunktionalität	273
16.3 Gestaltung	273
16.4 Licht	274
16.5 Farbe und Struktur	275
16.6 Klima	279
16.7 Einrichtung und Materialien	280
16.8 Technik	284
16.9 Aktivierung der Sinne	285
16.10 Pausenzonen	286
16.11 Literatur	288
17. Anwendungsfelder	289
17.1 Die moderierte Besprechung	292
17.1.1 Die Besprechungsvorbereitung	293
17.1.2 Die Dramaturgie	294
17.2 Moderation in der Schule	296
17.3 Moderation bei Großveranstaltungen	303
17.3.1 Beispiel 1: Großworkshop	303
17.3.1.1 Lösungsansatz	304
17.3.1.2 Dramaturgie	305
17.3.2 Beispiel 2: Arbeitssicherheitstagung	307
17.3.2.1 Lösungsansatz	307
17.3.2.2 Dramaturgie	308
17.4 Persönliche Arbeitsorganisation	309
17.5 Literatur	311
18. Stichwortverzeichnis	312

Einleitung

Die Moderation ist erwachsen geworden. Sie ist den Kinderschuhen entwachsen und hat eine bedeutende Wandlung erfahren. Die Moderation hat sich zur Methode entwickelt und sich so von der einst konzipierten Technik verabschiedet.

„Methode" stammt aus dem Griechischen und heißt „das Nachgehen, der Weg zu etwas hin". Weiterbildner folgen in der Regel dieser Definition: „Eine Methode ist eine planmäßige Handlungsweise und Organisationsform, mit der in optimaler Weise versucht wird, Probleme anzugehen, Aufgaben zu bewältigen und gesteckte Ziele zu erreichen" (nach Müller, 1982).

Der Weg dahin war zwar mit Steinen und anderen Hürden gepflastert, diese konnten aber den Siegeszug letztlich nicht verhindern. Die Moderation hat viele überzeugte Verehrer, aber es gibt immer noch ausgeprägte Vorurteile und entschiedene emotionale Verneiner. Dennoch: Kaum eine andere Methode hat die Welt der Aus- und Weiterbildung und des Managements in den letzten zwanzig Jahren mehr geprägt. Sie ist aus international tätigen Großunternehmen, wie aus mittleren und kleinen Dienstleistungsunternehmen nicht mehr wegzudenken. Dort hat sie bis heute vielfach prägende Eindrücke hinterlassen. Nichtsdestotrotz ist ihr Potential noch lange nicht voll ausgeschöpft.

Viele haben an der Weiterentwicklung der Moderation gearbeitet, haben es der Methode ermöglicht, sich weiterzuentwickeln und feilen noch heute daran. Je facettenreicher und lebendiger die Arbeit mit der Moderation wird, desto wertvoller ist sie für unsere Gesellschaft. Aus diesem Grund hat Neuland & Partner Training und Unternehmensentwicklung – eine Arbeitsgruppe von internationalen Experten eingerichtet, um diese Entwicklungen aufzunehmen, zu diskutieren und zu dokumentieren. Ein weiteres Ziel dieses Teams ist die stete Weiterentwicklung der Moderations-Methode.

Ein Schwerpunkt der Expertengruppe lag bei der Überprüfung von sprachlichen Formulierungen im gesellschaftlichen Kontext. Ähnlich der Ethymologie, einer Forschungsrichtung der Sprachwissenschaft, die sich mit Wörtern und deren Ursprung und Geschichte befaßt, wurden die benutzten Begriffe auf ihre

Werthaltung hin überprüft. Im Sinne einer einheitlichen Sprache, die der Philosophie der Moderation entspricht, wurde das Wort „Abfrage" in „Frage" geändert. Eine „Abfrage" geht von dem Prinzip „Wissender fragt Unwissenden" oder „Lehrer fragt Schüler" aus. In der Moderation aber gilt „Wissender fragt Wissenden" und „Lerner fragt Lernenden". Daher spiegelt das Wort „Kartenfrage" wesentlich besser die Philosophie der Moderations-Methode wider als „Kartenabfrage". Dies ist im Sinne einer Corporate Communication zu verstehen und durchaus ein wichtiger Indikator der Geisteshaltung.

Die Neuland-Moderation baut auf der bekannten Moderations-Methode des Quickborner Teams auf, welche Mitte der 60-iger Jahre entwickelt und u.a. in folgenden Büchern dokumentiert wurde: Klebert, Schrader, Straub: ModerationsMethode und KurzModeration. Veränderungen sind meist kleine, aber richtungsweisende Verfeinerungen. Der Einsatz der farbigen Karten und die Einbindung ganzheitlicher Aspekte sind dafür ein Beispiel.

Ein Aspekt, den ich hier schon ansprechen will, ist der Dogmatismus. Er manifestiert sich leider viel zu häufig. Immer wieder höre ich von einseitiger Nutzung der Pinwände, ohne daß auch Overheadprojektoren genutzt, Videos oder Dias gezeigt werden. Nicht nur in der Verwendung technischer Hilfsmittel drückt sich dieser Dogmatismus aus, mittlerweile entstehen ganze „Schulen". Allein der Eindruck bei den ausgebildeten Moderatoren, daß ihre Schulung nicht kompatibel sei, zeigt mir, daß sich hier etwas gründlich ändern muß. Wo ist denn die sprichwörtliche Flexibilität geblieben?

Bei aller Begeisterung für die Moderations-Methode, es gibt gewiß An- und noch einige Bemerkungen. Moderation als besondere Möglichkeit, mit Menschen in Gruppen zu arbeiten und/oder zu lernen, ist kein allgemeingültiges Rezept geschweige denn ein Allheilmittel. Sie ist nur beschränkt einsetzbar, vor allem dann, wenn man versucht, Schranken abzubauen und aufzuheben. Darum hat die „Stunde der Wahrheit" längst geschlagen: Moderation nicht immer, nicht überall, nicht in jedem Fall - aber immer dort, wo sie am Platz ist. Dieser ist größer als manche „Kommandierende" kaltschnäuzig glauben, aber auch kleiner als nicht wenige Moderationsfreudige blauäugig wähnen (vgl. Wohlgemuth: Moderation in Organisationen, S. 32).

1. Moderation und die Dimensionen der Ganzheitlichkeit

Die Moderation ist eine Methode der Arbeit in und mit Gruppen. Sie hat sich von einer Technik zur Methode weiterentwickelt und ist aus der Trainings- und Lernlandschaft nicht mehr wegzudenken. Und doch muß sich die Moderations-Methode immer wieder Vorwürfen der Einseitigkeit und Ineffizienz gegenüber behaupten.

Vorwürfe gegenüber der Moderation

Vorbehalte gegen die Methode	Die Neuland-Moderation zeigt die Lösungen
immer nur Kärtchen schreiben	sinnvoller Medien-Mix
	planvoller Einsatz unterschiedlicher Lern- und Arbeitstechniken
das ist viel zu zeitaufwendig	Neuland-Moderation spart Zeit - Wir beweisen es Ihnen in der Praxis!
kann man denn nicht vernünftig diskutieren?	vernünftiges Diskutieren mit Hintergrundvisualisierung
das ist doch nur Spielerei!	Lern- und Arbeitsergebnisse, die alle mittragen, beweisen Sinn und Effizienz
da muß man sich aber intensiv vorbereiten!	Na und!?
ich trau mich da nicht ran!	erprobte Standarddramaturgien erleichtern die ersten Schritte
ich kann meine Argumente nicht in drei Zeilen ausdrücken	nur die Kernaussagen visualisieren
es kommt nicht dabei raus!	Neuland-Moderation ist ergebnisorientiert

Ein Ergebnis der Arbeitsgruppe ist die Forderung, nach außen Transparenz zu schaffen, um zu zeigen, daß die Moderation eine mehr als geeignete Methode ist, sich mit anderen zu vernetzen. Die Flexibilität der Moderation ist einer ihrer starken Pluspunkte, und doch wird diese positive Eigenschaft von den wenigsten Anwendern genutzt.

Ganzheitlichkeit als Spannungsbogen

Die Expertenrunde sieht vor allem eine starke Einbettung der Moderations-Methode in die Grundannahmen ganzheitlichen Arbeitens und Lernens. Die Forderungen der Ganzheitlichkeit (Holismus) bilden einen Spannungsbogen, in dem sich die Moderation, aber auch andere Trainings- und Arbeitsmethoden bewegen. Neben der übergeordneten Einstufung der Moderation gibt es jedoch Anknüpfungspunkte und Vernetzungsmöglichkeiten auf der gleichen oder sogar auf anderen Ebenen. Systemtheoretische Betrachtungsweisen kommen ebenso ins Spiel wie die Forderung nach vernetztem Denken.

„Das Ganze ist mehr als die Summe der Teile."

Die Idee der Ganzheit (Holismus)

Holismus ist die Bezeichnung für das methodische Vorgehen, die Daseinsformen der Welt unter „ganzheitlicher" Betrachtungsweise zu erklären. Der Begriff der Ganzheitlichkeit oder der Ganzheit blickt auf eine lange Tradition zurück. Schon Aristoteles und Plato formulierten Sätze wie: „Das Ganze ist mehr als die Summe seiner Teile" oder „das Ganze ist früher als der Teil." Es handelt sich also um das von Natur aus Ganze, dessen Einheit eine „unio substanstialis" ist, das heißt, den Teilen wesentlich und seinsmäßig zugrunde liegt, so daß diese nur innerhalb der Ganzheit sein können, was sie sind (Organismus). Veränderungen sind hier nicht ohne Alterierung des Ganzen möglich.

Dimensionen ganzheitlichen Lernens und Arbeitens

Die verschiedenen Dimensionen, die ganzheitliches Arbeiten und Lernen ausmachen, sind in unterschiedlicher Form darstellbar. Es handelt sich in jedem Fall um ein Zusammenspiel von Faktoren, die sich gegenseitig beeinflussen oder sogar bedingen.

Moderation und die Dimensionen der Ganzheitlichkeit

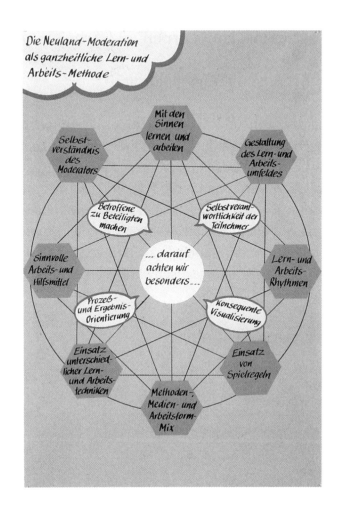

Dimensionen ganzheitlichen Lernens

Im folgenden werden jedoch nur Einzelpunkte unter dem Aspekt isoliert betrachtet, die praktische und nützliche Seite der Komponenten herauszustellen. Einige Punkte haben einen direkten Bezug zur Moderation, andere wiederum stellen nur Einzelfakten auf dem Spannungsbogen dar. Immer aber sollte Ihnen bewußt sein, daß diese Faktoren maßgeblich Ihre Arbeit als Moderator beeinflussen.

Um Ihnen einen nachvollziehbaren Bezugsrahmen schaffen zu können, werden die einzelnen Aspekte in ihrer zeitlichen Reihenfolge eines Lern- oder Arbeitsprozesses dargestellt.

1.1 Die Voraussetzungen zum Lernen und Arbeiten schaffen

1.1.1 Lern- und Arbeitsumfeldgestaltung

„Vielschichtige Gestaltung fördert vielschichtiges Denken."

Die Gestaltung des Lern- und Arbeitsumfeldes ist ein maßgeblicher Faktor, der den Menschen entscheidend beeinflußt. Hugo Kükelhaus hat den Satz geprägt: *„Vielschichtige Gestaltung fördert vielschichtiges Denken."* Diese zentrale Aussage wurde durch die Forschungen des Amerikaners Rosenzweig bestätigt. Er wies nach, daß bei Ratten die Umfeldgestaltung nicht nur das Sozialverhalten, Sexualverhalten und den Aggressivitätsfaktor maßgeblich beeinflußt, sondern auch Auswirkungen auf Gehirnvolumen, Vernetzungsgrad und Übertragungsgeschwindigkeit der Impulsübertragung der Neuronen hat.

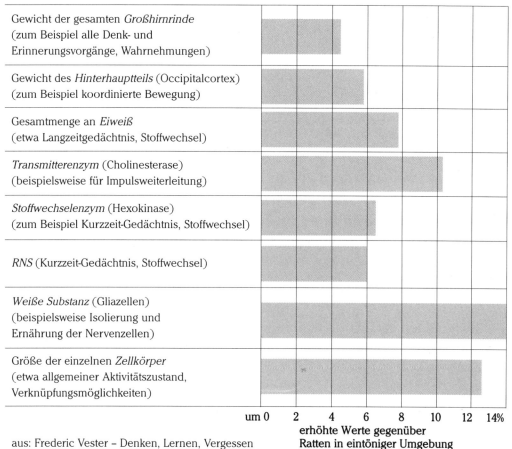

aus: Frederic Vester – Denken, Lernen, Vergessen

Moderation und die Dimensionen der Ganzheitlichkeit

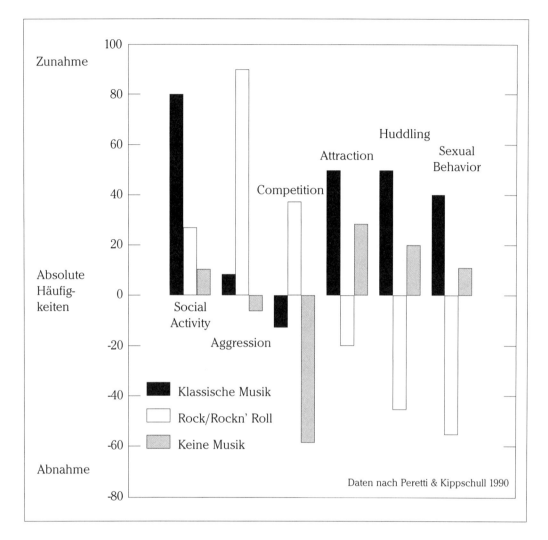

Abb.: Verhaltensänderungen von Mäusen in Abhängigkeit von verschiedenen Musikbedingungen

Die Lern- und Arbeitsumfeldgestaltung wird von den Faktoren Architektur, Ergonomie, Licht, Farbe, Klima, Material, Wahl des Ortes und dessen Bezug zum Lernen beeinflußt. Dieses Thema wird in Kapitel 16 ausführlich behandelt.

1.1.2. Lern- und Arbeitshilfen zur Verfügung stellen

Bei Lern- und Arbeitshilfen handelt es sich sowohl um technische Lernhilfen (Pinwand, OHP, FlipChart, Moderationsmaterialien, PC, Audio und Video) als auch um Wissensdepots (Bücher, Lexika, Zeitungen, Zeitschriften, Filme, CD-Rom und Video).

technische Hilfen und Wissensdepots

Die technischen (Lern- und Arbeits-) Hilfen dienen der Gruppe bzw. dem einzelnen zur Unterstützung der verschiedenen Prozesse und Schritte bis hin zum Ergebnis. Sie sollen also den Arbeits- bzw. Lernvorgang erleichtern. Je nach methodisch-didaktischer Vorgehensweise kommen verschiedene Medien zum Einsatz. Näheres zu einzelnen Medien finden Sie in Kapitel 15. Wissensdepots dienen dem selbstorganisierten Informationsprozeß der Gruppe oder der Einzelperson. Durch die Unterstützung des Trainers oder Moderators werden Selbstlernprozesse initiiert und gefördert, durch die die Gruppe und der einzelne dem Ziel der Selbstbestimmtheit und der Handlungsorientierung nahekommen.

1.1.3 Lern- bzw. Arbeitsdramaturgie erstellen

Planbarkeit von Prozessen

Lern- und Arbeitsdramaturgien zu erstellen ist eine anspruchsvolle Angelegenheit. Neben der Frage der Planbarkeit solcher Prozesse, die teilweise verneint werden muß, ergeben sich verschiedene Faktoren, die beachtet werden wollen. Eine Dramaturgie sollte

- abwechslungsreich zwischen kognitiven, affektiven und psychomotorischen Elementen (Wissen, Wollen und Können) sein,
- lebendig und handlungsorientiert sein,
- individuelle Lernbedürfnisse und -voraussetzungen berücksichtigen,
- Offenheit im Prozeß beinhalten (Freiräume schaffen) sowie
- Lern- und Arbeitstechniken pädagogisch sinnvoll zusammensetzen und ziel-, prozeß- und teilnehmerorientiert ausrichten.

Ausführliche Informationen zum Thema Dramaturgien finden Sie in Kapitel 12.

1.1.4 Gesundes Leben

1.1.4.1 Ernährung: Mahlzeiten und Pausenarrangements

Plenus venter non student libenter! Das wußten die Lateiner schon: Voller Bauch studiert nicht gern. Eine gesunde, seminargerechte Ernährung beruht auf vier, genauer gesagt auf drei plus eins Prinzipien:

- besser mehrere kleine als wenige große Mahlzeiten
- leichte Kost in den Zwischenpausen und als Mittagsmahl
- ausgewogene, ballaststoffreiche Ernährung, also mehr Obst, Gemüse, Vollkornprodukte mit vielen Vitaminen, Mineralstoffen und Spurenelementen
- berücksichtigen und anerkennen der emotionalen Dimension von Essen.

Gehirn und Ernährung

Die neuen Erkenntnisse der Ernährungswissenschaften beweisen, daß Nahrungsmittel in Körper und Gehirn wahre Wunder vollbringen können – vorausgesetzt, wir führen uns die richtigen Stoffe in optimaler Zusammensetzung und Qualität zu und sorgen dafür, daß sie an den Ort ihrer Entfaltung gelangen – die Zelle. Das Gehirn verbraucht ca. 20% der dem Körper durch die Nahrung zugeführten Energie, obwohl es nur etwa ein Fünfzigstel des Körpergewichts ausmacht. Selbst im Schlaf bleibt es aktiv und verbraucht ununterbrochen Nahrung. Die Gehirnchemie reguliert die sogenannten Glückshormone (Botenstoffe, Endorphine, Neurotransmitter), die aus dem Eiweiß der Nahrung kommen und die Durchblutung des Gehirns, den Sauerstoffgehalt sowie den Abbau von Giften regeln. Bei Mangelernährung leiden Antrieb, Kreativität und die Möglichkeit, neue Gedanken zu fassen und andere Menschen zu begeistern. Schlechte Ernährungsgewohnheiten führen zu niedrigem Blutzuckerspiegel im Gehirn, zu depressiven Phasen und Streß. Dieser Teufelskreis läßt sich durch eine Änderung der Hirnchemie durchbrechen (vgl. zu diesem Kapitel Holler: Das Neue Gehirn).

Bei Mangelernährung leiden Antrieb, Kreativität und die Möglichkeit, neue Gedanken zu fassen

Leistungsfähigkeit essen

Vollkornprodukte sowie stärkehaltige Gemüse und Beilagen (Hülsenfrüchte, Kartoffeln, Reis, Bananen) enthalten große Mengen an sogenannten komple-

komplexe Kohlenhydrate sorgen für geistige Leistungsfähigkeit

xen Kohlenhydraten, die im Verdauungsprozeß verhältnismäßig langsam zu einfachen Zuckermolekülen abgebaut werden und so für einen gleichmäßigen Energieschub für körperliche wie auch geistige Leistungsfähigkeit sorgen. Zusätzlich haben Vollkornprodukte noch den Vorteil, daß sie Vitamine, die in Gemüse und Obst nicht vorkommen, in ihrem natürlichen Verbund beherbergen. Das Max-Planck-Institut in München fand heraus, daß die Stimmung in einer Testgruppe dann am besten war, wenn diese eine Kombination aus kohlenhydrat- und eiweißreichen Speisen zu sich nahm.

keine großen Portionen zum Mittagessen

Wer das tückische Mittagstief besser überbrücken will, vermeidet zum Mittagessen große Portionen, da sich dadurch die Magenwände dehnen. Dieser Reiz bewirkt vermehrte Insulinausschüttung aus der Bauchspeicheldrüse. Insulin transportiert nun den Blutzucker schnell in die Depots und man erlebt eine Unterzuckerung mit Schwächegefühl, Konzentrationsschwierigkeiten, eventuell Schweißausbruch und Heißhunger; natürlich auf Süßes!

Interaktion von Nährstoffen

Die Kette ist immer so stark wie ihr schwächstes Glied

Die herkömmliche reduktionistische Wissenschaft hat immer wieder Experimente im Reagenzglas durchgeführt und daraus Folgerungen für die menschlichen Belange abgeleitet. Die Reaktionen im menschlichen Körper laufen aber anders ab als im Laborexperiment. Heute wissen wir, daß es nie einen Mangel an nur einem Vitalstoff gibt: die Kette ist immer so stark wie ihr schwächstes Glied. Es ist daher wichtig, neben den Vitalstoffen auch deren vielfältige Neben- und Gegenwirkungen nicht außen vor zu lassen, womit sich die Forderung nach entsprechend ausgewogener Zusammenstellung der Nahrungsmittel ergibt.

Das Salz in der Suppe

Natriumchlorid verursacht eine Minderversorgung des Gehirns mit Blut

Daß wir zuviel Salz zu uns nehmen, im allgemeinen etwa fünfzehnmal soviel wie notwendig wäre, ist heutzutage kein Geheimnis mehr. Was jedoch weniger bekannt ist, ist die schmerzlose Auflösung von Endkapillaren im Gehirn durch Natriumchlorid und die damit verbundene Minderversorgung des Gehirns mit Blut.

Moderation und die Dimensionen der Ganzheitlichkeit

Das zuckersüße Gehirn
Untersuchungen über den Zusammenhang von Zucker, Verhalten und Lernfähigkeit haben gezeigt, daß Aufmerksamkeitsschwächen im Anschluß an Zuckerkonsum mit dem Absinken des Blutzuckerspiegels in Verbindung zu bringen sind. Das hört sich zuerst paradox an, weil Zucker den Blutzuckerspiegel zwar erhöht, Insulin ihn jedoch als Reaktion darauf sehr schnell über das übliche Maß hinaus absenkt.

Andererseits...
Unser Gehirn ist im Laufe von Jahrmillionen zu einem komplizierten Schaltmechanismus gewachsen, dessen Basisprogramm aber immer noch lautet: Schmerz vermeiden und Lust gewinnen. Belohnungs- und Lustzentren des Gehirns werden aktiviert, wenn wir uns mit wohlschmeckenden „Sünden" verwöhnen. Der Genuß von „Alltagsdrogen", wie Süßigkeiten, ist für viele vor allem eine Möglichkeit, dem wachsenden Streß zu begegnen und die täglichen Anforderungen zu erfüllen. Sie helfen, den psychischen Druck zu vermindern und dadurch die Leistungs- und Anpassungsfähigkeiten zu erhöhen. Schließlich gewähren sie auch jene kleinen Lustgefühle, von denen die Glücksforschung behauptet, daß sie möglichst häufig und gleichmäßig über den Tag zu verteilen sind – und zwar im Dienste der seelischen und körperlichen Gesundheit. Denn gerade die vielen kleinen Lust-Erlebnisse, die durch solche Selbstbelohnung vermittelt werden, stabilisieren das Immunsystem und wirken als eine Art Puffer gegen Streß. *„Seele und Körper"*, so erkannte schon Aristoteles, *„reagieren mitfühlend aufeinander."* Klinische Studien zeigen, daß – in Maßen – der Genuß von Schokolade, Kaffee, Zigaretten, Wein oder Bier, den Streß abbauen und die Widerstandskraft stärken kann. Hinzu kommen gerade bei Schokolade eindeutige Konditionierungen:

- seit unserer Kindheit war Schokolade die Belohnung fürs Aufräumen oder Teller-leer-essen,
- sie hatte seit unserer Kindheit eine heilsame Wirkung, wenn wir uns das Knie aufgeschlagen haben oder traurig waren,
- sie ist immer noch das häufigste Geschenk, wenn man Dank, Wertschätzung und Freude zum Ausdruck bringen will.

viele kleine Lust-Erlebnisse stabilisieren das Immunsystem

„Weisheit des Körpers"

Intuitive Ernährung
Hunger ist offenbar nicht nur der sprichwörtlich beste Koch, sondern auch ein ausgezeichneter Ernährungsphysiologe. Mit erstaunlicher Zielstrebigkeit weckt der eßlustige Körper den Wunsch nach Mahlzeiten mit genau den Inhaltsstoffen, an denen besonderer Bedarf besteht. Aus einer „Weisheit des Körpers" heraus entwickelt der Mensch Appetit auf solche Kost, die einen bestehenden Mangel im Körper beseitigt.

zwei Liter Flüssigkeit am Tag

Apropos Trinken
Häufiges Ergebnis wissenschaftlicher Untersuchungen ist ein zu geringer Wasseranteil in der Körperzusammensetzung. Zuwenig Körperflüssigkeit zwingt den Organismus dazu, das Blut „einzudicken". Müdigkeit und abnehmende Leistungsfähigkeit sind die Folgen. Hier macht es großen Sinn, anstelle von noch zusätzlich ausschwemmenden Getränken (z.B. Kaffee, schwarzer Tee, alkoholische Getränke) mehr Wasser zu trinken.

1.1.4.2 Bewegung an frischer Luft

Sauerstoff- und Bewegungsmangel

Sauerstoff ist unser Lebenselixier. Er ist lebensnotwendig und doch vergessen wir immer wieder wie wichtig Sauerstoff für unseren Organismus ist. Wie oft holen Sie bewußt tief Luft, tanken den Sauerstoff regelrecht? Unser Arbeits- und Lernverhalten läuft den essentiellen körperlichen Bedürfnissen entgegen: klimatisierte Räume, in denen bewußtes Luftholen unmöglich ist, abgeschottete Lernräume, die nur als Innenräume konzipiert wurden ohne Zugang zum „Außenraum Natur" und dazu noch Bewegungsmangel.

Bewegung an frischer Luft kann das Leistungsvermögen entscheidend verbessern. Den Kopf frei bekommen bei einer frischen Brise oder ein Spaziergang in der lauen Frühlingssonne belebt den Geist und bringt zusätzliche Energie.

1.1.4.3 Biorhythmus beachten

Haben Sie es schon einmal erlebt, daß Sie
- sich mitten am Tag ungeheuer müde gefühlt haben?
- während eines Gesprächs oder einer Konferenz plötzlich abwesend waren oder Tagträume hatten?
- unerklärliche Fehler bei einfachen Dingen gemacht haben?
- sich plötzlich nicht mehr an einen vertrauten Vorgang, Namen oder an ein bekanntes Wort erinnern konnten?
- bestimmte gesellschaftliche Zusammenhänge übersehen oder falsche Aussagen getroffen haben?
- plötzlich das Gefühl hatten, den Tränen nahe zu sein, deprimiert oder wütend waren, ohne zu wissen warum?

Oder ist es Ihnen schon passiert, daß Sie
- sich besonders stark und gesund gefühlt haben und mit der Welt im Einklang standen?
- ohne sich besonders anstrengen zu müssen, persönliche Bestleistungen erbracht haben?
- sich nach einem „Nickerchen" ungewöhnlich ausgeruht und voller Energie gefühlt haben?
- sich besonders gut mit Ihrer Familie, Freunden oder anderen Menschen verstanden haben?
- bei Konferenzen besonders gut zurechtgekommen sind?
- ohne Schwierigkeiten kreative Problemlösungen gefunden haben?

(Rossi: Die 20-Minuten-Pause, S. 7)

Sie kennen wahrscheinlich beides, denn wir alle haben so etwas schon oft in unserem Leben erlebt. Hierbei handelt es sich um die natürlichen Höhen und Tiefen bestimmter Biorhythmen, die ultradiane Rhythmen genannt werden. Der Begriff „ultradian" bezieht sich auf Rhythmen, die sich mehrmals am Tag zyklisch wiederholen. Ein etwa 90- bis 120-minütiger Zyklus von Erregung, Spitzenleistung, Streß und Ruhe, der viele unserer wichtigsten physischen und psychischen Prozesse kennzeichnet, wird auch basic-rest-activity-cycle (grundlegender Ruhe-Aktivitäts-Zyklus) genannt. Im Gegensatz dazu stehen zirkadiane Rhythmen, die sich über 24 Stunden erstrecken und z.B. für den täglichen Schlaf-Wach-Rhythmus verantwortlich sind. Der elementa-

ultradiane Rhythmen

90- bis 120-minütiger Zyklus

Ruhe und Aktivität

re, ultradiane Rhythmus, der sich auf Ruhe und Aktivität bezieht, beeinflußt zahlreiche wichtige psychische und körperliche Systeme wie geistige Wachheit, Stimmung, Kreativität, Energie, Appetit, körperliche Leistungsfähigkeit, Erinnerungsvermögen und sexuelle Erregung. In unseren Organen wird sozusagen eine ganze ultradiane Symphonie aufgeführt, bei der Drüsen, Muskeln, Blut, Hormone und Immunsystem bis zu den einzelnen Zellen und Genen eine Rolle spielen. Alle unsere wichtigen seelisch-körperlichen Systeme der Selbstregulierung – das vegetative Nervensystem (Aktivität und Ruhe), das endokrine System (Hormone und Botenmoleküle) und das Immunsystem (Abwehr) – werden über solche Rhythmen gesteuert (vgl. Rossi: 20-Minuten-Pause S. 34ff.).

Der ultradiane Leistungsrhythmus

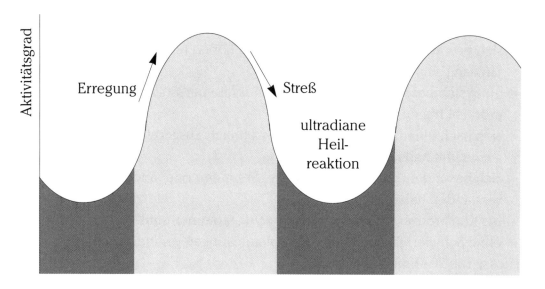

Abb.: Die Kurve des ultradianen Leistungsrhythmus besteht aus einer etwa 90- bis 120-minütigen Aktivitätsphase und einer 20-minütigen Erneuerungsphase, weist aber eine große Varianz auf, die im Hinblick auf den zeitlichen Ablauf dieser Rhythmen zwischen den einzelnen Menschen und Situationen erheblich sein kann. Die Rhythmen verändern sich, um uns die Anpassung an veränderte Umweltbedingungen zu ermöglichen. (vgl. Rossi: 20-Minuten-Pause, S. 28)

körperliche und geistige Wachheit

In den ersten ein bis anderthalb Stunden dieses Rhythmus schwingen wir uns auf einer Welle erhöhter körperlicher und geistiger Wachheit und

Energie nach oben, wobei unsere Fähigkeiten Gedächtnis und Lernfähigkeit Spitzenwerte erreichen. In den darauffolgenden fünfzehn bis zwanzig Minuten gleiten wir dann in ein Leistungstief und haben das Bedürfnis uns auszuruhen. Leider ignorieren und überspielen wir häufig diese Signale der körperlichen und geistigen Systeme, die uns anzeigen wollen, daß wir alle anderthalb Stunden dringend eine Pause brauchen. Wenn wir diese Bedürfnisse Tage, Monate oder sogar über Jahre hinweg ständig ignorieren, führt das in vielen Systemen des Körpers und der Seele zu Erschöpfung, Streß und psychosomatischen Störungen (ultradianes Streßsyndrom).

Leistungstief

ultradianes Streß-syndrom

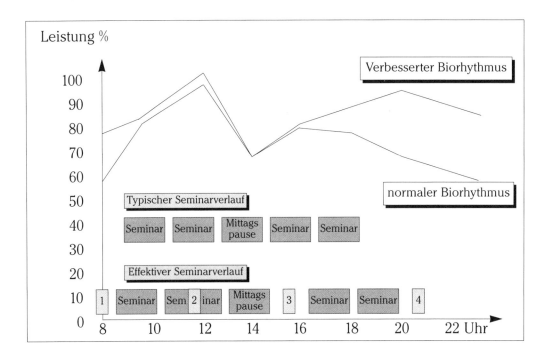

Abb.: Steigerung der Leistungsfähigkeit durch Wellness-Elemente
(Quelle: Weiterbildung 5/89, S. 39)

Synchronisierung der Rhythmen in Gruppen
Ein wichtiges Instrument oder eher ein Phänomen in unserer ultradianen Werkzeugkiste ist die Fähigkeit zur inneren Anpassung an diese Rhythmen. Einer der wirksamsten Faktoren, durch den unsere Rhythmen angepaßt werden, sind Menschen um uns herum. Jedesmal, wenn wir bewußt oder unbewußt entsprechende Signale aus der sozialen Umwelt empfangen oder aussenden, kann man dies als eine Verknüpfung der eigenen ultradianen Rhyth-

Essen als Synchronisationsprozeß

men mit denen anderer Menschen betrachten. Insbesondere das gemeinschaftliche Essen gilt als ein starker Synchronisationsprozeß. Ganz gleich in welcher Phase unserer ultradianen Rhythmen wir uns befinden, der Anblick und Geruch von Essen ist ein Signal, unseren 90- bis 120-minütigen Hungerrhythmus in Gang zu setzen. Wenn wir dieses Bedürfnis dadurch befriedigen, daß wir gemeinsam mit anderen Personen essen, stellen wir unsere Rhythmen auf die gleiche Position, so daß wir anschließend auf verschiedenen Ebenen synchron laufen. (vgl. Rossi: 20-Minuten-Pause, S. 110f.)

1.2 Während des Lernens und Arbeitens

1.2.1 Pädagogische Aspekte berücksichtigen

Erwachsenen-Pädagogik

Pädagogische Anliegen werden in der Erwachsenenbildung nicht gerne gesehen, wird doch die Anmutung von der „Kunst der Erziehung" weit zur Seite geschoben. Erwachsene brauchen nicht mehr erzogen zu werden, denn sie sind ja keine Kinder mehr! Wie irrig diese Annahme jedoch ist, zeigt sich an der immer größeren Zahl von Selbstfindungs-, Führungsseminaren und anderen – ja sogar Benimm-Seminare sind wieder „in". Daß die Wissenschaftsrichtung „Pädagogik" auch eine Sparte „Erwachsenenpädagogik" aufweist, ist den wenigsten bekannt. Erwachsenenpädagogik ist als Wissenschaft der Erwachsenenbildung eine Teildisziplin der Erziehungswissenschaften. Ihre Aufgabe ist die Erarbeitung einer empirisch fundierten Theorie des Lehrens und Lernens in der 2. Bildungsphase (Erwachsenenbildung). (Meyers Enzyklopädisches Lexikon)

pädagogische Aspekte des Lernens

Folgende pädagogischen Aspekte sollten während des Lernens und Arbeitens berücksichtigt werden:

- starke Eigenverantwortlichkeit des Lernenden bzw. Arbeitenden,
- Kritikfähigkeit,
- demokratisches Verhalten,
- Selbstbestimmtheit als pädagogisches Ziel und
- Spaß.

Spaß und Lachen

Spaß soll an dieser Stelle gesondert betrachtet werden, steht er in der Reihe doch etwas isoliert da. Spaß hat auch etwas mit Motivation zu tun. Hat der Lernende bzw. Arbeitende Spaß, so ist die Motivation auch hoch. Lachen ist ein Indiz dafür, daß Lernen bzw. Arbeiten Spaß macht.

Spaß bedeutet Motivation

„Lachen ist gesund" sagt der Volksmund – und hat recht damit. Und das passiert bei einem richtigen Lachen:

- der Puls wird auf ca. 120 Schläge/Minute beschleunigt,
- 17 Gesichtsmuskeln, die für ein Lachen aktiviert und koordiniert werden (43 bei einem mürrischen Gesicht), beeinflussen jene Botenstoffe des Gehirns, die vor allem die linke Gehirnhälfte stimulieren,
- für Glücksgefühl und Schmerz-Unempfindlichkeit zuständige Morphine und Endorphine werden ausgeschüttet,
- der Ausstoß von Streßhormonen wird gebremst,
- die Abwehrkräfte werden gestärkt (Immunglobuline werden gebildet),
- Abnahme des Muskeltonus (Muskelspannung), das bedeutet einen Zustand gelockerter Erschöpfung („schlapp gelacht"); 1 Minute Lachen wirkt wie 45 Minuten Entspannungstraining!

Darüber hinaus senkt Lachen den Blutdruck, kräftigt das Herz und fördert Verdauung und Schlaf. Diese Erkenntnisse führten inzwischen zu regelrechten Lachtherapien; in Paris sponsort eine Bank 12 Klinik-Clowns.

bewußtes Lächeln erhöht die Aktivität der linken Gehirnhälfte

Auch ein bewußtes Lächeln kann die Stimmung heben
Frohe Menschen haben ein Lächeln auf den Lippen. Doch Psychologen behaupten seit langem, daß dieser Satz auch umgekehrt durchaus einen Sinn machen soll: Bewußtes Lächeln könne die Stimmung heben. Ein wirkliches Lächeln, das hat schon 1862 der französische Neurologe Duchenne de Boulogne festgestellt, erschöpft sich nicht nur in einem leichten Anziehen von Mundwinkeln und Wangen. Ein herzliches (!) Lächeln geht von den Augen aus. Eine besondere Rolle spielen dabei unwillkürliche Bewegungen kleiner Muskeln in den Augenwinkeln. Während des bewußten Lächelns erhöht sich die Aktivität in den Bereichen der linken Hirnhälfte, denen die Neurologen positive Gefühle zuordnen.

„Jeder Tag an dem Du nicht lächelst, ist ein verlorener."

„Lachen steckt an" oder wie ein asiatisches Sprichwort weiß: „Lächle die Welt an und die Welt lächelt zurück". Die Verhaltensforschung belegt dazu folgendes:
- „Macht" lacht nicht, Lachen von Untergebenen wird von Vorgesetzten häufig nicht erwidert.
- Frauen geben ein Lachen eher zurück (über 90 %) als Männer (70 %).

Noch eine Zahl, die nachdenklich stimmt: Kinder lachen rund 400 mal am Tag.

1.2.2 Lernrhythmus

1.2.2.1 Anspannung und Entspannung als Gegenpole

Eine Definition von Lernen lautet: Wissen aufnehmen und aktiv verarbeiten. Hier werden zwei unterschiedliche Schritte deutlich: Wie beim Ein- und Ausatmen geht es zum einen um rezeptive Aufnahmeprozesse wie Lesen, Zuhören, Beobachten usw. und zum anderen um Verarbeitungsprozesse wie Fragen, Verbinden, Durchsprechen, Zusammenfassen, Ausprobieren. Kognitionspsychologisch formuliert würde man sagen: „Informationsprozesse (erster Schritt) führen nur dann zu einer bewußten Fixierung und dauerhaften Speicherung im Gedächtnis, wenn mit ihnen assoziative Einbettungs- und Verknüpfungsprozesse (zweiter Schritt) gekoppelt sind, deren Grundlage aktive Rekonstruktions-, Wiedergabe-, Anwendungs- und Umsetzungsprozesse sind." (vgl. Lehner/Ziep: Phantastische Lernwelt, S. 18) Vielleicht ist die Vorstellung eines „Lern-Sandwiches" einfacher und deutlicher:

rezeptive Aufnahme- und Verarbeitungsprozesse

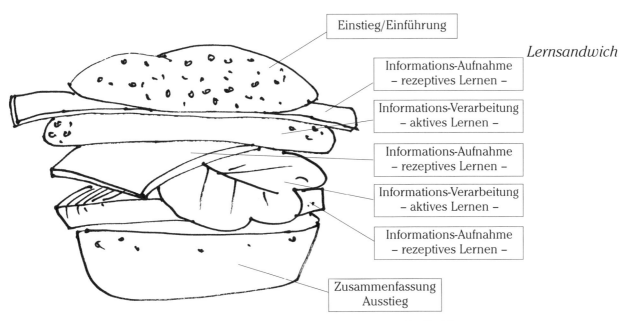

Lernsandwich

Abb.: Lernsandwich (vgl. Lehner/Ziep: Phantastische Lernwelt, S. 18)

Zwischen den Deckeln (Toastscheiben) Einstieg und Ausstieg liegen mit entsprechenden Zutaten (wie Spielen, Aktivierungen, Entspannungen u.ä.) abwechselnd Informationsaufnahme- und Informationsverarbeitungsphasen.

Rhythmisierung moderierter Veranstaltungen

Bei der Gestaltung, also der Rhythmisierung von moderierten Veranstaltungen, empfehlen wir eine Verknüpfung des Wissens um die biologischen Rhythmen des Menschen mit den beiden 20-Minuten-Faustregeln:

1. Steht ein Moderator (oder Experte) im Mittelpunkt: Die einzelne Phase nicht länger als 20 Minuten werden lassen.
2. Stehen die Teilnehmer im Mittelpunkt und tragen mit ihrer Aktivität die Moderation: Die einzelne Phase nicht kürzer als 20 Minuten werden lassen. (vgl. Döring: Lehren in der Weiterbildung, S. 46)

1.2.2.2 Lernunterbrechung zur Reflektion (klösterliches Lernen)

passive Informationsverarbeitung

Lernen ist erst vollzogen, wenn eine Verhaltensänderung eingetreten ist. Doch bis dahin ist es ein langer Weg. Am Anfang steht die Informationsaufnahme, ihr folgt die Informationsverarbeitung. Informationen werden aktiv und passiv verarbeitet. Aktiv zum Beispiel durch Übungen, Simulationen, Anwendungen und Spiele. Und passiv? Unter anderem durch klösterliches Lernen. Grundlage dieser passiven Form der Informationsverarbeitung ist die persönliche gedankliche Reflektion. Doch soll sich der Lernende nicht aktiv bewußt damit auseinandersetzen, sondern gesteuert durch körperliche, künstlerische Arbeit dem Gehirn eine ihm gewährte Zeit zur Reflektion geben. Zeit der unbewußten Auseinandersetzung mit bereits Gelerntem, Zeit, in der das Gehirn die Informationen so oft wie möglich verknüpfen kann, Zeit, dem kreativen Part des Gehirns Möglichkeit zu geben, Verbindungen zu schaffen, Zeit der entspannten Körperphysiologie.

Gottesdienst, Wandelgang, Lehrtätigkeit und körperliche Arbeit

Doch wie sieht klösterliches Lernen aus? Holen Sie sich das Bild eines mittelalterlichen Klosters vor Augen. Damals waren Klöster hauptsächlich Stätten der Wissenschaft, der Lehre und der Bildung. Lernen und Lehren war eine ihrer zentralen Aufgaben. Aber wie sah ihr eigener Alltag aus? Neben den Gottesdiensten und Wandelgängen wurde in den Stuben geforscht, gelernt und gelehrt. Jeder hatte zwischen den Zeiten des Lernens und Betens immer wieder Phasen der körperlichen oder künstlerischen Arbeit. Zeit zur aktiven körperlichen Arbeit, Zeit für das Gehirn – den Geist –, sich mit dem vorher Gelernten auseinanderzusetzen – eben zu reflektieren!

Überträgt man dieses Bild in den Lernalltag, so würde dies bedeuten, daß nach den aktiven Informationsverarbeitungsphasen immer passive folgen, in denen körperlich oder künstlerisch gearbeitet wird. Einige Regeln sind dabei zu beachten:

Regeln klösterlichen Lernens

1. Die Teilnehmer gehen dabei sozusagen in Klausur, d.h. sie dürfen sich nicht mit etwas anderem oder neuen beschäftigen – sprachlich. Am besten ist, wenn nicht gesprochen wird.
2. Die Beteiligten begeben sich vollends in die körperliche und künstlerische Arbeit, d.h. sie lassen sich darauf voll und ganz ein.
3. Betonen Sie, daß das Ergebnis der Arbeit nicht entscheidend ist. Nicht das gemalte Bild ist Ziel der Übung, sondern das Malen an sich!
4. Diskutieren Sie mit den Teilnehmern nicht über das Vorgehen.
5. Wenn die Arbeit abgeschlossen ist, reflektieren Sie zusammen mit den Teilnehmern, wie es ihnen ergangen ist. Nicht jeder Teilnehmer reagiert gleich auf solche Reflektionsphasen.

Im Grunde kann eine Vielzahl an körperlichen und künstlerischen Tätigkeiten in Reflektionsphasen eingesetzt werden. Malen mit Acrylfarben, Wachsmalstiften oder Buntstiften ist einfach zu organisieren. Auch Kneten, Arbeiten mit Ton oder Gärtnern sind Tätigkeiten, die schnell und ohne Aufwand durchgeführt werden können. Ihrer Phantasie sind keine Grenzen gesetzt.

Malen, Kneten, Töpfern und Gärtnern

Die Dauer solcher Reflektionsphasen sollte nicht länger als 15 – 20 Minuten betragen, mit einer anschließenden Besprechung von 5 Minuten.
Es empfiehlt sich bei einer mehrtägigen Veranstaltung, eine Reflektion an das Tagesende zu legen und entsprechend länger durchzuführen. Tonfiguren modellieren ist ideal dazu – das ist eine künstlerische Tätigkeit, die körperlichem Krafteinsatz nicht unbedingt entgegensteht. Solche Reflektionsphasen können als Nebeneffekt ungeheure Energie freisetzen und kreatives Potential wecken.

Dauer: 15 -20 Min.

1.2.2.3 Pausenintervall, Zeit und Länge

öfter mal ein Nickerchen

Bei Ermüdung läßt die Aufmerksamkeit nach, die Aufnahmekapazität des Kurzzeitspeichers nimmt ab. Abhilfe schafft eine Pause. In welchem Rhythmus Pausen – längere oder kürzere – notwendig werden, hängt sicherlich auch mit ab vom subjektiven Interesse für den Lernstoff, der gewählten Didaktikform und von der körperlichen und seelischen Verfassung des einzelnen Lernenden. Unabhängig von den biologischen 90- bis 120-minütigen Rhythmen empfiehlt sich durchaus die Integration häufigerer Pausen; diese sollten dann jedoch kürzer sein (2 – 3 Min.).

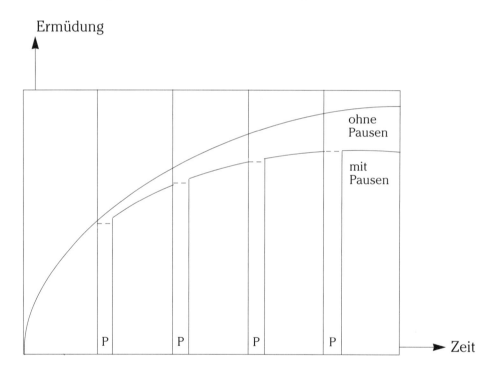

1.2.2.4 Offenes Lernen

Zeiten, in denen jeder einzelne selbstbestimmt lernt

Jeder Lern- bzw. Arbeitsprozeß hat unterschiedlich stark strukturierte Inhalte. Ob die Lernenden selbst strukturieren, ist meist schon ein Indiz für lebendiges, eigenständiges Lernen. Auch wenn die Struktur vom Lernenden selbst bestimmt wird, ist sie Ergebnis einer Gruppe – ausgenommen, es handelt sich um den Einzel-Lernenden. Jede Struktur, die vorgegeben wird, verdeckt die Sicht auf andere kreativere – oder auch persönliche.

Zeiten, in denen jeder einzelne selbst bestimmen kann, wie, wo und warum er lernt und/oder arbeitet, sind Zeiten des offenen Lernens. Diese Phasen ermöglichen dem Lehrenden/dem Trainer das Eingehen auf individuelle Bedürfnisse. Phasen des offenen Lernens sind dazu da, nicht die Gruppe als Maßstab anzunehmen, sondern den einzelnen in seiner Lern- bzw. Arbeitsphase optimal zu unterstützen. Das heißt nicht, daß Sie als permanenter, über die Schulter schauender Kontrolleur agieren, sondern daß Sie sich ganz zurückziehen und nur dann auch in den Lernprozeß einsteigen, wenn Sie ausdrücklich darum gebeten werden.

Phasen offenen Lernens sollten in jeden Lernprozeß eingeplant werden. Sie sind eine erholsame Abwechslung zu Gruppenprozessen und integrieren Individualbedürfnisse problemlos in den Lern- oder Arbeitsprozeß.

Integration von Individualbedürfnissen

1.2.3 Lernmethodik

1.2.3.1 Sozial interaktives Lernen

Interaktives Arbeiten ist ein Modewort und wird in jeder nur erdenklichen Form mißbraucht. Es wird als Aushängeschild verwandt, um mit den positiven Eigenschaften interaktiven Lernens zu werben, ohne zu wissen, was diese bedeuten.

Was heißt „interaktiv" eigentlich? In Meyers Enzyklopädischem Lexikon heißt es dazu: *„Interaktion, Begriff soziologischer Theorien für das aufeinander bezogene Handeln zweier oder mehrer Personen. Dabei orientieren sich die Handelnden an einander komplementären Erwartungen (Rollenvorstellungen u.a.), Verhaltensweisen und Aktionen."*

aufeinander bezogenes Handeln zweier oder mehrerer Menschen

Interaktives Lernen ist also ein Lernen mit einem menschlichen Gegenüber. Der Focus liegt im Sozial-interaktiven und nicht in einer wie auch immer gearteten Kommunikationsform. Der Lernende braucht ein Gegenüber, das in der Lage ist, sich in ähnlicher Form mit ihm auseinanderzusetzen – gedanklich, physisch und vor allem sozial. Die Mensch-Maschine-Kommunikation kann dem Lernenden in keinster Weise das bieten, was ein menschlicher,

Lernen mit einem menschlichen Gegenüber

sozial agierender Partner kann. Jede Annahme, daß ein Computerprogramm den Lernpartner ersetzen könnte, ist nicht haltbar. Der menschliche Geist braucht eine Herausforderung, die ihm gemäß ist!

Was ein Computer-Programm wohl leisten kann, ist das Trainieren stereotyper Vorgänge. Es hat eine gewisse Flexibilität und Verknüpfungsfähigkeit im Rahmen seines von einem Menschen(!) entwickelten Programmes. Was ein computergesteuertes Multimedia-Programm jedoch nicht kann, ist interaktives Lernen zu ermöglichen!

1.2.3.2 Arbeitsformen

Arbeitsformen

Einzelarbeit, Partnerarbeit, Gruppenarbeit und Plenararbeit sind Arbeitsformen in Lern- und Arbeitsprozessen. Jede Arbeitsform hat ihre Vor- und Nachteile und prädestinierten Einsatzbereiche. Näheres dazu in Kapitel 13.

1.2.3.3 Kognitives, affektives und psychomotorisches Lernen (mit allen Sinnen lernen)

Kopf-Herz-Hand-Prinzip

Das Kopf-Herz-Hand-Prinzip ist alt. Aristoteles hat es schon formuliert und Comenius schreibt 1654 in seiner Didactica Magna:

„Alles soll wo immer möglich den Sinnen vorgeführt werden.
Was sichtbar dem Gesicht,
was hörbar dem Gehör,
was riechbar dem Geruch,
was schmeckbar dem Geschmack,
was fühlbar dem Tastsinn."

So trefflich ist „Lernen mit allen Sinnen" von keinem anderen beschrieben worden.

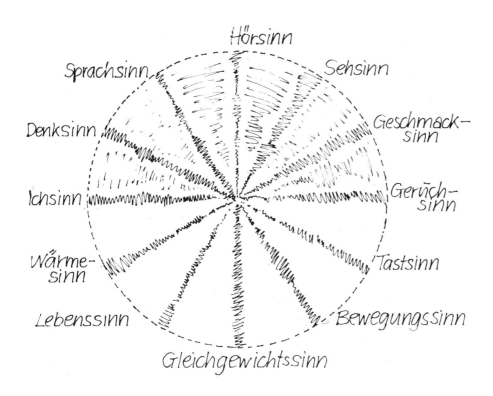

Aber das multisensorische Lernen beinhaltet noch andere Dimensionen. Nicht nur die Sinne sind entscheidend, sondern auch die verschiedenartige Ansprache des menschlichen Aufnahmekanals. Kognitive Ansprache bedeutet hauptsächlich, den logischen Intellekt des Menschen zu focussieren. Die affektive Ansprache ist eine rein gefühlsbetonte, emotionale, die aber einen hohen Erinnerungseffekt erzielen kann. Psychomotorische Ansprachen sind handlungsorientiert und körperbetont, sie unterstützen den Lernprozeß gleichermaßen. Eine einseitige Orientierung auf einen Aufnahmekanal kann zu keinem langfristigen Lernerfolg führen. Allein die Berücksichtigung aller drei Anprachen und die gezielte Zusammenstellung führen zu einem guten Ergebnis.

multisensorisches Lernen

Effizienz von Schulungs-Techniken

Die folgende Studie zeigt die Effizienz von Schulungs-Techniken. Sie stützt die Annahmen, die über multisensorisches Lernen aufgestellt wurden.

Die Effizienz von Schulungs-Techniken

Angaben über die Wahrnehmung von 200 Testpersonen im Instructional Methods Inventory (IMI)*

Schulungs-Methode	Unwirksam	Beschränkt wirksam	Hoch-wirksam
1. Exkursion	1	16	83
2. Visualisierter Vortrag	–	23	77
3. Rollenspiel in Kleingruppen	2	22	76
4. Übung in Kleingruppen	1	27	61
5. Referat mit Fallstudie	1	31	68
6. Schriftliche Ausarbeitung	7	33	60
7. Brainstorming in der Gruppe	5	40	55
8. Gruppen-Diskussion	6	38	56
9. Demonstration des Trainers	1	49	50
10. Interaktion der Kleingruppe	9	48	43
11. Denkarbeit allein	4	68	28
12. Selbststudium der Medien	8	65	27
13. Ein Lehrbuch lesen	10	65	25
14. Autodidaktische Übung allein	11	61	28
15. Geistige Ausarbeitung eines Themas	14	64	22
16. Interaktives Videotraining	15	66	19
17. Selbststudium von Trainings-Büchern	17	64	22
18. Vorlesung (akustisch)	25	55	20
19. EDV-unterstützte Schulung	23	65	12
20. Video-Selbsttraining	23	65	12
21. Testaufgaben lösen	26	62	12
22. Fernsehübertragung in Gruppen (Closed circuit TV)	24	68	8
23. Video-Training in Gruppen	25	67	8
24. TV-Empfang (Selbststudium)	28	68	5

* Ziffern in Prozent der Antworten
Copyright „Training & Development Journal", Juni 1988

1.2.3.4 Gestaltelemente als Beitrag zur aktiven Erlebniswelt des Lernenden bzw. Arbeitenden

Ein wichtiger Aspekt der Gestaltpädagogik ist der Focus auf die Erfahrungsorientierung. Gerhard Fatzer beschreibt in seinem Buch „Ganzheitliches Lernen" sechs Methoden erfahrungsorientierten Lernens und Arbeitens (vgl. S. 73 – 118):

1. Übungen (Prozeßübungen)
2. Rollenspiele
3. Gruppeninteraktion
4. Simulationen
5. gelenkte Phantasien
6. Körper-Bewegung

<u>1. Übungen</u>
Das sind Aktivitäten, die durch den Trainer/Moderator angeleitet werden mit dem Ziel, die Teilnehmer mit einer Erfahrung oder miteinander in Kontakt zu bringen. Sie bestehen aus schrittweisen Anleitungen, die klar vorgegeben sind und die Möglichkeiten bieten, bestimmte Fähigkeiten zu üben, Reaktionen oder Gefühle anzuregen und die verschiedenen Schritte durch den erfahrungsorientierten Lernprozeß zu erleichtern. Übungen zielen im allgemeinen darauf ab, eine Aktion in einem vorgeschriebenen Rahmen hervorzurufen.

Übungen rufen Aktionen in einem vorgeschriebenen Rahmen hervor

In der Einführungsphase von Übungen sollte der Trainer/Moderator die Bereitschaft der Beteiligten zur Teilnahme fördern, dazu ganz kurz die Instruktion und ihre grobe Zielsetzung bekanntgeben. Anschließend durchlaufen die Teilnehmer den erfahrungsorientierten Lernprozeß, und der Trainer/Moderator wird sie in der Auswertungsphase mit einigen gezielten Fragestellungen anleiten und gemeinsam mit ihnen ein Fazit ziehen.

Einführungsphase, Lernprozeß, Auswertungsphase

Gefahren:
- scheinbar leichte Handhabbarkeit,
- Beachtung der Auswirkungen von Übungen,
- enger Zusammenhang mit der Lernerfahrung, Teilnehmer-Erwartung und Fähigkeit des Trainers/Moderators muß gewährleistet sein.

Gefahren

2. Rollenspiele

Methode, die realistisches Verhalten in imaginären Situationen probt

Eine weitverbreitete und wirkungsvolle Methode, bei der die Teilnehmer eine vorgeschriebene Perspektive („Rolle") oder ein Set von Verhaltensweisen („Rollenverhalten") einnehmen. Rollenspiel kann als Methode der menschlichen Interaktion gesehen werden, die realistisches Verhalten in imaginären Situationen beinhaltet. Es ist eine eher „spontane" Vorgehensweise, da die Teilnehmer frei handeln – nicht nach einem Skript. Es ist eine „Als-ob-Situation", in der die Teilnehmer handeln, als ob es „real" wäre (Corsini/Shaw/Blake 1961, S. 8). Die emotionale „Ent-Spannung" ist von zentraler Bedeutung für das Lernen im Rollenspiel.

Zielsetzungen des Rollenspiels

Ganz allgemein können die Zielsetzungen des Rollenspiels folgendermaßen zusammengefaßt werden:

- Wissen oder bestimmte Fähigkeiten, die die Teilnehmer kennengelernt haben, einüben oder demonstrieren,
- Prinzipien im Zusammenhang mit dem behandelten Thema zeigen,
- Anerkennung der Wichtigkeit von Gefühlen im Zusammenhang mit eigenem Verhalten (z.B. Lampenfieber),
- Wahrnehmung und Sensibilisierung der eigenen Gefühle, Haltungen und Verhaltensweisen vergrößern, dieses auch gegenüber anderen,
- Veränderung des Verhaltens oder von Einstellungen erreichen oder anstreben, indem sich der Teilnehmer in neue, untypische und widersprüchliche Rollen versetzt,
- Die Wichtigkeit des Übens im Entwickeln von zwischenmenschlichen Fähigkeiten illustrieren.

Gefahren

Gefahren:
- Gefühl der Bedrohung beim Spiel vor anderen,
- therapeutischer Charakter.

Empfehlungen

Daher sind folgende Empfehlungen auszusprechen:
- Prinzip der Freiwilligkeit;
- Rollenspiel in größeren Rahmen einbetten (Übereinstimmung mit dem Lernziel).

Drei Arten des Rollenspiels: *Arten von Rollen-*
a) das problemdarstellende Rollenspiel – die Teilnehmer spielen den be- *spielen*
schriebenen Fall ohne Lösungsmöglichkeit,
b) das problemlösende Rollenspiel – Ziel ist die Darstellung, wie die
Probleme des Falls bearbeitet werden können,
c) das problemverarbeitende Rollenspiel – eignet sich, wenn Teilnehmer
über eigene Erfahrungen bezogen auf das Problem verfügen.

3. Gruppeninteraktion
Sie wird an Popularität oder Häufigkeit nur noch durch den Vortrag übertrof- *Gruppeninteraktion*
fen. Gruppeninteraktion kann Rollenspiel, Körperbewegungselemente, ge-
lenkte Phantasien, audiovisuelle Aspekte (Video u.a.m.) enthalten.

Die Gruppeninteraktion stellt sich wie folgt dar:

a) Gruppe als Kontext für eine Aktivität
Die Aufgabe bestimmt die Struktur der Gruppeninteraktion. Problem- und
Konfliktlösung in Gruppen sind aufgabenbezogene Gruppeninteraktio-
nen: das Zusammenarbeiten dient der Erarbeitung eines Themas oder
der Lösung einer Aufgabe.
b) Gruppeninteraktion als Lerninhalt
Hier ist die Gruppe oder Gruppenerfahrung als Thema bzw. Inhalt anzusehen: die Interaktion selbst macht die Erfahrung aus.
c) Gruppeninteraktion in der Zweier-, Dreier- oder Vierergruppe
Partnerarbeit hat vor allem zum Ziel zu lernen, mit einem Partner zusam-
menzuarbeiten, etwas zu erarbeiten, zusammenzutragen, eine kurzfristige
Beziehung aufzubauen. Dreier- und Vierergruppen eignen sich zu Beginn
einer Lernerfahrung zum Austausch von Erwartungen; sie können Lernerfahrungen auswerten, im Rahmen einer Simulation Ziele diskutieren,
Vorgehensweisen planen, Aufgaben ausführen.

4. Simulationen
Das sind Modelle oder Veranschaulichungen eines bestimmten Aspektes *z.B. das Planspiel*
der menschlichen Erfahrung. Vorgegebene Regeln (Richtlinien und Material) ergeben eine Struktur, die einen Ablauf, ein Ergebnis oder eine Situation illustriert. Bekanntestes Beispiel ist das Planspiel, in dem Spielregeln,

eine Situation und ein möglicher Ablauf vorgegeben werden. Simulationen versuchen, einen bestimmten Aspekt der Realität in leicht vereinfachter Form wiederzugeben, so daß die Teilnehmer in einem vorstrukturierten Rahmen ein Faksimile dieser Realität erleben können. Rollen und Unterlagen sind vorgegeben, aber die Ziele und einzelnen Teilnehmeraktivitäten nicht. Die Teilnehmer können sich im gegebenen Rahmen frei bewegen.

Auswirkungen von Simulationen

Simulationen haben verschiede Auswirkungen auf die Teilnehmer: Sie können motivieren, einen Suchprozeß anregen, einen persönlichen Bezug zu einem Aspekt der „Condition humaine" schaffen, Haltungen verändern, Einfühlungsvermögen fördern oder ganz generell Training/Moderation auf eine neue – konkrete – Stufe der Vermittlung von Wirklichkeit stellen. Sie bieten eine gute Möglichkeit der Lernverknüpfung von Prozeß mit Inhalt.

wichtig für den Moderator

Für den Moderator/Trainer ist in diesem Zusammenhang wichtig:

- Charakteristik, Ablauf und mögliche Auswirkungen kennen und abschätzen können,
- eingebettet im Rahmen der übrigen Lernerfahrung,
- gleiche Lernziele werden angestrebt,
- idealerweise hat der Moderator eine Simulation schon mitgemacht.

5. Gelenkte Phantasien

Phantasien entstammen der rechten Hemisphäre des Gehirns

Im Bereich von Problemlösungen und Kreativität haben Forschungen gezeigt, daß Phantasien wichtige Voraussetzungen für Kreativität sind. Phantasien sind ein Tor zu unserer inneren Welt, wo die Grenzen der äußeren Welt wie Zeit und Raum nicht mehr gelten. Phantasien führen uns zu Plätzen, zu denen man normalerweise nicht hingelangt (in eine Pflanze, Maschine oder einen Menschen usw.) und können uns neue Perspektiven aufzeigen.

Da Phantasien der rechten Hemisphäre des Gehirns entstammen, verbinden sie die Ressourcen beider Hemisphären (durch sprachliche und bildliche Aspekte). Gerade weil Phantasieren eine rechtshemisphärische Tätigkeit ist, fühlt es sich anders an als linkshemisphärische Prozesse:

Linkshemisphärische kognitive Prozesse sind aktiv; das Gehirn manipuliert Ideen. Rechtshemisphärische affektive Prozesse sind passiver, tauchen auf, sind unbewußter. Sie erscheinen in Bildern, ein bißchen wie in einem Film. Das Bewußtsein muß in einem Zustand von entspannter Aufmerksamkeit sein, empfänglich für innere Bilder. Dieser rezeptive Zustand ist der Schlüssel zu jeder Phantasie. Der Grad des Eindringens in eine Phantasie wird hauptsächlich durch die Art und Weise bestimmt, wie der Trainer/Moderator die Phantasie vorträgt.

entspannte Aufmerksamkeit

Phase 1: Entspannung und Einstieg
Einen Zustand der entspannten Aufmerksamkeit erreichen, d.h. das Ausschalten der Verbalisierung der linken Hirnhemisphäre, so daß man auf die rechte Hemisphäre hören kann.
Es folgt eine Hinleitung zum Thema: Was wir tun werden und warum. Zusätzlich benötigen die Teilnehmer eine kurze Erklärung zum Inhalt und zur Zielsetzung der Phantasie.

Entspannung und Einstieg

Phase 2: Die Phantasieerfahrung
1) Beobachtungsphantasien (um etwas Neues einzuführen):
   Phantasien können auch als Rückblick oder Wiederholung eingesetzt werden. Sie helfen, die Informationen zu speichern. Wenn man sensorische Bilder mit den gelernten Informationen verknüpft, speichert das Gedächtnis Bilder und Wörter. Dieser Ansatz hilft vor allem Personen, die weniger verbal orientiert sind.
2) Identifikationsphantasien (um sich in etwas hineinzuversetzen):
   Die Kraft einer Identifikationsphantasie stammt sowohl aus ihrem Potential für emotionale Identifikation als auch aus der sensorischen Bilderwelt. Muskuläre oder kinästhetische Identifikationen führen den Teilnehmer noch tiefer in die Phantasie. Wenn der Teilnehmer eine Verbindung herstellen kann zwischen muskulären Reaktionen und dem Inhalt der Phantasie, kann dies tiefe Einsichten fördern. Die Anleitung zu einer Identifikationsphantasie sollte immer in der ersten Person („Ich") erfolgen.

Phantasieerfahrung

Entwurf einer Entwurf einer Phantasiereise
Phantasiereise Folgende Fragen helfen Ihnen bei der Konzeption einer Phantasiereise:

a) Ziel der Phantasie?
b) Welches Material wollen Sie hineinnehmen? (Lernziel?)
c) Welche Perspektive sollten die Teilnehmer einnehmen?
d) Wird es eine Identifikationsphantasie – mit was/ wem sollen sie sich identifizieren?
e) Wird es eine Beobachtungsphantasie – was speziell sollen die Beteiligten beobachten?

Beim Entwurf vermeiden Sie bitte Klischees und umschreiben Sie diese. Schreiben Sie die Phantasien wortwörtlich auf.

Leiten einer Leiten der Phantasie
Phantasie
1. Ihr Ton ist weich und beruhigend.
2. Drosseln Sie Ihre Lesegeschwindigkeit, lassen Sie nach jedem Vorschlag sieben Sekunden Pause – Zeit, damit sich Bilder formen können.
3. Geben Sie den Teilnehmern am Ende mehrere Minuten Zeit, die Phantasie zu Ende zu führen und in den Raum zurückzukehren. Beenden Sie die Phantasie mit der Aufforderung, die Augen zu öffnen und in den Raum zurückzukommen.
4. Stellen Sie bei Diskussionen Fragen sehr spezifisch.

Austausch und Phase 3: Austausch und Auswertung der Phantasie
Auswertung der Es gibt zwei verschiedene Vorgehensweisen, die Phantasiereise auszuwer-
Phantasie ten. Zum einen das „Grounding" (auf den Boden zurückholen): ein Bild davon malen, ein Tagebucheintrag, Erfahrung mit Teilnehmern diskutieren, etwas in Ton modellieren usw. Es handelt sich dabei um eine Kombination aller drei Wahrnehmungssysteme: visuell (zeichnen), auditorisch (schreiben) und kinästhetisch (diskutieren).

Processing Zum anderen gibt es das „Processing" (reflektieren) von Phantasien:

1. Interpretieren Sie nicht.
2. Beurteilen Sie die Bilder nicht.
3. Geben Sie einer gelenkten Phantasie keine Note.

4. Erlauben Sie den Teilnehmern keine Einordnung in gut/schlecht.
5. Wenn ein Teilnehmer nicht versteht, was die Bilderfahrung bedeutet, erklären Sie ihm, daß er nicht beunruhigt zu sein braucht.

Hilfreiche Prozeßfragen in diesem Zusammenhang sind: *Was hast du gefühlt? Was hast du gesehen? Was dachtest du? Was tatest du? Was bedeuten dir die Bilder? Was lernst du daraus? Wie kannst du das umsetzen?*

Rechtshemisphärische Formen des Lernens erfordern eine Atmosphäre des Vertrauens. Die Teilnehmer müssen wissen, daß sie nicht lächerlich gemacht oder kritisiert werden. Sonst ziehen sie sich in die Sicherheit des Schweigens zurück. Dies gilt vor allem für Phantasien. Die Arbeit mit Phantasien ist meist ungewohnt und etwas sehr Persönliches. Phantasien sind ein Teil der Persönlichkeit und sollten aus diesem Grund nie bewertet werden.

Atmosphäre des Vertrauens

6. Körper-Bewegung im Training
Hauptabsicht aller Übungen zu „Körper und Bewegung" liegt in dem Bestreben, Körperempfindungen und Sinneswahrnehmungen im Training/Moderation als positive Faktoren anzusehen und den Teilnehmern Gelegenheit zu geben, diese auszudrücken und wahrzunehmen.

Körperempfinden und Sinneswahrnehmung schulen

Körper-Bewegung reicht von Entspannungsübungen, nonverbaler Kommunikation und Bewegungsspielen bis zu eigentlichen Körperübungen und dem Ansprechen von Körperreaktionen von Teilnehmer und Trainer/Moderator. Alle Aktivitäten aus diesem Bereich werden eingesetzt, um die Energie zu erhöhen, die Wahrnehmung verschiedener Teile des Körpers zu verbessern, Gefühle zu mobilisieren und Spannung zu spüren und abzubauen. Lernen im speziellen läuft sonst Gefahr, körperlos zu werden, den Körper zu vergessen oder zu verdrängen.

Vorteile:
- Zugang zu Bereichen, die dem rein Verbalen verschlossen sind,
- neue Arten von Einsichten und Lernprozesse für den Lernenden,
- gut angeleitete Aktivitäten ermöglichen intensive Lernprozesse,
- Entspannungsübung oder Bewegung dient als Eisbrecher, Aufwärmübung oder zur Entspannung bzw. zum Freisetzen von Energie.

Vorteile

Hinweise für den Moderator

Hinweise für den Moderator/Trainer:
- Atmosphäre von Sicherheit schaffen,
- zum eigentlichen Lernziel hinführen,
- Prinzip der Freiwilligkeit erhalten,
- Feedback und einzelne Phasen anleiten.

1.2.3.5 Lernunterstützung durch Farben, Musik und Düfte

Lernen wird durch viele unterbewußt erlebte Faktoren beeinflußt. Musik spricht das Gehör an und wird am ehesten aktiv wahrgenommen (obwohl ihre Auswirkungen auf den Menschen nicht von jedem sofort erlebt werden können). Düfte wirken subtil, sie werden punktuell wahrgenommen und geraten durch den Gewöhnungsprozeß in unterbewußte „Sphären". Die Farbe wird primär durch das Auge wahrgenommen und hat – wie die beiden vorher erwähnten Faktoren – einen bedeutenden Einfluß auf den menschlichen Organismus. Näheres zur Farbe entnehmen Sie aus Kapitel 11.4.2.

1. Musik
In dem Musikprojekt „Viola", das in Kooperation mit Neuland & Partner, dem Skill-Institut und dem PLS-Verlag durchgeführt wurde, sind zahlreiche Ergebnisse zum Einsatz von Musik im Training erarbeitet und empirisch belegt worden. Hartmut Wagner (Skill-Institut) faßte diese Ergebnisse in dem Buch „Viola" zusammen. Gezielt eingesetzte Musik wird zu einem wesentlichen Teil der unbewußt wahrgenommenen auditiven Lernumgebung. Sie wird sowohl mehr oder weniger objektiv wahrgenommen, als auch natürlich sehr subjektiv empfunden. Das subjektive Empfinden, also die emotionale Aufnahme von Musik, wird durch mehrere Faktoren beeinflußt:

unbewußt wahrgenommen

- die momentane Stimmung des Hörers,
- die Vertrautheit mit Musikstilen,
- die Fähigkeit, Musik ganz „naiv" hören zu können oder mit Vorwissen an sie heranzugehen,
- die Akzeptanz bestimmter Musikrichtungen durch familiäre und kulturelle Faktoren.

Daß gewisse Musikformen über individuelle und kulturelle Grenzen hinweg ähnlich wahrgenommen werden, belegen ethnologische Untersuchungen einer Expedition zu südamerikanischen Indios. Die Reaktion der Indios, die bisher noch nicht mit westlicher Musik in Kontakt gekommen waren: Frank Sinatra-Klänge führten zu Lachen, Rockmusik zu Verschrecken und Davonlaufen, eine Mozart-Sinfonie zu verklärten Gesichtern und Freude, während sich bei einem langsamen Albinoni-Satz (Barock) Körperhaltung und Gesichtszüge entspannten.

Wahrnehmung von Musik

Die wichtigsten Wirkungsfaktoren von Musik
Rhythmus und Tempo wirken auf Herzschlag und Atemrhythmus sowie auf das limbische System und damit auf tiefe Schichten der Persönlichkeit im Bereich des Verhaltens, der Gestimmtheit und der Gefühle. Daneben spielen auch die Lautstärke, die Intensität und Klangfülle, die Klangfarbe, die Instrumentierung und andere Elemente eine Rolle.

wirkt auf Herzschlag, Atemrhythmus und limbisches System

Ursprünge des bewußten Einsatzes von Musik
Die folgenden Gebiete waren Vorreiter beim gezielten Einsatz von Musik:
- Forschungen aus den Bereichen der Neurobiologie und Neurophysiologie, z.B. bei Frederic Vester zum multisensorischen Lernen und Lehren und zur Vermeidung von Distreß beim Lernen,
- Ergebnisse der Motivationsforschung, z.B. bei Heinz Mandl und Günther Huber zur Lernangstminimierung,
- Lozanovs Forschung in der Suggestopädie („Superlearning")

Einsatz von Musik
Mit dem gezielten Einsatz von Musik läßt sich nicht nur ein angenehmes Lern- und Arbeitsklima schaffen, auch die inhaltliche und methodische Planung läßt sich vielfältig rhythmisieren, akzentuieren oder unterstützen.

angenehmes Lernklima

Konkrete Einsatzmöglichkeiten:
- Einstimmung auf eine moderierte Veranstaltung, eine Phase oder ein Thema,
- die moderierte Veranstaltung, die Phase oder das Thema abschließen (Schließen der „Gestalt"),
- Pausen beleben,
- Entspannung bewirken und Streß abbauen,

Einsatzmöglichkeiten

- Energie aufbauen, müde gewordene Gruppen aktivieren,
- Stimmung schaffen oder verändern,
- Inhalte präsentieren (hierbei die Sprache in Intonation und Geschwindigkeit auf die Musik abstimmen; durch Kombination von Sprache und Musik wird das gesamte Gehirn angeregt),
- Übergänge gestalten,
- musikalische Anker setzen, die später wieder bewußt eingespielt werden können, um an die frühere Seminarsituation, ihre Inhalte und die Atmosphäre zu erinnern, die mit dieser Musik verknüpft waren (Verknüpfung linke und rechte Hirnhemisphäre).

Wann kann welche Musik eingesetzt werden?

Einsatz von Musik

Musik mit
- weniger als 60 Schlägen pro Minute (entspricht dem rhythmischen Beat):
stark beruhigend,
kann zu vertieften Entspannungszuständen einladen, die bei der Integration kognitiver, emotionaler und sozialer Lernprozesse zum Abschluß eines Seminartages wünschenswert sein können; bei Phantasiereisen.

- 60 – 70 Schlägen pro Minute:
beruhigend,
wenn geistige Wachheit und entspanntes Lernklima erwünscht sind, z.B. in Phasen der Wiederholung und Vertiefung von Lernstoff sowie in Phasen der Konzentration.

- 80 – 100 Schlägen pro Minute:
eher aktivierend,
wenn es darum geht, den Lernprozeß durch innere und äußere Aktivität zu beleben (z.B. in Aktivierungs- oder Übungsphasen).

- 100 – 130 Schlägen pro Minute:
stärker aktivierend,
wenn gezielt körperliche Bewegung unterstützt werden soll (z.B. interaktive Gruppenspiele, Bewegungsspiele und Tanz).

- über 130 Schlägen pro Minute:
  sehr stark/zu stark aktivierend,
  ein gezielter Einsatz ist nicht zu empfehlen.

Gerade in heutiger Zeit gibt es immer mehr Musik-Produktionen, die speziell zur Erreichung des Entspannungszustandes oder zur Aktivierung komponiert werden. Meist sind es Titel, die synthetisch im Computer hergestellt oder gesampled sind. Häufig ist bei diesen Titeln festzustellen, daß sie sich durch eine geringe Tiefe der Melodie auszeichnen und hin zur stärkeren Rhythmisierung tendieren. (Anmerkung der Autorin: Diesen Musiktiteln stehe ich kritisch gegenüber und bevorzuge eindeutig Musik, die mit realen Instrumenten gespielt wird.) John Diamond hat in seinem Buch „Der Körper lügt nicht" Musik auf ihre Wirkung hin untersucht und spezielle Musiktitel genannt, die im besonderen Maße energieaufbauend sind (z.B. die Spätwerke von Beethoven).

synthetisch hergestellte Musik

Musik als Instrument der Rhythmisierung

Rhythmisierung

Ein Ablaufschema für eine moderierte Veranstaltung mit Musik könnte wie folgt akzentuiert werden:

Phase	Stilrichtung der Musik	Beispiel für Musiktitel	Puls	Kommentar zur Musik
Centering	modern, meditativ	Mohlzahn, „Moondance"	60	ruhig fließend, heiter
Einstimmung ins Thema	verschieden	themenorientierter Titel (z.B. Chanson)	80 – 100	paßt zum Thema
Präsentation, kognitive Phase	Vorklassik und Klassik	Haydn, Flötenkonzert D-Dur 1. Satz	120	belebend, klar strukturiert
Wiederholung oder Vertiefung	Barock	Pachelbel, Bach, Largos	60 – 70	ruhig fließend, klare Struktur
Aktivierung, Übung, Anwendung, Energieaufbau	verschieden	themenorientiert	je nach Aktivität 60 – 120	unterstützt die Qualität der Aktivität
Integration	modern, meditativ	Deuter, Pierrot	40 – 70	besinnlich, leicht, in sich ruhend

2. Düfte

Wirkung von ätherischen Ölen

Der Geruchssinn ist das empfindlichste Sinnesorgan des Menschen, bereits 2 Milliardstel Gramm Vanille werden in einem ccm Luft wahrgenommen. Die Nervenzellen der Riechschleimhaut übermitteln die aufgenommenen Informationen über den Riechstrang an das Stammhirn, das neben sämtlichen Emotionen und dem Erinnerungsvermögen auch alle vegetativen Funktionen, wie etwa Kreislauf, Atmung und Hormonausschüttung steuert. Durch den Einsatz ätherischer Öle werden verschiedene Neurochemikalien, wie Endorphine, Adrenalin, Noradrenalin oder Encephaline freigesetzt. Auch Beeinflussungen der Hirnwellentätigkeiten konnten durch EEG-Untersuchungen bestätigt werden. Die Wirkung der Öle hält noch länger an, als die bewußte Wahrnehmung durch den Geruchssinn erfolgt, da dieser nach etwa 15 Minuten ermüdet. Darüber hinaus gelangen ätherische Öle beim Einatmen (etwa beim Einsatz in einer Duftlampe) über Bronchien und Lungen in die Blutkapillare und somit, wie über direkten Hautkontakt, bis in die entsprechenden Organe. Untersuchungen ergaben, daß beim Versprühen von Lavendelduft ein bis zu 20 % geringerer Ausschuß in Produktionsprozessen entstand, beim Einsatz von Zitronenduft konnte der Ausschuß gar um über 50 % gesenkt werden. Eine interessante Vorstellung: Wie würden wohl Demonstranten reagieren, wenn die Polizei bei Gewalttätigkeiten statt Tränengas einmal Rosen- oder Lavendelwasser einsetzen würde? (vgl. Kettenring: Raumdüfte)

fachmännischer Rat

Zum gezielten Einsatz von Duftölen empfiehlt es sich, entweder auf fertige Öl-Mischungen zurückzugreifen oder fachmännischen Rat einzuholen. Denn auch hier gilt, daß sich einzelne Öle in ihrer Wirkung zum Teil stark beeinflussen und verändern können. Auf jeden Fall ist die Verwendung reiner, natürlicher Öle empfehlenswert.

1.2.3.6 Lernstile und -typen

Mischung aus spezifischer Gehirnstruktur, Sozialisations- und Lernerfahrung, Lerneinstellung und -techniken

Lernen ist ein individueller Vorgang. Die für jeden Teilnehmer höchst spezielle Mischung aus spezifischer Gehirnstruktur, hormoneller Disposition, Sozialisations- und Lernerfahrungen, Lerneinstellungen, Lerngewohnheiten und -techniken muß durch die Zusammenstellung eines Methodenmixes getragen werden.

Wie entsteht der je individuelle Lerntyp?

Entstehung von Lerntypen

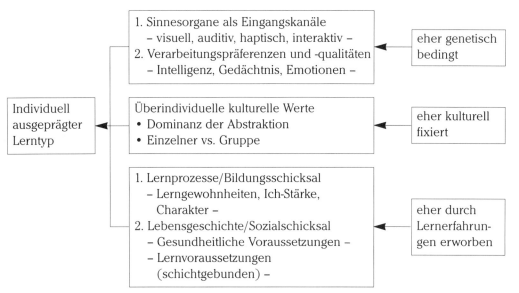

Abb.: Lerntyp (vgl. Döring: Lehren in der Weiterbildung, S. 112)

Frederic Vester beschreibt in seinem Buch „Denken, Lernen, Vergessen" unterschiedliche Grundmuster des Gehirns und stellt vier Lerntypen mit unterschiedlichen Eingangskanälen vor:

„A der abstrakt/verbale Typ (hören)
B der visuell/optische Typ (sehen)
C der haptische Typ (anfassen, fühlen)
D der auditive Typ (hören und sprechen)"

Und wie es in der Psychologie keinen ausschließlichen Choleriker oder Phlegmatiker gibt, lernt der Mensch nicht nur abstrakt oder visuell; es tragen vielmehr alle menschlichen Sinne zum Lernprozeß bei. Aus zahlreichen wissenschaftlichen Untersuchungen und Beobachtungen hat sich folgender didaktischer Grundsatz als richtig erwiesen:

didaktischer Grundsatz

- Durch Hören behält der Mensch 20 Prozent,
- durch Sehen behält der Mensch 30 Prozent,
- durch Sehen und Hören behält der Mensch 50 Prozent,
- durch Sehen, Hören und eigenes Erarbeiten behält der Mensch 90 Prozent.

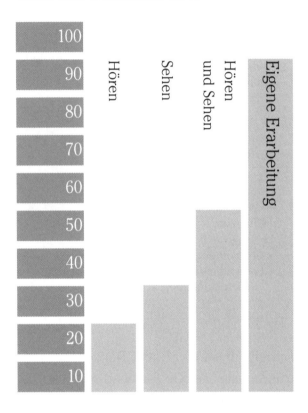

Grad des Behaltens in %

Lerntypen und -aspekte nach Kolb

Der amerikanische Organisationspsychologe D. A. Kolb hat festgestellt, daß erfahrungsorientiertes Lernen aus vier verschiedenen Aspekten besteht: konkrete Erfahrung, Beobachtung und Reflexion, abstrakte Konzeptualisierung und aktives Experimentieren.
Diese vier Fähigkeiten und Tätigkeiten sind bei Menschen unterschiedlich ausgebildet (vgl. Fatzer: Ganzheitliches Lernen, S. 231f):

<u>Konkrete Erfahrung:</u> Rezeptiver, erfahrungsorientierter Ansatz des Lernens, der stark auf gefühlsorientierten Urteilen basiert. Einfühlsame, am Menschen orientierte Lehrer. Finden theoretische Überlegungen nicht hilfreich, ziehen Einzelfallbetrachtungen vor. Lernen am meisten durch Feedback von „Peers" (Gleichgesinnten).

<u>Abstrakte Konzeptualisierung:</u> Analytischer, konzeptioneller Ansatz des Lernens, basiert stark auf logischem Denken und rationaler Evaluation.

Mehr orientiert auf Dinge und Symbole als auf Menschen. Beste Lernsituation: Autoritätsgelenkt und unpersönlich, Betonung von Theorie und systematischer Analyse. Solche Menschen sind frustriert durch offene Lernsituationen des Entdeckungslernens wie Übungen und Simulationen.

Aktives Experimentieren: Aktive, „tätige" Orientierung gegenüber Lernen, die stark auf Experimentieren basiert. Beste Lernformen sind: Projekte, Hausaufgaben, Kleingruppendiskussionen. Abneigung gegenüber passiven Lernformen wie Vorlesungen. Diese Lerner sind meistens extrovertiert.

Reflektive Beobachtung: Annähernder, zögernder und reflektierender Zugang zum Lernen. Solche Lerner stützen sich stark auf sorgfältige Beobachtung, um sich ein Urteil zu bilden. Sie ziehen Lernsituationen wie Vorlesungen vor, welche ihnen erlauben, die Rolle des „objektiven Beobachters" einzunehmen. Eher introvertiert.

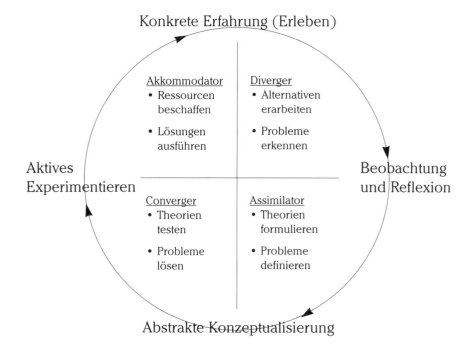

1.2.3.7 Reflektionsphasen

Der Phase der Informationsaufnahme und Verarbeitung folgt in der Regel eine Phase der Reflektion. Während der Reflektion wird der Sinngehalt für

Sinngehalt für den Lernenden selbst überprüfen

den Lernenden selbst überprüft. Es findet eine Einordnung in vorhandene Wissensbereiche statt. Erst in dieser Phase beginnt die Speicherung in das Langzeitgedächtnis. Wird diese Phase vernachlässigt, ist zwar ein kurzzeitiger Lernerfolg zu erreichen, aber die Verankerung im Langzeitgedächtnis findet nicht statt. Es ist daher dringend notwendig, daß die neue Information mit der vorhandenen verknüpft wird.

Die Reflektion kann mit oder ohne sozialer Interaktion erfolgen. Sinnvoller und effektiver ist jedoch eine Reflektion mit einem Lernpartner.

1. Lern-Larry und Lern-Partner (Lehner/Ziep: Phantastische Lernwelt, S. 76f)

Verbindung von Vorstellungen eines aktiven Lernprozesses mit dem sozialen Lernen

„Aktives Lernen kann auf verschiedene Art und Weise praktiziert werden: Schriftliche Ausarbeitungen, stichwortartige Zusammenfassungen, das Anfertigen von Skizzen, Zeichnungen, Modellen etc. sind bereits angesprochene Verfahren. Die hier vorgeschlagene Lernmethode verbindet die Vorstellung eines aktiven Lernprozesses mit dem sozialen Lernen.

Die Idee
Aktives Lernen läßt sich sehr effektiv praktizieren, wenn die Lerner die Möglichkeit bekommen,
 a. den Lernstoff einem (fiktiven) Gesprächspartner (dem sog. Lern-Larry) zu erzählen oder
 b. den Lernstoff mit einem Lern-Partner zu besprechen, zu diskutieren oder zu problematisieren.

Lernen mit dem Lern-Larry

Gespräch wird vom Lerner bestritten

In diesem Fall wird das Gespräch überwiegend vom Lerner bestritten. Es beginnt in der Regel mit einem „*Du, ich muß Dir mal was erzählen*" oder einem „*Könnten Sie mir wohl mal für einen Augenblick zuhören*", und abschließend versucht der Lerner, seinem Gesprächspartner (dem Lern-Larry) den Lernstoff – so gut er kann – zu erzählen.

Lern-Larry hört aktiv zu

Dem Lern-Larry fällt die passive Rolle des Zuhörers zu, wobei er von der Sache nicht unbedingt etwas verstehen muß. Der wichtigste Effekt bei dieser Lernmethode besteht darin, daß der Lerner veranlaßt wird, seinen Lernstoff einem Gegenüber zu erklären; dabei wird er dann ganz automatisch auf die

Punkte gestoßen, die er noch nicht richtig zu erklären in der Lage ist. Jedoch Achtung: Die Selbsteinschätzung vieler Lerner stellt sich in solchen Situationen häufig als nur z.T. richtig heraus. Die Gleichung „Verstehen = Lernen" gilt eben doch nicht (vgl. Fuchs/ Graichen: Bessere Lernmethoden).

Selbstüberschätzung

Sollte gerade kein Lern-Larry zur Verfügung stehen, so ist es völlig in Ordnung, einen imaginären Gesprächspartner zu wählen (ein Bild auf dem Schreibtisch, der Spiegel etc.).

<u>Lernen mit dem Lern-Partner</u>
In diesem Fall findet die Kommunikation wechselseitig statt. Zwei Lerner gehen dabei eine Lern-Partnerschaft ein, d.h. sie stehen sich wechselseitig für Diskussionen, Wiederholungen, Erläuterungen etc. zur Verfügung.

Lern-Partner diskutiert, erläutert, wiederholt

Den Lern-Partnern sollte in den Seminaren eine bestimmte Zeit zur Verfügung gestellt werden, um miteinander lernen zu können. Es ist sinnvoll, wenn die Lernpartnerschaft über die Dauer einer Seminarveranstaltung hinaus verlängert wird – dann können nämlich auch die Probleme bei der Umsetzung in die Praxis lernpartnerschaftlich angegangen werden."

2. Lern-Slogan (Lehner/Ziep: Phantastische Lernwelt, S. 92f)
„In diesem Abschnitt geht es um eine Lernmethode, die sich ein zentrales Element der Werbebranche zu eigen macht: das Bilden von einprägsamen Slogans, die wie ein Etikett den jeweiligen Lernstoff kennzeichnen.

wirkungsvoll formulierte, spotartige Sprüche

<u>Die Idee</u>
Als Slogan bezeichnet man sehr wirkungsvoll formulierte, spot-artige Sprüche, die sich durch ein hohes Maß an Einprägsamkeit und Behaltenswirkung auszeichnen. Faßt man diese Begriffsbestimmung sehr weit, so lassen sich Eselsbrücken, Losungssprüche, manche Sprichwörter, kurze Reime und einfache Merksätze dazuzählen. Slogans entstehen in einer Atmosphäre der freien, kreativen Gestaltung, die sich im Rahmen dieser Lernmethode besonders gut entwickeln kann.

hohes Maß an Behaltenswirkung

Bei der Bildung von Slogans geht es darum, eine treffende Aussage zu finden, die den Lernstoff

- zusammenfassend,
- sachlich richtig,
- in aller Kürze,
- prägnant und
- einprägsam

wiedergibt.

Schlüssel zur Erinnerung

Der Lernende ist bei der Suche nach solchen Sprüchen aufgefordert, seiner Kreativität freien Lauf zu lassen. Oftmals entstehen Reime, wie sie in Eselsbrücken oder Sprichwörtern zu finden sind. Ebensogut können nur einzelne, etikettenartige Kunstbegriffe gebildet werden – wenn diese die „Schlüssel zur Erinnerung" darstellen können, reichen sie vollkommen aus. Meist jedoch werden satzartige Sprüche gebildet, die sinnig und manchmal humorvoll den Lernstoff auf den Punkt bringen.

Für den Behaltenserfolg im Seminar ist letztlich nicht so sehr der Slogan an sich ausschlaggebend, sondern vielmehr die intensive geistige Auseinandersetzung, die bei der Suche geleistet werden muß. Hierin ist der besondere Lerneffekt eher zu vermuten.

Um einen guten Slogan zu finden, ist es nämlich erforderlich, sich zunächst über die zentralen Teil-Inhalte des Lernstoffs Gedanken zu machen. Sie sind herauszustellen, zu reflektieren, zu ordnen, zu gewichten etc. Anschließend sind eventuell Zusammenhänge zu berücksichtigen und ganzheitliche Bezüge aufzustellen. Alle inhaltlichen Überlegungen sind abschließend in einer treffenden Aussage zu bündeln. Als hinführende Arbeitstechnik ist die Moderation geradezu prädestiniert."

Assoziationen werden in Vorstellungsbildern visuell konkret

3. Assoziationswelt (Lehner/Ziep: Phantastische Lernwelt, S. 85f)
„In diesem Kapitel soll es nun um die gezielte Anregung von Assoziationen und den Umgang mit ihnen gehen. Solche Assoziationen werden in sogenannten Vorstellungsbildern visuell konkret. Während die Arbeit mit Lern-Skizzen in der Regel sehr eng an den Lernstoff gebunden ist, läßt sich der Einsatz von Vorstellungsbildern hervorragend als Einstieg in ein größeres Sachgebiet oder in neue Lern-Bausteine (z.B. Begriffe) vornehmen.

Die Idee
Über die bewußte Schaffung von bildhaften Vorstellungen läßt sich neues Wissen leichter in die bestehende Wissensstruktur einordnen. Wenngleich diese Technik als Mnemotechnik angesehen werden kann, steht im Seminargeschehen die Idee im Vordergrund, über die Assoziations-Bildung zu einer aktiven Auseinandersetzung mit dem Lernstoff zu gelangen.

aktive Auseinandersetzung mit dem Lernstoff

Die Teilnehmer sind nun aufgefordert, ihre Gedanken und Vorstellungen zu einem neuen Sachverhalt zeichnerisch darzulegen. Die Zeichnungen dürfen jedoch weder gegenständliche Elemente, noch irgendwelche Beschriftungen enthalten. Einziges Gestaltungselement soll die ungegenständliche Darstellungsform sein. Es entstehen auf diese Art und Weise Vorstellungsbilder, deren abstrakte Formen die innere Struktur der dargestellten Sachverhalte enthalten."

zeichnerisch

Der Gestaltpsychologe R. Arnheim führt in seinem Buch „Anschauliches Denken" aus: „Die ungegenständlichen Muster sind äußerst nützlich für die Klärung der theoretischen Begriffe, müssen ihren Sinn aber dauernd von der lebendigen Substanz der Gegebenheiten und Ereignisse beziehen, die sie darstellen. Der Hauptgrund dafür, daß diese körperlichen Gerüste so wertvoll sind, besteht darin, daß das Denken sich nicht mit der bloßen Materie oder Substanz als solcher beschäftigt, sondern nur mit der Struktur der Dinge" (Arnheim 1980, S. 128).

4. Lern-Domino (Lehner/Ziep: Phantastische Lernwelt, S. 95ff)
„Beim Lern-Domino handelt es sich um ein Spiel im eigentlichen Sinne, also um ein Gesellschaftsspiel. Es steht beispielhaft für viele solcher Spiele, die in modifizierter Form zum Lernen genutzt werden können.

Die Idee
Nachdem ein Lernstoff vorgestellt, möglicherweise auch schon eingeübt worden ist, soll dieser Lernstoff anhand seiner zentralen Begriffe wiederholt werden. Zu diesem Zwecke werden Pinwand-Karten vom Moderator vorbereitet, auf denen je ein zentraler Begriff steht. Die verschiedenfarbigen Karten werden gemischt und an Gruppen von 2 – 4 Lernern ausgegeben. Dann erhält die Gruppe Zeit, um sich mit den Begriffen auf ihren Karten vertraut zu machen (5 – 10 Min. reichen dafür aus). Dies geschieht im Gespräch.

Lernstoff anhand zentraler Begriffe wiederholen

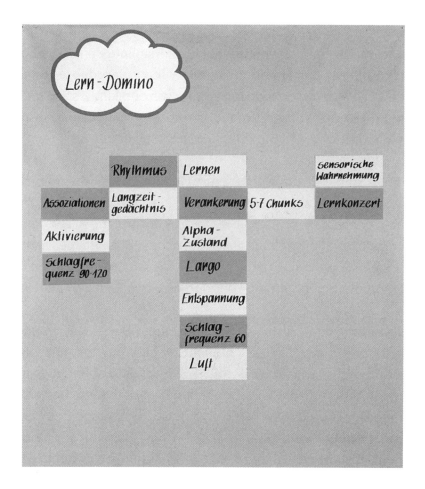

Nach Ablauf der Gesprächszeit beginnt das eigentliche Spiel, indem die Gruppen (in einer bestimmten Reihenfolge) jeweils eine ihrer Karten an eine andere Karte anlegen.

Bedingungen

Bedingungen dabei:
1. Die Karten passen farblich und inhaltlich zueinander.
2. Die inhaltliche Passung muß der Gruppe erläutert werden."

Lern-Landkarte

5. Aktives Strukturieren (Lehner/Ziep: Phantastische Lernwelt, S. 81ff)
„Lern-Landkarten können nicht nur an den Anfang einer Informationsaufnahme-Phase gestellt werden, sondern auch auf eine spezifische Weise die aktive Verarbeitung der Informationen unterstützen.

Die Idee

Die Lerner erhalten die einzelnen Elemente der Lern-Landkarte auf Pinwand-Karten, um die Lern-Landkarte zu rekonstruieren bzw. eine eigene Organisation des Wissens vorzunehmen. In diesem Fall dient die Lern-Landkarte der aktiven Informationsverarbeitung der Lerner. Dieser Prozeß wird sinnvollerweise mit kleinen Lerngruppen bzw. in Einzelarbeit realisiert. Dies geschieht dadurch, daß die Lerner angehalten werden, bestimmte, zum Thema passende Begriffe zu ordnen, so daß sie eine sinnfällige Struktur ergeben. Die Begriffe können stellvertretend für die Lern-Orte bzw. andere Elemente der Lern-Landkarte stehen, dies ist aber keine Bedingung.

Organisation von Wissen

Zu Beginn der Übung verteilt der Moderator jeweils einen Satz beschrifteter Pinwand-Karten an die Lerngruppen bzw. an einzelne Lerner. Damit formuliert er die Aufgabenstellung:

„Bitte versuchen Sie, die Karten in eine sinnvolle Struktur zu bringen. Nachher werde ich Sie bitten, uns Ihre Struktur zu erklären!"

Es ist sehr wichtig zu verdeutlichen, daß bei dieser Übung der Prozeß des Strukturierens, also der aktiven Informationsverarbeitung, im Mittelpunkt steht und weniger das Ergebnis dieses Prozesses, nämlich die fertige Lern-Landkarte. Daher ist es überhaupt nicht schlimm, wenn sich die Lern-Landkarten der einzelnen Lerngruppen teilweise erheblich unterscheiden. Prozesse der Informationsverarbeitung werden von Lernern sehr individuell ausgeführt, und deshalb wird es auch immer individuelle Arbeitsergebnisse geben. Nur bei Mißverständnissen sollte der Moderator eingreifen."

der Prozeß des Strukturierens ist wichtig

1.2.4 Humanistische Lernpsychologie

Die Berücksichtigung humanistischer Lernpsychologien bei der Beschreibung von Ganzheitlichkeit ist eine entscheidende, denn diese haben den heutigen Ansatz der Ganzheitlichkeit geprägt. Schlagworte wie gruppendynamische Aspekte, kooperatives Lernen, kommunikatives Lernen, aktives und passives, direktes und indirektes Lernen sind in vielen Teilen dieses Kapitels mit eingeflossen.

humanistische Lernpsychologie

Mehr Informationen zu dem Thema „Humanistische Lernpsychologien" finden Sie in Kapitel 3.3.1.

1.2.5 Lernblockaden, Lernstörungen abbauen

häufigste Ursache für einen ungenügenden Lerntransfer

Lernblockaden und -störungen sind die häufigsten Ursachen für einen ungenügenden Lerntransfer. Solche Blockaden werden durch den Trainer bzw. Moderator schnell aufgebaut oder zugelassen und sind anschließend äußerst schwer zu beseitigen. Geht man von dem heutigen Kenntnisstand der Gehirnforschung aus, ist es erstaunlich und erschreckend zugleich festzustellen, daß wir nur einen Bruchteil unserer Lernkapazität und -möglichkeiten nutzen. Erste Schritte zum Abbau von Blockaden können folgende Aufzählungen sein (die Forschung zu diesem Thema ist aber noch nicht allzu weit vorgedrungen):

Abbau von Blockaden

- themenzentrierte Interaktions-Postulate berücksichtigen,
- Spielregeln erarbeiten,
- Motivation fördern (Sinnhaftigkeit des Lernens klären),
- Abbau von Angstlernen.

1.2.6 Die Rolle des Lehrenden/Moderators

Rollenverständnis hinterfragen

Die Rolle des Lehrenden/Moderators wird sich vor dem Hintergrund ganzheitlichen Lernens und Arbeitens grundlegend ändern müssen. Vor allem in Lernprozessen liegt die Notwendigkeit nahe, das eigene Rollenverständnis um 180 Grad zu drehen. Nicht die Machtposition des Wissenden und Organisierenden ist gefragt, sondern eine Dienstleistungshaltung, die den Lernenden in seinem Selbstorganisations- und Lernprozeß unterstützt. Der Lehrende ist nicht alleiniger Wissensinhaber, sondern ist Partner des Lernenden und als solcher verhält er sich auch.
Ausführliche Informationen zu diesem Thema können Sie in Kapitel 3.1 nachlesen.

1.3. Nach dem Lernen

<u>Lerntransfer</u>
Die Anwendung erlernten Wissens erfordert tatsächliche Verhaltensänderung. Den meisten Menschen fällt es aber schwer, eingefahrene Muster zu verlassen und Neues wirklich auszuprobieren. Es wird zuviel Wissen produziert und zuwenig genutzt.

Anwendung erlernten Wissens

Die Sicherung des Lerntransfers beginnt bereits, wenn zusammen mit den Teilnehmern ein Bedarf und ein Thema ermittelt wird. Nur wenn die angebotene Thematik für den Teilnehmer von Bedeutung ist und die Beschäftigung damit erkennbare Vorteile bringen wird, ist eine erste Bereitschaft vorhanden, sich aktiv mit dem Lernstoff auseinanderzusetzen.

Sicherung des Lerntransfers

Folgende Checkliste zeigt auf, wie vielfältig die Möglichkeiten sind, sich als Moderator mit dem Thema Lerntransfer auseinanderzusetzen und diesen entsprechend zu berücksichtigen.

Checkliste

Vor der Moderation:
1. Vorabfragebogen mehrere Wochen vor der Moderation (anonym; zur individuellen Reflexion der Alltagssituation; Wünsche bezüglich der inhaltlich/methodischen Gestaltung der Moderation)
2. Basisinformationen etwa zwei Wochen vor der Moderation (max. 2 Seiten Umfang; lesefreundlich gestaltet; Praxisbeispiele)
3. Vorbereitungsaufgabe (zur aktiven Vorbereitung; max. 30 min.; kreativitätsfördend; Spaß)

Während der Moderation:
1. Jeden Lernabschnitt durch simulierte Alltagssituationen trainieren. Nach jeder praktischen Übung diese durch Moderator und Teilnehmer auswerten.
2. Reflexion des Gelernten; z.B. durch künstlerisches Arbeiten
3. Teilnehmer schreiben in einem Brief an sich selbst, was sie in der Zeit nach der moderierten Veranstaltung konkret verändern wollen. Zusendung des Briefes 3 – 4 Wochen nach der Moderation durch den Moderator.
4. kommentierte Literatur- und Informationsliste

Nach der Moderation:
1. Brief des Teilnehmers an sich selbst
2. Verdichtende wesentliche Lerninhalte auf einer kleinen Taschenkarte o.ä.
3. 1 – 2 Monate nach der Moderation einen Fragebogen:
   Was konnte am besten umgesetzt werden?
   Welche Probleme traten bei der Umsetzung auf?
   Welche Hilfen wünschen sich die Teilnehmer noch?

Lerntagebuch

Lerntagebuch

Fach/Thema/Problemstellung: .... Moderation vom: ....

.... Moderator: ....

Die heutige Moderation gliedert sich in folgende für mich wichtige Schwerpunkte:	In bezug auf die Art der Erarbeitung (Methodik) bzw. den Verlauf der Moderation war mir wichtig:
Was möchte ich vertiefen? Wie werde ich es können?	Unerledigt für mich ist:

Hinweise für meine Praxis (Transfermöglichkeiten):

Was ist mir heute in bezug auf mich selbst aufgefallen?

Was bedeutet das für mich?

Was ist mir in bezug auf die anderen (Plenum/Gruppe/Einzelne) aufgefallen?

Was möchte ich damit anfangen?

Moderation und die Dimensionen der Ganzheitlichkeit

Mein derzeitiges Verhalten

Symbole der Stärkenausprägung

Lernprotokolle

– – = noch nicht vorhanden   + = gut, aber noch erweiterungsfähig

– = in Ansätzen vorhanden   + + = perfekt

Moderations-/Trainingseinheit	– –	–	+ +	+
1.				
2.				
3.				
4.				
5.				
6.				
7.				
8.				
9.				
10.				
...				

Lerntransfer

1. Was war für mich interessant – was möchte ich behalten?	

2. Welche Themen möchte ich vertiefen, welche Literatur könnte mir dabei helfen?	
Thema	Literatur

Der Sultan und der Wesir

Eine Methapher

Der Sultan selber war außer sich vor Bewunderung: *„Gott, steh mir bei; welch ein Wunder, welch ein Genie!"* Sein Wesir gab zu bedenken: *„Hoheit, kein Meister fällt vom Himmel. Die Kunst des Zauberns ist die Folge seines Fleißes und seiner Übung."* Der Sultan runzelte die Stirn. Der Widerspruch seines Wesirs hatte ihm die Freude an den Zauberkunststücken verdorben. *„Du undankbarer Mensch! Wie kannst Du behaupten, daß solche Fertigkeiten durch Übung kommen? Es ist, wie ich sagte: Entweder man hat das Talent, oder man hat es nicht."* Abschätzend blickte er seinen Wesir an und rief: *„Du hast es jedenfalls nicht, ab mit Dir in den Kerker. Dort kannst Du über meine Worte nachdenken. Damit Du nicht so einsam bist und Du deinesgleichen um Dich hast, bekommst Du ein Kalb als Kerkergenossen."* Vom ersten Tag seiner Kerkerzeit an übte der Wesir, das Kalb hochzuheben, und trug es jeden Tag über die Treppen seines Kerkerturmes. Die Monate vergingen. Aus dem Kalb wurde ein mächtiger Stier, und mit jedem Tag der Übung wuchsen die Kräfte des Wesirs. Eines Tages erinnerte sich der Sultan an seinen Gefangenen. Er ließ ihn zu sich holen. Bei seinem Anblick aber überwältigte ihn das Staunen: *„Gott steh mir bei, welch ein Wunder, welch ein Genie!"* Der Wesir, der mit ausgestreckten Armen den Stier trug, antwortete mit den gleichen Worten wie damals: *„Hoheit, kein Meister fällt vom Himmel. Dieses Tier hattest Du mir in Deiner Gnade mitgegeben. Meine Kraft ist die Folge meines Fleißes und meiner Übung."* (aus: Der Kaufmann und der Papagei)

1.4 Wissenschaftliche Einordnung

wissenschaftliche Einordnung der Moderation

In einer Diplomarbeit „Das Training der Moderationsmethode unter dem Aspekt des ‚ganzheitlichen' Lernens als Teil des ‚ganzheitlichen Managements'" wurde die Moderation im Hinblick auf Ganzheitlichkeit wissenschaftlich überprüft. In der qualitativen Auswertung kommt Britta Herzog zu folgenden Resumees, die hier unkommentiert zitiert werden:

„Sozial-Interaktives Lernen
Der gesamte Lernprozeß zeichnete sich durch eine hohe Interaktion aus, welche allein schon durch die unterschiedliche Gruppenzusammensetzung, insbesondere auf berufliche Vorkenntnisse bezogen, zu begründen ist.

Teilnehmerorientierung

Als ein stark wissensorientierter Aspekt innerhalb des Seminars war der Einsatz von Gruppenarbeiten zu nennen, da deren Themenstellungen entweder von den Teilnehmern selbst gewählt wurden oder so gestellt waren, daß jeder Vorkenntnisse und Erfahrungen einbringen konnte. Weiterhin wurde die Möglichkeit der Teilnehmer, innerhalb von Diskussionen und Lehrgesprächen Vorwissen und eigene Erfahrungen in den Lernprozeß einzubringen, unterstützt. Hierbei ist besonders auf die Fragestellungen der Trainer zu verweisen, die, wenn möglich, immer einen Bezug zur betrieblichen Praxis oder anderen individuellen Erfahrungen hatten.

Hervorzuheben ist insbesondere der bedürfnisorientierte Aspekt, der ein individuelles und differenziertes Trainingsprogramm ermöglichte. Dadurch wurde die gewünschte Aktivität und Emotionalität erreicht. Durch die Einbindung der Teilnehmer in den Lernprozeß, der nach ihren Bedürfnissen gestaltet wurde, konnte die gewünschte Motivation erzielt werden. Hinsichtlich der Ziele humanistischen Lernens, wie Selbstbestimmtheit und Eigenverantwortung, ergab sich, trotz der Schwierigkeit einer Zuordnung im mittleren Skalierungsbereich, daß sich in fast 50 Prozent eine eindeutige Zuordnung des höchsten Grades erfolgte - die Selbstverantwortung im Lernprozeß daher ein markantes Gestaltungsmerkmal im Trainingsprogramm darstellte.

Hinsichtlich der Gruppengröße und -zusammensetzung, die als Voraussetzung für kooperatives Lernen zu nennen sind, war die Unterstützung des Lern- und Problemlösungsprozesses während des Trainings gewährleistet. Im Bereich der Gruppenarbeit, die das Kernstück kooperativen und sozialen Lernens darstellt, ist hauptsächlich auf die zeitliche Dimension zu verweisen, denn Gruppenarbeitsformen nahmen fast ein Viertel der gesamten Seminardauer ein.

Interaktion

Auf Bedürfnisse und aus ihnen resultierende Veränderungen im interaktionalen Prozeß, fanden flexible Reaktionen statt. Diese erfolgten entweder durch die Methode der Moderation oder lagen in der Rolle des Moderators. So stellt die Moderation eine Form interaktionellen Lernens dar, welche überwiegend prozeß- und problemlösungsorientiert ist und so den Lernprozeß individuell gestalten hilft. Der Moderator nimmt dabei eine Art Katalysatorfunktion ein und versteht sich als Dienstleister der Gruppe. Aus diesem Grund ist es den Teilnehmern möglich, entsprechend ihren Bedürfnissen zu agieren und den Lernweg nach ihren Wünschen zu gestalten.

Strukturierung
Sowohl die Strukturierung der Lerninhalte, als auch deren zeitliche Vermittlungsdauer entsprachen den gestellten Anforderungen. Daher konnte einer Ermüdung der Teilnehmer entgegengewirkt und deren Gedächtnisleistung gesteigert werden. Aus dem strukturierten Einsatz der verschiedenen Lernmethoden und Lernmedien ist zu erkennen, daß die zu vermittelnden Lerninhalte einen großen Einfluß auf deren Einsatz haben. Ein Wechsel zwischen aktiven und passiven Lernphasen war durch die einzelnen Trainingstage gegeben. Weiterhin ist auf den starken Übungscharakter des Seminars zu verweisen, der eine effiziente Gedächtnisspeicherung des Gelernten ermöglichte."

1.5 Literatur

Literatur

Arnheim, R.: Anschauliches Denken, 1980.
Corsini/ Shaw/ Blake: Role playing in business and industrie, New York 1961.
Döring, K. W.: Lehren in der Weiterbildung, Weinheim 1992.
Fatzer, G.: Ganzheitliches Lernen; Paderborn 1993.
Herzog, B.: Das Training der Moderationsmethode unter dem Aspekt des „ganzheitlichen" Lernens als Teil des „ganzheitlichen" Managements, Fulda 1995 (Diplom-Arbeit).
Holler, J.: Das Neue Gehirn, 1986 (vergriffen).
Jehn, S./ Neuland, M.: Grundlagen ganzheitlichen Trainierens, Eichenzell 1995 (Trainings-Unterlage).
Kettenring, M.: Raumdüfte, Sulzberg 1995.
Kolb, D.A.: Organizational Psychology, Prentice Hall, Engelwood Cliffs 1971.
Lehner, M./ Ziep K.-D.: Phantastische Lernwelt, Weinheim 1992.
Rossi, E.L.: 20-Minuten-Pause, Junfermann 1994.
Ulrich, H./ Probst, G.: Anleitung zum ganzheitlichen Denken und Handeln, Stuttgart 1991.
Vester, F.: Denken, Lernen, Vergessen, Stuttgart 1975.
Wagner, H.: Viola - Musik für lebendiges Lernen, Fulda 1993.

2. Zur Geschichte der Moderation

Neu ist die Tätigkeit des Moderierens (lat. moderare: „mässigen", „lenken", „regeln") nicht. Denn ohne Zweifel handelt es sich bei „moderieren" um ein Grundwort des Menschen, das im Verlauf einer vielfältigen Kulturgeschichte die verschiedensten Bedeutungsverschiebungen erfahren hat. Albert Ziegler hat sich mit der Ethymologie des Wortes Moderation intensiv auseinandergesetzt.

moderare: mässigen, lenken, regeln

Den letzten Hintergrund aller Wörter rund um die Moderation bildet die indogermanische Wortwurzel „me(d)-". Sie bedeutet: „wandern, abschreiten, abstecken, messen". Die Wurzel begegnet uns in doppelter Form, nämlich
- als „me": „etwas abstecken, messen, abmessen";
- als „med": „messen, ermessen" (Melzer: Das Wort in Wörtern, 1965).

Das in unserem Zusammenhang grundlegende Wort heißt „modus". Es bedeutet vor allem „Maß, Art und Weise". Damit hängt einerseits „modestus" (maßvoll, bescheiden), andererseits „moderare" (mässigen) zusammen. Im Althochdeutschen kommt es im Zusammenhang mit „Maß" zu einer dreifachen Wortbildung. Das „Maß" ist zum einen Trinkgefäß. Zum anderen ist es das Maß der Angemessenheit und Schicklichkeit. Zum dritten wird es als „Muße", „die freie Zeit, die Aufmerksamkeit und Gelegenheit zu etwas" verwendet. Im Zusammenhang mit der Moderation dürfen auch die Modalitäten nicht vergessen werden. Denn die Aufgabe der Moderation könnte gerade darin bestehen, „die Modalitäten festzulegen", damit der „modus procedendi" gewährleistet ist und ein „modus vivendi" erreicht wird. Moderieren wurde bereits im 16. Jahrhundert aus dem lateinischen „moderare" (mässigen) entlehnt. In der Bedeutung „mässigen, mildern" ist es weitgehend veraltet und nur noch landläufig gebräuchlich.

modus: Maß, Art und Weise

moderare: mässigen, mildern

Aber in der zweiten Hälfte unseres Jahrhunderts kam das englische Wort „to moderate" zu uns. Es bedeutet, „eine Versammlung oder ein Gespräch leiten."(vgl. Ziegler: Kulturgeschichtliche Hinweise zum heutigen Verständnis der Moderation, S. 19 – 30)

Berichten zufolge sollen deutsche Kriegsgefangene im Zweiten Weltkrieg („prisoner of war") in englischen Lagern auch schon ansatzweise Modera-

prisoner of war

tion (nach unserem heutigen Verständnis) eingesetzt haben. Sie schnitten Anfang der 40er Jahre Karten aus Kartons und Verpackungen (Lagerverpflegung) aus und klebten oder pinnten sie an Pappe. Ziel der Gefangenen war es, offene Fragen bei der Durchführung von Veranstaltungen zu klären. Diese wurden dann – entweder am Zaun oder an der Baracke bei Freiluft-Zusammenkünften oder an der Wand der entsprechenden Baracke - befestigt und bei der Beantwortung zu entsprechenden Gruppen zusammengefügt. Dieser Vorgang läßt sich heute nicht mehr eindeutig belegen, wird jedoch immer wieder angeführt.

menschliches Bedürfnis nach geregeltem Zusammenleben

Moderation ist demzufolge keine Erfindung unseres Jahrhunderts, sondern eine immer wiederkehrende Vorgehensweise, die aus dem menschlichen Bedürfnis nach geregeltem Zusammenleben entsteht. Mit welchen Techniken dies auch immer ausgeführt wurde, oblag der jeweiligen Zeit und ihren Möglichkeiten. Der Mensch scheint immer wieder die einzelnen Fähigkeiten von Jahrzehnt zu Jahrzehnt neu zu erlernen und sie entsprechend weiterzuentwickeln.

Quickborner Team

Mitte der 60er Jahre wurde die Moderations-Methode vom „Quickborner Team" in ihrer jetzigen Grundform entwickelt – in einer Zeit, in der Studentenunruhen und Protestbewegungen die Gesellschaft mit Konflikten konfrontierten, die sie einfach nicht sehen wollten. Auch in den Bereichen der Hochschulen und Unternehmen, in Gewerkschaften und Kirche wurden die Verhältnisse nicht mehr so hingenommen, wie sie waren. Wünsche nach mehr Beteiligung an Entscheidungsprozessen, nach mehr Orientierung an den Bedürfnissen der Betroffenen wurden artikuliert. Die vorhandenen Formen und Methoden genügten den Ansprüchen und Forderungen der Rebellierenden nicht mehr. Die gewohnten Gesprächsstrukturen sahen immer einen Leiter oder Lehrer vor, der alles besser wußte als die anderen und daher vorgab, wo es lang ging. Aber diese Erfahrungen waren es nicht allein, die die Entwicklung dieser Methode forcierten. Es entstand ein neues Verständnis für die Planbarkeit sozialer Prozesse. Unternehmensberatungen und Planungsstäbe etablierten sich auf dem Markt und machten Untersuchungen und erstellten Gutachten, die nutzlos in den Schreibtischen der Entscheider liegen blieben. Es fehlte an Methoden, die Betroffenen an den Umsetzungsprozessen zu beteiligen (vgl. Klebert/Schrader/Straub: KurzModeration, S. 7).

Zur Geschichte der Moderation

Das „Quickborner Team", eine der vielen Unternehmensberatungen, wollte Entscheider und Betroffene an einem Tisch zusammenbringen, um gemeinsam an kreativen Lösungen zu arbeiten. Nach einer langen Phase des Entwickelns und der kreativen Arbeit formte sich daraus die Moderations-Methode: „Eine Mischung aus Planungs- und Visualisierungstechniken, aus Gruppendynamik und Gesprächsführung, aus Sozialpsychologie, Soziologie, Betriebs- und Organisationslehre mit einem Verständnis von sozialen und psychischen Prozessen, die sich an Erkenntnissen und Erfahrungen der Humanistischen Psychologie anlehnen." (Klebert/Schrader/Straub: KurzModeration, S. 8)

In der Folgezeit wurde dem Team bewußt, daß das Verhalten des Moderators und seine Einstellung zu den Menschen und Problemen weitaus wichtiger ist, als die alleinige Anwendung der Techniken. Die Moderationstechniken sind das Handwerkszeug des Moderators, das ihm dazu dient, die Gruppe in die Lage zu versetzen, sich selbst ihren roten Faden zu spinnen. Der Moderationsprozeß an sich ist fast ein künstlerischer: er verlangt Einfühlungsvermögen, Selbstbeherrschung und Intuition (vgl. Klebert/Schrader/Straub: KurzModeration, S. 8).

Verhalten des Moderators weitaus wichtiger als die Techniken

Nach den ersten Seminaren und Trainings (um 1973) hat die Methode eine weite Verbreitung erlangt und ist heute aus der Arbeit in und mit Gruppen nicht mehr wegzudenken. Neben der starken Durchdringung aller täglichen Bereiche durch die Methode in Deutschland, ist sie im europäischen Ausland ebenso anzutreffen; zuerst in den Niederlanden, Österreich und der Schweiz. Es folgten Frankreich und England. Mittlerweile findet sich diese Methode auch in Süd-Afrika, Türkei, Ägypten, Ungarn, Indien und Australien. Ein Indiz dafür, daß die Moderations-Methode interkulturell anwendbar und erfolgreich ist.

Moderation international

Seit 1992 arbeitet ein internationales Team von Trainern, Moderatoren, Designern, Unternehmensberatern, Wirtschaftswissenschaftlern und Pädagogen an der Weiterentwicklung der Methode (Neuland-Moderation). Es geht sicherlich nicht darum, etwas vollkommen Neues anzubieten oder zu entwickeln, es ist vielmehr Ziel des Arbeitskreises, Vorhandenes zu prüfen und neue Aspekte sinnvoll in das Gegebene einzufügen. Die Moderations-

Neuland & Partner

Methode ist und bleibt eines der geeignetesten Instrumente bzw. Methoden interaktionellen Arbeitens und Lernens. Erfolgreiche Management-Techniken der Japaner wie Kaizen oder Lean-Management sind „nur" eine geschickte und sinnvolle Zusammensetzung bereits bekannter Einzeltechniken. Die gelungene Zusammenstellung und die durchgehaltene Konsequenz aber machen letztendlich den Erfolg dieser Methoden aus.

Was heißt das für die Weiterentwicklung der Moderations-Methode? Es muß nicht immer gleich etwas Neues, Revolutionäres angeboten werden. Nein, eine Zusammenstellung bekannter Methoden (und deren permanente Überprüfung) bringt den gewünschten Erfolg. Modeströmungen vergehen so schnell wie sie gekommen sind. Einen immerwährenden Wettlauf der neuesten Trends kann auf die Dauer niemand durchhalten, ohne irgendwann zu dem Punkt zu kommen, an dem die Sinnhaftigkeit überdacht wird. Diese Arbeit soll kein Beitrag zu einer neuen Modeströmung sein. Es ist die Zusammenfassung der Weiterentwicklung und kontinuierlichen Verbesserung einer bereits erfolgreichen Methode, mit dem Anspruch, diese um ein Stück mehr bereichert zu haben.

Literatur

Literatur

Klebert, K./ Schrader, E./ Straub, W.: KurzModeration, Hamburg 1987.
Klebert, K./ Schrader, E./ Straub, W.: ModerationsMethode, Hamburg 1991.
Melzer, F.: Das Wort in Wörtern. Ein theo-philologisches Wörterbuch, Tübingen 1965.
Neuland, M.: Die Neuland-Moderation als ganzheitliche Lern- und Arbeitsmethode, Eichenzell 1992.
Ziegler, A.: Kulturgeschichtliche Hinweise zum heutigen Verständnis der Moderation, in: Wohlgemuth, A.: Moderation in Organisationen, Bern - Stuttgart - Wien 1993.

3. Philosophie

Die Moderation hat eine eigene Geisteshaltung und besteht nicht nur aus technischen Methoden. Diese Geisteshaltung ist die Grundlage, auf der die einzelnen Techniken aufbauen. Philosophie und Methode sind untrennbar miteinander verbunden, denn die Anwendung der Techniken – ohne die entsprechende Einstellung zu den Menschen – führt unweigerlich zur Manipulation.

Geisteshaltung

Die Moderation ist eine Form des interaktionellen Lernens und Arbeitens. Ihre Wurzeln liegen in der Pädagogik, Humanistischen Psychologie, Soziologie und Gruppendynamik. Grundlage ist eine spezielle Werthaltung zu Menschen. Sie findet Ausdruck im demokratischen Arbeitsstil der Gruppe, im verantwortlichen Denken und Handeln des einzelnen und der Akzeptanz gegenüber Andersdenkenden. Ziel der Werthaltung ist: Humanes Lernen und Arbeiten.

Der Wahlspruch der Moderation lautet: „Aus Betroffenen Beteiligte machen!" Der zentrale Gedanke: Gemeinsames Wissen nutzen und potenzieren. Der Weg ist individuell abgestimmt auf das Ergebnis bzw. Ziel. Die Gruppenzusammensetzung ist offen, damit eine motivierte, reife Zusammenarbeit möglich ist.

„Aus Betroffenen Beteiligte machen."

Der Moderator versteht sich als Dienstleister der Gruppe. Er erarbeitet mit der Gruppe Spielregeln des eigenen Umgangs. Zentraler Ausgangspunkt dabei ist die Frage: „Wie kommen wir gemeinsam schnell zu brauchbaren Ergebnissen?" Störungen haben demgemäß immer Vorrang, da sie die effektive Arbeit der Gruppe behindern. Die Gruppe zu einer Reife führen, so daß der Moderator sich selbst überflüssig macht und die Gruppe Ihre Aufgaben in Eigenregie weiterführt – das ist das Idealziel.

Dienstleister der Gruppe

Faßt man diese Aspekte zusammen, kommt man zu dem Schluß, daß Moderation auch ein Führungsstil ist. Carl Rogers drückte diese Geisteshaltung so aus:

Moderation als Führungsstil

„In Freiheit lernen und arbeiten!"

3.1 Verhalten des Moderators

Rolle des Moderators

Welche Rolle spielt nun eigentlich der Moderator in der Gruppe? Ist er der Alleswisser und -könner? Muß er sich „im Gebüsch" verstecken und darf nicht in Erscheinung treten, wenn es um Meinungen und Beiträge geht? Die Rolle des Moderators ist eine sehr facettenreiche und stellt große Anforderungen an die Person. Der Erfolg einer jeden Moderation steht und fällt mit der Qualität des Moderators. Im folgenden wird daher die Rolle des Moderators intensiv beleuchtet.

3.1.1 Verhaltens-Hilfsregeln

methodische Helfer

Moderatoren sind methodische Helfer, die eigene Meinungen, Ziele und Wertungen zurückstellen können bzw. müssen. Das Verhalten, das dieser Aufgabe entspricht, kann mit folgenden Axiomen bzw. Hilfsregeln beschrieben werden. Diese Axiome sind Anhaltspunkte, anhand denen das eigene Verhalten als Moderator überprüft werden kann. Sie besitzen Schlüsselworte, an die man sich in den entsprechenden Situationen erinnern kann.

Sprechen Sie per „Ich" statt „man" oder „wir"

Verantwortung für das übernehmen, was Sie sagen

Vertreten Sie sich selbst in Ihren Aussagen; sprechen Sie per „Ich" und nicht per „Wir" oder per „Man". Für viele Menschen sind konkrete Ich-Aussagen schwierig, und erst allmählich lernen sie, die volle Verantwortung für das zu übernehmen, was sie sagen. Die Hilfsregel ermutigt, sich nicht hinter verallgemeinernden Redewendungen zu verstecken, sondern selbstverantwortliche Aussagen zu machen. Also Sätze mit „Ich" statt „Du", „Man" oder „Sie" beginnen.

Diese Regel zeigt Ihnen und den Teilnehmern, mehr Verantwortung für eigene Äußerungen und Taten zu übernehmen und ihre Gefühle bei ihnen zu lassen. Diese Haltung ist essentiell, um moderieren zu können, denn Sie müssen von den Verwicklungen der Ansprüche, Gefühle und Spiele anderer (und ganz besonders der Gruppe) frei bleiben. Als Moderator sind Sie ein beliebtes Objekt für die Projektionen der Teilnehmer und Beteiligten. Da liegt es in der Natur der Sache, sich selbst im klaren darüber zu sein, welche Verantwortung übernommen werden muß - und welche nicht (vgl. Cohn: Themenzentrierte Interaktion, S. 263ff).

Perpetuum mobile oder eine Sache der Frage

Als Moderator sind Sie Prozeßbegleiter und Dienstleister der Gruppe. Die Frage ist das geeignete Instrument um Prozesse in Gang zu setzten. Feststellungen hingegen beschreiben nur den Status Quo. Ihre Teilnehmer bringen alle Voraussetzungen mit, um den Moderations-Prozeß zu durchlaufen: das eigene Erfahrungspotential, Meinungen, Gefühle und Persönlichkeit. Es ist wie mit einem „perpetuum mobile", es braucht nur den Anstoß, um in Gang zu kommen.

Fragen bringen Prozesse in Gang

Überprüfen Sie Ihre Einstellung zu den Teilnehmern

Jeder Mensch trägt eine Reihe von Verhaltensweisen, Einstellungen und Glaubenssätzen mit sich. Diese drückt er durch verbale und nonverbale Kommunikation aus. Jede Handlung spiegelt dies wider. Allein sich dieser Tatsache bewußt zu sein, ist eine große Hilfe beim Moderieren.

Verhaltensweisen, Einstellungen und Glaubenssätze

Festzustellen, daß Sie ein offenes Buch für jeden Teilnehmer sind, ist wichtig. Denn nur dann, wenn Ihnen bekannt ist, wovor Sie Angst haben, was Sie ärgert oder was Sie freut, sind Sie der dynamischen Situation der Gruppe gewachsen. Machen Sie sich oder der Gruppe etwas vor, kommt es schnell zu Verwicklungen oder Kämpfen mit der Gruppe und diese führen Sie und die Gruppe nicht ihrem Ziel entgegen.

Viele kommen an den Punkt der Selbsterkenntnis, begehen aber dann einen gravierenden Fehler. Aus Angst vor dem was passieren könnte, verstellen sie sich – versuchen jemand anderer zu sein. Das führt allerdings nur zu Verwicklungen. Die Gruppe erlebt, erfährt Ihre Widersprüche in Ihrem Verhalten und nimmt Sie nicht mehr voll an. Sie geraten in eine Situation, in der Sie die Gruppe nahe an eine Arbeitsunfähigkeit heranführen.

Bleiben Sie Sie selbst und stehen Sie zu Ihren Stärken und Schwächen, denn niemand erwartet von Ihnen perfekt zu sein.

Der Moderator ist nicht für die inhaltliche Qualität verantwortlich

Steuermann oder die Kunst des Loslassens

Die Position des Lehrenden bzw. Leiters ist uns ans Herz gewachsen wie kaum eine andere. Die Möglichkeit, die Kontrolle, die Macht innezuhaben, ist geradezu verlockend. Wie ein Kapitän auf hoher See. Doch der Moderator ist der Steuermann. Er weiß genau, wie das Schiff sich im Winde verhält, doch die Gruppe ist der Kapitän. Um ein guter Steuermann zu sein, muß der Moderator inhaltlich neutral sein, auch wenn er eine Menge von Navigation versteht. Das erfordert Selbstdisziplin und viel Praxis. Denken Sie daran: Der Moderator ist für die inhaltliche Qualität nicht verantwortlich!

Gabe des Loslassens

Es ist schwer, mit dem vermeintlichen Wissen über einen besseren Weg hinter dem Berg zu halten. Sich nicht irgendwie verbal oder manipulatorisch einzumischen. Es verlangt von dem Moderator die Gabe des Loslassens (Klebert/Schrader/Straub: ModerationsMethode, S. 9):

1. „Loslassen, daß ich es bin, der weiß, was für die Gruppe gut ist – und Vertrauen haben in das Wissen, die Fähigkeit und den Willen der Teilnehmer;
2. meinen Ehrgeiz und Leistungsdruck loslassen, daß ich für das Ergebnis der Gruppe verantwortlich bin und mich voll auf das konzentrieren, was die Teilnehmer mir als Potential anbieten und es angemessen fördern (die Gruppe da abholen, wo sie steht);
3. mein Herzblut an einem Thema loslassen, meine Meinung als nicht relevant betrachten und jeder Äußerung Achtung entgegenbringen und sie gelten lassen."

Nur wenn das für Sie selbstverständlich ist, ist die Methode keine Manipulation oder gar Farce, sondern wahre „Hebammenkunst".

Störungen verschaffen sich de facto Vorrang

Störungen haben Vorrang

Störungen und Betroffenheit haben Vorrang. Beachten Sie Hindernisse auf Ihrem Weg, Ihre eigenen und die von anderen; ohne ihre Lösung wird Wachstum verhindert und erschwert.

Dieses Postulat besagt, daß Störungen sich immer ihr Recht verschaffen, egal ob Teilnehmer und Moderator dies wollen oder nicht. Störungen fragen nicht nach Erlaubnis, sie haben de facto Vorrang. Daher geht es darum, sie als Realität des Menschen in der konkreten Situation ernst zu nehmen. Störungen sind sowohl Zerstreutheit, Ärger, Langeweile, Konflikte mit anderen Gruppenmitgliedern als auch Freude, Begeisterung und Sachinteresse – kurz gesagt alles, was (scheinbar) nichts mit dem Thema zu tun hat und was die Aufmerksamkeit einzelner oder der Gruppe von der vorgenommenen Aufgabe ablenkt. Jede Störung ist ein Lern- und Kommunikationshindernis. Der Versuch, die Störung zu unterdrücken oder nicht wahrzunehmen, führt zu Nebenkriegsschauplätzen, Widerständen einzelner und Scheingefechten.

Lebendiges Miteinander-Lernen kann jedoch nur erreicht werden, wenn sich alle Teilnehmer auf das Thema konzentrieren können. Das gemeinsame Lernen wird aber bereits dann verhindert, wenn ein Gruppenmitglied – aus welchen Gründen auch immer – nicht bei der Sache ist. Diese Person ist der Gruppe als Gruppenmitglied verlorengegangen. Wenn die Person ihre Aufmerksamkeitsverschiebung jedoch äußert, wird die Störung zum offiziellen Mittelpunkt des Gruppengesprächs, und zwar so lange, bis das Gruppenmitglied in die Gruppe zurückgefunden hat. Oft reicht schon das Aussprechen der Störung aus, um die betreffende Person wieder in das Gespräch einzubeziehen. Unter Umständen beansprucht die Beseitigung der Störung aber auch viel Zeit. Diese Zeit ist jedoch nicht „vertan", da die Gruppe erfahrungsgemäß nach der Beseitigung der Störung um so intensiver zusammenarbeitet. Im Unterschied dazu beeinträchtigt ein gewaltsames Verdeckthalten einer Störung den gemeinsamen Lernprozeß langanhaltend und entscheidend (vgl. dazu Cohn: Themenzentrierte Interaktion, S. 263ff).

Störungen sind Aufmerksamkeitsverschiebungen

Ein derart konstruktiver Umgang mit Störungen und Betroffenheit ist für die meisten Menschen neu und ungewohnt. Es bedarf daher der behutsamen Einübung und verlangt insbesondere von dem Moderator viel Sensibilität und Kenntnisse in bezug auf den Umgang mit Gruppenphasen und -krisen. Störungen zu erkennen bedarf einigen Feingefühls. In den meisten Fällen kann man eine schwere Störung relativ leicht erkennen. Die Atmosphäre ist gehemmt und die Teilnehmer sind angespannt. Die Hohe Kunst liegt allerdings darin, aufkommende Störungen so schnell wie möglich zu erkennen. Im Laufe der Zeit entwickelt ein guter Moderator dafür ganz feine Sensoren.

konstruktiver Umgang mit Störungen

Blitzlicht

Doch wie reagiert man, wenn eine Störung ausgemacht wird. Zunächst äußern Sie Ihre Wahrnehmung, um anschließend mit einem Blitzlicht oder einer Ein-Punkt-Frage die Störung sichtbar zu machen – sie nach außen zu tragen. Was allein durch das Publikmachen nicht gelöst ist, muß von der Gruppe weiter bearbeitet werden.

<u>Unterscheiden Sie wahrnehmen, vermuten, bewerten</u>

Unterschied zwischen Wahrnehmung und Vermutung

Die meisten Mißverständnisse zwischen Menschen entstehen durch das Unvermögen, zwischen Wahrnehmung und Vermutung unterscheiden zu können. Meist gehen wir dann soweit, daß wir diese Vermutung als Grundlage einer Bewertung nehmen. Wir müssen lernen, diese drei Ebenen deutlich zu unterscheiden und dies auch gegenüber Dritten deutlich zu machen. Mißverständnisse zwischen Ihnen und der Gruppe werden an der Tagesordnung stehen, solange für die Gruppe und Sie nicht klar ist, auf welcher Ebene Sie sich gerade befinden. (vgl. Klebert, Schrader, Straub: ModerationsMethode, S. 13)

Beispiel

Ein Beispiel macht Ihnen deutlich, was das für Sie bedeutet:
Ein Teilnehmer sitzt vor einem gekippten Fenster. Ihm zieht es im Rücken und er ist nicht in der Lage, der Arbeit in der Gruppe zu folgen. Er sitzt da, ärgert sich, traut sich nicht, das Fenster zu schließen, da es gerade erst von einem anderen Teilnehmer geöffnet wurde. Er sieht für Sie desinteressiert und mißmutig aus. Er zieht sich zurück und nimmt an der Gruppenarbeit nicht mehr teil.

<u>Sie vermuten:</u> *„Er ist mit meiner Vorgehensweise nicht einverstanden und zieht sich daher zurück."*
<u>Sie bewerten:</u> Sie ärgern sich, da sie Ihre Vorgehensweise gerade mit den Teilnehmern abgestimmt haben. Folglich formulieren Sie eine Ist-Aussage: *„Ich sehe, daß mit meiner Vorgehensweise doch nicht alle einverstanden sind..."* und die Gruppe kann diese Äußerung nicht nachvollziehen. Schon befinden Sie sich in einer Situation, die für das Weiterkommen der Gruppe äußerst hinderlich ist.

drei verschiedene Ebenen

Machen Sie sich also immer erst die drei verschiedenen Ebenen deutlich: Wahrnehmen, vermuten, bewerten. Kontrollieren Sie, auf welcher Ebene Sie sich befinden. Wenn Sie Vermutungen anstellen, dann gehen Sie von mehreren Möglichkeiten aus, und bewerten Sie sie alle einzeln. Dies macht deutlich, daß eine Auswirkung (Wahrnehmung) immer mehrere Ursachen haben kann. Teilen Sie der Gruppe Ihre Wahrnehmung mit, und stellen Sie Ihre Vermutung (subjektive Interpretation) als Frage mit mehreren Optionen. Lassen Sie die Gruppe die Rückmeldung in Form von Antworten, Vermutungen oder Gefühlen geben. Dies ist am einfachsten mit Hilfe eines Blitzlichtes möglich.

„Ich sehe, daß Herr X momentan der Gruppe nicht folgen kann. Ich vermute, daß Sie mit meiner Vorgehensweise nicht einverstanden sind oder eine kleine Pause benötigen. Liege ich da richtig?"

Machen Sie sich auch Gedanken über die Art Ihrer Vermutungen. Es liegt in der Natur des Menschen, bestimmte Muster mit sich zu tragen, die mit der Situation im „Hier und Jetzt" nichts zu tun haben. Werden Sie sich darüber klar und reflektieren Sie Ihre Vermutungen diesbezüglich. Trennen Sie sie von dem, was nicht hierher gehört (vgl. dazu Klebert/Schrader/Straub: ModerationsMethode, S. 13f).

Art der Vermutungen

Sie sind inhaltlich ein Neutrum
Jeder Mensch hat seine eigenen Werte, Meinungen und Vorstellungen. Diese ist er gewohnt, im Alltag und Berufsleben ganz selbstverständlich einzubringen. Nun wird von dem Moderator aber eine Fähigkeit verlangt, die für die meisten sehr schwer ist: der Moderator ist inhaltlich ein Neutrum. Das heißt konkret: Sie können eine Gruppe von Chemielaboranten moderieren, ohne im Thema inhaltlich versiert zu sein.

der Moderator ist inhaltlich ein Neutrum

Während des Moderierens ist es Ihre vornehmliche Aufgabe, den Prozeß fachlich zu betreuen. Für den Moderator wird das um so schwieriger, je mehr er vom Thema versteht und je mehr er emotional mit dem Thema verbunden ist. Gerade dann ist es wichtig, weder bewertend noch beurteilend einzugreifen. Sie dürfen Ihrer eigenen Überzeugung auch keinen Ausdruck verleihen wollen, indem Sie Aussagen unterschiedlich wichtig oder wertig behandeln. Jeder Teilnehmer würde dies schnell herausfinden und Sie als Moderator outen. Sollten Sie bemerken, daß Sie mit dem Thema emotional zu sehr belastet sind, bitten Sie einen Kollegen für Sie einzuspringen.

Beachten Sie die Körpersprache

Beachten Sie die Körpersprache

Beobachten Sie Ihre eigene Körpersprache und die von Ihren Teilnehmern. Die Körpersprache ist ein wichtiges Indiz, Stimmungen, Gefühle und auch Störungen zu lokalisieren. Körpersprache und Wortsprache gehören zusammen. Je stimmiger die beiden Elemente sind, desto authentischer ist das Verhalten der jeweiligen Person. Stimmt die Körpersprache mit der Wortsprache nicht überein, liegt eine Botschaft aus dem Unbewußten vor. Diese Körpersignale sind unmittelbarer und unverfälschter als das gesprochene Wort. Seine eigene Körpersprache zu manipulieren gelingt den wenigsten. Daher können körpersprachliche Signale wertvolle Beiträge zur Moderation leisten. Um diese Signale allerdings wahrnehmen zu können, bedarf es einiger Übung. Lassen Sie sich immer wieder darauf ein, Körpersprache an sich wahrzunehmen. Dazu gehört: Gestik, Mimik, Körperhaltung und Ausstrahlung des Teilnehmers insgesamt.

Rechtfertigen Sie sich nicht

Wer sich entschuldigt, klagt sich an

Oft kommt es zu Situationen, in denen die Gruppe inhaltlich nicht weiterkommt und sie sich vor der Bearbeitung eines Problems oder Sachverhaltes zu drücken versucht. Sie weicht auf Felder aus, die sie leicht bearbeiten kann. Meist kommt es dann zu Vorwürfen gegenüber der Person oder Position des Moderators. Lassen Sie sich darauf ein, hat die Gruppe ihr Ziel erreicht. In der Regel rechtfertigt der Moderator sich und führt so die Gruppe in eine Diskussion, die dem Moderationsprozeß äußerst hinderlich ist. Bei diesem Spiel geht es vornehmlich nur noch darum, als Sieger hervorzugehen. Da es bei dem Zusammenspiel Gruppe und Moderator jedoch keinen Verlierer geben darf, da sonst das gegenseitige Vertrauen verloren gegangen ist, haben beide verloren. Der Moderator wird mit dieser Gruppe schwer wieder arbeiten können. Machen Sie der Gruppe daher bewußt, wohin sie steuert und versuchen Sie sie wieder auf die Inhaltsebene zu lenken. Erklären Sie der Gruppe, daß diese Energie für die Lösung des Problemes weitaus wichtiger und effektiver ist.

Diskutieren Sie nicht über die Methode

Diskutieren Sie nicht über die Methode

Diskutieren Sie nicht mit Teilnehmern über die Methode, wenn Sie dabei sind zu moderieren. Hier verhält es sich ähnlich wie bei dem vorherigen Punkt.

Die Gruppe versucht, Ausweichmanöver zu fahren, anstatt sich mit dem Problem zu beschäftigen. Es ist für die Gruppe ein leichtes eine solche Diskussion anzufangen. Geht man darauf ein, kann es lange dauern bis man zur Inhaltsebene zurückkehren kann. In manchen Fällen kann es sogar passieren, daß man gar nicht mehr zum Moderieren kommt.

Äußerungen wie: „Immer dieses Kärtchenschreiben" oder „Können wir das nicht mal ordentlich ausdiskutieren" sind Anzeichen für solche Ansätze. Allerdings sollten Sie so sensibel sein zu erkennen, wann die Gruppe mit dem Hinterfragen der methodischen Vorgehensweise recht hat. Es kann durchaus sein, daß Moderation in diesem Zusammenhang keinen Sinn macht. Stellen Sie auch fest, ob es ein einzelner oder die gesamte Gruppe ist, die interveniert. Einzelne haben meist eine Störung anderer Art, die als solche nicht artikuliert werden kann. In diesem Fall sollten Sie ihnen die Möglichkeit geben, in die Gruppe zurückzukehren, indem Sie etwas Aktion in die Gruppe bringen.

Je nachdem
Wenn es angebracht ist, durchbrechen Sie all diese Regeln! Regeln sollen Hilfsangebote sein und wir müssen sie in ihrer Wirksamkeit und Bedeutung immer wieder in Frage stellen. Für jede Regel gibt es Ausnahmen. Schauen wir uns die vorangegangene Regel an: Diskutieren Sie nicht über die Methode. Wie aber, frage ich Sie, können Sie ein Moderationsseminar abhalten, ohne über die Methode zu diskutieren? Hier wird klar, daß diese Regeln nur den Zweck haben, das Eigenpotential der Gruppenteilnehmer zur Entfaltung zu bringen und die Kooperationsfähigkeit der Gruppe zu verbessern. Fassen Sie die Regeln als freundliche Aufforderung auf und nicht als Dogma. Je vertrauter Sie mit den Hilfsregeln sind, desto eher können Sie sie variieren, verändern, anpassen. Sie können flexibel reagieren, Ihrer Intuition folgen und vor allem sind Sie in der Lage, sich auf die Gruppensituation einzustellen (vgl. auch Löhmer/Standhardt: Themenzentrierte Interaktion, 1992 und Klebert, Schrader, Straub: ModerationsMethode, S. 27).

Alle diese Regeln können auch durchbrochen werden

Zum Abschluß gebe ich Ihnen noch einen Satz mit auf den Weg, der sich unter Moderatoren eingebürgert hat: *„Es kann auch eine gute Moderation sein, mit der Moderation aufzuhören."*

Zusammenfassung

Fassen wir zusammen:

Der Moderator ist ein Mensch, der den Beteiligten auf der einen Seite Vorgehensweisen methodischer und technischer Art anbietet, um Probleme zu lösen oder um zu lernen. Auf der anderen Seite ist es seine Aufgabe, die sozialen Prozesse zu erkennen und situativ zu regeln. Hinsichtlich der Methoden und Techniken versteht er sich der Gruppe gegenüber als Dienstleister. Zur Aufgabe des Moderators gehört zunächst einmal, die Art und Weise des Vorgehens zu klären, Menschen zu motivieren, mit anzupacken, wenn es erwünscht ist und Aufgabenstellungen für die Gruppe leistungsgerecht vorzubereiten. Das geschieht dadurch, daß er versucht, die Teilnehmer für die bevorstehenden Abläufe zu sensibilisieren und gemeinsam mit ihnen entsprechende Spielregeln zu vereinbaren. Wichtig dabei ist, daß es sich um Spielregeln handelt, die aus der Gruppe heraus entstanden sind. Die Erfahrungen des Moderators sind hier zweitrangig. Versuchen Sie nicht, der Gruppe eigene Erfahrungen zu ersparen. Sie sollen zwar anbieten, aber immer auch akzeptieren können, daß Ihr Angebot abgelehnt wird. Nehmen Sie es nicht als persönlichen Angriff, sondern seien Sie stolz darauf, daß die Gruppe selbstbestimmt arbeiten kann.

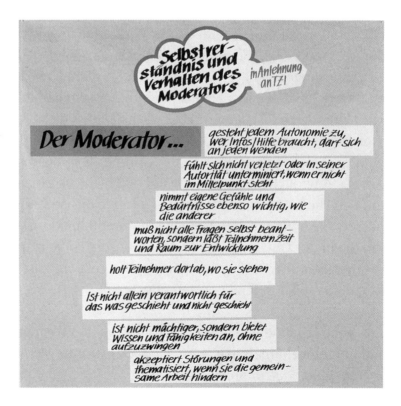

3.1.2 Der philosophische Exkurs

Über welche Grundeigenschaften muß der Moderator verfügen, der derart moderieren will? Hierzu habe ich Ihnen einen interessanten Exkurs aus der Schweiz von Albert Ziegler zusammengefaßt:

Grundeigenschaften des Moderators

„Wichtige Anforderungen an einen Moderator sind: Hohe Interaktions-, geringe Selbstorientierung; Problemneutralität; auf Vertrauen und Achtung basierende Konzilianz; vorurteilsfreie, unabhängige Einstellung gegenüber den Teilnehmern; Fähigkeit, das Problem in seiner Gesamtheit zu sehen und durch situationsgerechte Fragen zu aktivieren; Kenntnisse über die Auswirkungen gremieninterner Gestaltungsmaßnahmen.

Bündelt man diese Anforderungen, so kommt man zu dem Schluß: Der Moderator sollte eine maßvolle Persönlichkeit sein,
- die einerseits gemäßigt ist, weil sie selber Maß nimmt,
- die andererseits mäßigend wirkt, weil sie
  – maßvoll ist,
  – Maß gibt und
  – Maßstäbe setzt.

<u>Der Moderator sollte eine maßvolle Persönlichkeit sein.</u>
Ein Mensch ist dann Persönlichkeit, wenn er in und zu sich steht. Er hat Charakter und Charakterstärke. Zum anderen ist er einflußreich. Denn erstens läßt er sich beeinflussen (freilich, ohne daß er unkritisch diesen Einflüssen erliegt). Zweitens vermag er auf andere Einfluß zu nehmen, da er fachlich und menschlich kompetent ist. Darüber hinaus ist er angesehen, weil er über den Kreis seiner Gesinnungsgenossen hinaus Ansehen verdient (selbst wenn er lange Zeit als verkannte Persönlichkeit durchs Leben gehen sollte). Dies alles, weil er das Maß in sich trägt und darum maßvoll ist.

Persönlichkeit

Einfluß nehmen

<u>Der Moderator sollte eine gemäßigte Persönlichkeit sein.</u>
Gemäßigt ist, wer selbst an einem Maßstab Maß nimmt und sich nicht als Maß aller Dinge sieht. Gemäßigt heißt auch, sein Temperament mässigen zu können. Gemäßigt ist schließlich, wer seine Vorliebe so weit kritisch zu zügeln instande ist, daß er sich nicht von Vorurteilen leiten und bestimmen

Maß nehmen

sich in andere hineinversetzen

läßt. Gerade weil Sie als Moderator maßvoll und gemäßigt sind, vermögen Sie es, sich so in andere hineinzuversetzen, daß für Sie jeder er selbst ist und es auch sein soll. Der Eigenart und Einzigartigkeit eines jeden bewußt, helfen Sie – moderierend und animierend –, daß der andere zum einen seinen eigenen Beitrag erbringen kann und zum anderen dadurch auch sich selbst verwirklicht.

<u>Der Moderator sollte als maßvolle und gemäßigte Persönlichkeit mäßigend wirken.</u>

Der Moderator wird Vorbild

Weil ein guter Moderator selbst gemäßigt und maßvoll ist, kann er auch maßvoll wirken. Warum? Durch seine erfolgreiche Wirksamkeit erwirbt er sich Ansehen. Er kann sich nicht nur sehen lassen. Man schaut auch tatsächlich auf ihn. So wird er zum Vorbild und Beispiel. Darum strebt und eifert man ihm nach. Daher wirkt er auch mäßigend auf andere. Das heißt: Er gibt das Maß an.

Um Maß angeben zu können, bedarf es eines Maßstabes. Dies besagt, daß er einerseits nicht willkürlich vorgeht und darum andererseits alle mit dem gleichen Maßstab mißt. Er ist unparteiisch. Aber indem er auch sich selbst an den Maßstab hält, mit dem er andere mißt, wird er durch seine Person vorbildhaft zum Maßstab und setzt durch sein Wirken den Maßstab für andere.

Der Moderator gibt den Ton an

Als maßvolle und gemäßigte Persönlichkeit gibt der Moderator nicht nur das Maß, sondern auch den Ton an. Er ist tonangebend. Darum bedarf er eines feinen Musikgehörs. Er muß nicht nur die falschen Töne herausspüren, sondern auch die Zwischen- und Nebentöne herausfühlen. Wer aber so den Ton angibt, sorgt zugleich für die richtige Spannung. Denn der Ton hat (als „tonus") immer auch mit Spannung zu tun. Deshalb muß der Moderator für Spannung sorgen und darum einerseits der Langeweile wehren, andererseits der Überspanntheit begegnen.

Kurzum: Der Moderator sollte eine Persönlichkeit sein, die deswegen mäßigend wirken kann, weil sie selbst maßvoll ist, anderen das Maß gibt und Maßstäbe setzt (indem sie sich selbst einem höheren Maß unter- und eingeordnet weiß)." (Ziegler: Wer moderieren will, muss Mass nehmen und Mass geben, S. 38 - 49)

3.1.3 Die Rollen eines Moderators

Nachdem die Eigenrolle des Moderators „philosophisch" betrachtet wurde, wenden wir uns nun Beziehungen desselben zu.

Beziehungen des Moderators

Der Moderator kann sich in seiner Beziehung zu den Teilnehmern in verschiedenen Rollen wiederfinden:

Rollen des Moderators

- Kollege unter Kollegen,
- Vorgesetzter seiner Mitarbeiter,
- Spezialist unter Spezialisten,
- sowohl Mitarbeiter als auch Vorgesetzte sind in der Gruppe,
- Laie unter Spezialisten,
- Wechselspiel zwischen Trainer und Moderator.

Jede dieser Rollen bringt eine eigene Problematik mit sich und kann Konfliktsituationen hervorrufen:

„Arbeitet die Gruppe unbefangen, wenn ich Vorgesetzter bin?"
„Mache ich meinen Chef darauf aufmerksam, daß er sich nicht an die vereinbarten Spielregeln hält?"
„Akzeptiere ich als Trainer, daß die Gruppe meine Dramaturgie verändert?"
„Soll ich wirklich meine Fachkenntnisse oder Erfahrungen beiseite lassen?"

Die vermutlich einzig vernünftige Lösung ist, das Problem anzusprechen. Sie müssen die Beteiligten miteinbeziehen und sie auf die Problematik des Rollenverhaltens (sowohl als Moderator als auch Teilnehmer) aufmerksam machen. Geben Sie Verantwortung an die Beteiligten ab.

Probleme ansprechen

Wenn Sie als Moderator inhaltlich mit der Gruppe verbunden sind und nicht umhin kommen, eigene Standpunkte einzubringen, müssen Sie jeweils deutlich machen, wann Sie in der Funktion des Moderators den Prozeß steuern, und wann Sie als Teilnehmer eigene Beiträge äußern. Ein zentrales Mittel, dies zu verdeutlichen, ist Ihre räumliche Position. Stehen Sie vor der Gruppe, sind Sie Moderator, sitzen Sie in der Gruppe, sind Sie Teilnehmer. Sollten die Zeiten länger sein, in denen Sie Teilnehmer sind, übergeben Sie Ihre

wenn der Moderator inhaltlich gebunden ist

Rolle an einen anderen, oder bitten Sie Ihren Co-Moderator, für den Zeitraum alleine zu arbeiten.

3.1.4 Authentizität des Moderators

Ein Rabbiner namens Sussja

Was ist das? In einer aus dem Orientalischen überlieferten Geschichte pflegte ein alter Rabbiner mit Namen Sussja seine Lehrmeinung mit folgender Frage zu erläutern:

> *„Wenn ich einmal im Jenseits ankomme,*
> *wird man mich nicht fragen:*
> *Warum bist Du nicht Moses gewesen?*
> *Man wird mich fragen:*
> *Warum bist Du nicht Sussja gewesen?*
> *Warum warst Du immer bloß*
> *mehr oder weniger dies,*
> *mehr oder weniger das,*
> *nur nicht was Dir bestimmt war:*
> *Sussja zu sein?*
> *Bloß Sussja – aber dies ganz!"*

bleiben Sie Sie selbst

Denken Sie also daran, daß Sie bei jeder Anforderung, die Sie an sich selbst stellen, oder die eine Aufgabe an Sie stellt, ganz Sie selbst bleiben! Auch wenn das manchmal mit der Erkenntnis verbunden ist, das eine oder andere nicht leisten zu können!

3.2 Spielregeln

Jeder ist für die Zielerreichung verantwortlich

Die Vereinbarung von Spielregeln ist eine zentrale Aufgabe des Moderators. Spielregeln erleichtern den Umgang miteinander und mit Störungen. Sie tragen entscheidend zur Konfliktvermeidung bei und sind unverzichtbar für jede Moderation.

Jeder ist für die Zielerreichung mitverantwortlich!

Philosophie

Das ist eine der Hauptspielregeln. Verantwortung tragen heißt, sich damit auseinander zu setzen, sich persönlich zu engagieren. Verantwortung kann dann nicht mehr delegiert – gar abgeschoben werden. Eine der zentralsten Personen, denen man gerne Verantwortung übergibt, sind Gruppenleiter. Oft wird diese Rolle mit der des Moderators gleichgesetzt, und die Teilnehmer lehnen sich zurück und erhoffen sich ein Animationsprogramm. Übernimmt aber jeder Beteiligte Verantwortung, so steigt die Identifikation mit der Aufgabenstellung und – was sogar noch wichtiger ist – mit dem Ergebnis.
Er wird darauf bedacht sein, zielstrebig und ohne Umwege auf eine Lösung zuzusteuern. Zeitmanagement wird so von den Teilnehmern automatisch mit übernommen.
Aus dieser zentralen Spielregel lassen sich andere Spielregeln ableiten, die das gemeinsame Arbeiten und Lernen entscheidend befördern:

Verantwortung tragen

> *Alle Aussagen visualisieren.*
> *Kurze Diskussionsbeiträge (max. 30 sek.).*
> *Beseitigungen von Störungen haben Vorrang.*
> *Konflikte thematisieren.*
> *Jeder sorgt für Ordnung (Butler-Regel).*

Handhabung von Verstößen

Wir wollen dafür sorgen, daß die Regeln eingehalten werden

Alle diese Regeln sind jedoch sinnlos, wenn die Handhabung von Verstößen nicht geregelt ist. In fast allen Situationen wird es Verletzungen gegen diese Regelungen geben. Die wichtigste Regel lautet daher:

Wir wollen alle dafür sorgen, daß die Regeln eingehalten werden!

Wie wollen wir aber mit Verstößen umgehen? In der Regel haben sich verschiedene Wege bewährt:

1. Grüne Karte

Grüne Karte

Es läßt sich z.B. vereinbaren, daß ein Teilnehmer, der bemerkt, daß Spielregeln nicht eingehalten werden, die grüne Karte hebt und damit signalisiert, daß er „vorwärts" kommen möchte. Rote und gelbe Karten haben eher einen negativen Charakter, da die Teilnehmer sich wie beim Fußball „vom Platz gestellt" fühlen. Wenn ein Teilnehmer die grüne Karte hebt, fragen Sie, was gemeint ist und in vielen Fällen wird transparent, daß die Einschätzung der Situation von anderen mitgetragen wird.

2. Konfliktpfeil

Konfliktpfeil

Durch die Regel, daß sie alle wichtigen Aussagen visualisieren sollten, haben Sie gleichzeitig eine wirkungsvolle Möglichkeit, aufkommende Konflikte transparent zu machen. Anhand eines Konfliktpfeiles (Blitz) können die Teilnehmer ihre Meinungsverschiedenheiten visualisieren. Sie fordern den Teilnehmer dazu auf, neben den entsprechenden Beitrag einen Blitz zu zeichnen. Er drückt damit seine Kritik aus, ohne daß ausführlich darüber diskutiert werden muß. Auch seine Beweggründe zu blitzen, sind erst einmal zweitrangig. Natürlich kommt es auch vor, daß über diesen Einwand diskutiert werden muß. In diesem Fall visualisieren Sie die Beiträge des Kritisierten mit (Blitz und Donner). Seien Sie darauf bedacht, daß die Situation nicht ausufert. Es ist nicht Ziel einer Moderation, einen Konsens aller zu erreichen.

3. Konstruktive Kritik und Feedback

konstruktive Kritik

Konstruktive Kritik zu üben, ist eine Forderung, die sich leichter ausspricht, als daß sie einzuhalten ist. Kritik, die an einem Gesprächsbeitrag, an einer

Philosophie

Leistung, an einer Person geübt wird, auch wenn sie noch so sachlich ist, richtet sich nie nur an die Sache, sondern immer auch an die „Selbstdarstellung", an das „Image" des Kritisierten und wird deshalb bei diesem negative Gefühle auslösen. Auch wenn wir gelernt haben, Kritik „locker" wegzustecken: Kritik, egal ob negativ oder positiv, richtet sich immer an das Eigenimage einer Persönlichkeit.

Kritik richtet sich an das Selbstimage des Kritisierten

Wenn Sie von „konstruktiver Kritik" reden und sie empfehlen, dann deshalb, weil auch ein auf den ersten Blick „unbrauchbarer" Gesprächsbeitrag fast nie tatsächlich unbrauchbar ist. Immer gibt es „brauchbare" Ansätze, die es herauszufinden gilt. Eine Möglichkeit dazu sind Verbesserungsvorschläge, wobei jeder einzelne aufgefordert ist, Ideen anderer im positiven Sinn zu verändern und weiterzuentwickeln. Sie können der Gruppe und sich dabei die Regeln des Brainstormings zunutze machen. Alex F. Osborne empfiehlt in seinem Buch „Applied Imagination" folgenden Fragenkatalog, um Verbesserungsvorschläge zu machen:

brauchbare Ansätze herausfinden

Kann ich die Aussage evtl.
> *anders verwenden?*
> *adaptieren?*
> *modifizieren?*
> *minifizieren?*
> *substituieren?*
> *rearrangieren?*
> *umkehren?*
> *kombinieren?*

Feedback geben und nehmen hat eine wichtige Funktion in der Steuerung von Moderationsprozessen. Die Teilnehmer wollen voneinander wissen, wie sie den Fortgang der Moderation einschätzen, was ihrer Meinung nach gut oder nicht so gut war, wie sie sich in der Gruppe fühlen, wie sie einander erleben. Zu den Grundsätzen konstruktiver Kritik gehört auch der Vorsatz, nicht durch Rechtfertigung oder Erwiderung auf geübte Kritik zu antworten, da man sonst nicht wirklich dem Kritisierenden zuhört und versucht, es anzunehmen, sondern sich gleich mit einer Kontrarede beschäftigt.

Feedback geben

zuhören

Feedback-Regeln Feedback-Regeln für konstruktive Kritik:
1. Erst das Positive, dann das Negative. Menschen neigen vor allem bei Eigenkritik dazu, nur das Negative zu sehen.
2. Negative Kritik sollte mit einem Verbesserungsvorschlag gekoppelt sein.
3. Beobachtungen und Empfindungen als Ich-Aussagen formulieren.
4. Kritik sollte spezifisch, konkret, auf Beobachtungen basierend, nicht-wertend und für den Empfänger aufnehmbar sein.
5. Diejenigen, die gerade Kritik erfahren, hören nur zu. Keine Rechtfertigungen beim Empfangen von Kritik.

Durchführung Durchführung:
1. Die Akteure geben zuerst Eigenkritik ab.
2. Die Gruppe gibt Feedback.
3. Der Trainer oder Moderator teilt Feedback mit.
4. Die Akteure haben Gelegenheit zu einem Abschlußwort.

4. Killerphrasen und vieles mehr

Art des Kritisierens Die Art des Kritisierens ist besonders in der Phase der Bewertung und Entscheidung wichtig, wenn der einzelne sich mit seinen Meinungen, Lösungsvorschlägen oder Erfahrungen so stark identifiziert, daß er sich nur schwer davon lösen kann.

Kritik in der Phase der Ideenfindung Immer wieder setzt jedoch bereits in der Phase der Ideenfindung oder des Wissensaustausches Kritik ein. Eine Tatsache, die oftmals wichtige kreative Gedanken in ihrer Entstehung abwürgt oder gar von vornherein unterbindet. Augenscheinlich richtet sich Kritik „rein sachlich" (das wird auch häufig so betont) gegen einen Sachbeitrag. Die Art und Weise, wie die Kritik vorgebracht wird, ist allerdings nur selten dazu angetan, auf konstruktive Art Probleme lösen zu helfen. Killerphrasen bringen uns bei der Lösung von Problemen nicht weiter. Killerphrasen fegen meistens einen Gesprächsbeitrag pauschal vom Tisch, ohne die brauchbaren Anteile zu würdigen.

Killerphrasen

Äußerungen wie:
„Das geht nicht!", „Das haben wir noch nie/schon immer so gemacht!"

haben noch kein Problem gelöst. Im Gegenteil, Killerphrasen sind neue Munition im Profilierungsgefecht. Die Forderung nach „konstruktiver Kritik" wird leichter aufgestellt als umgesetzt. Um die Beteiligten für „konstruktive Kritik" zu sensibilisieren, sind Spielregeln ein geeigneter Weg. Spielregeln, die zu Beginn der Veranstaltung aufgestellt werden oder die in einer konkreten Situation, welche durch einen Beteiligten transparent gemacht wird, als Lösungsweg angeboten werden.

3.3 Humanistische Pädagogik, das TZI-Dreieck und anderes mehr

Eine Vielzahl der zentralen Annahmen der Moderationsmethode stammt aus der „Humanistischen Pädagogik", der „Themenzentrierten Interaktion" und „Gruppendynamik". Verständnis über die Entwicklung und Hintergründe dieser Fachrichtungen ist unerläßlich, um mit der Moderationsmethode eingehend arbeiten zu können. Eine der häufig genannten Schwachpunkte ist die geringe wissenschaftliche Fundierung dieses Methodenansatzes. Gerade weil die Moderation eine starke Praxisorientierung aufweist, ist es unerläßlich, in ihre Wurzeln tiefer einzudringen. Besonders die Ansätze der humanistischen Pädagogik und der themenzentrierten Interaktion eignen sich hierfür, da der Moderator in seinem Tun – in der einen oder anderen Weise – immer mit lernenden Menschen zu tun hat. Die häufige Vernachlässigung pädagogischer Hintergründe in der Erwachsenen-Aus- und Weiterbildung ist geradezu symptomatisch (geschweige denn die Benutzung des Wortes Pädagogik an sich). Dabei finden sich hier die aktuellsten Ansätze moderner Personalentwicklungsmethoden wieder. Der nicht ganz so strikte Umgang mit diesen Methoden sei den Weiterbildnern weiterhin gegönnt, denn nur so entstehen die vielen eigenen kleinen Praktiken mit den Weiterentwicklungen und Innovationen. Jedoch mit den Grundlagen sollte sich jeder, der mit und in Gruppen arbeitet, zumindest auseinandergesetzt haben. Auch wenn Sie der Meinung sind, daß dies nichts mit Moderation zu tun hat, lesen Sie doch mal rein. Sie werden erstaunt sein, wie viele Anregungen Sie auch hier finden werden!

zentrale Annahmen der Moderations-Methode

Vernachlässigung pädagogischer Hintergründe

3.3.1 Humanistische Pädagogik

rationaler Humanismus

Die ersten Ansätze und Entwicklungslinien finden ihren Niederschlag im rationalen Humanismus. Angefangen von Plato und Aristoteles über Descartes, Leibniz, Spinoza bis zu Robert M. Hutchins und Mortimer Adler – sie alle sind Wegbereiter einer gewachsenen und traditionsreichen pädagogischen Richtung (vgl. Fatzer: Ganzheitliches Lernen, S. 17).

Aristoteles betonte, daß eine liberale Erziehung eine ausgeglichene Entwicklung der intellektuellen, moralischen und körperlichen Qualitäten beinhalten sollte. Erziehung ohne Wettbewerbsdenken unter den Schülern sollte stattfinden.

Adler und Hutchins gehen davon aus, daß eine liberale Erziehung die menschliche Denkfähigkeit freisetzen soll (vgl. Adler 1939, Hutchins 1962).

ganzheitlicher Humanismus

Im ganzheitlichen Humanismus entwickelt sich die Betonung des Menschen als Ganzheit von Körper, Geist und Seele. Ziel der Erziehung ist es, diese Ganzheit zu fördern. Sehr oft ist dieser Ansatz verbunden mit der Kritik der einseitigen Entwicklung und Betonung des Geistes oder der Vernunft, unter gleichzeitiger Vernachlässigung der Seele oder der Gefühle. Diese Tradition beginnt mit Protagoras und verläuft über Rousseau, Pestalozzi, Fröbel, Nohl, Kerschensteiner und John Dewey bis zur heutigen Humanistischen Pädagogik. Protagoras, einer der bekanntesten Vertreter der Sophisten, hielt Aristoteles entgegen, daß das Wichtigste in der Erziehung nicht die spekulative Vermutung irgendeiner verborgenen Wahrheit sei, sondern dem Menschen zu helfen, sein Leben und seinen Alltag zu meistern (vgl. Fatzer: Ganzheitliches Lernen, S. 18).

humanistische Pädagogik

Die Humanistische Pädagogik entstand im Gefolge dieser Bewegung, wobei ein weitaus wichtigeres Element aus der Humanistischen Psychologie stammt, die in den sechziger Jahren als Alternative zum Behaviorismus und zur Psychoanalyse begründet wurde. Viele Begründer der Humanistischen Psychologie halfen mit, eine Humanistische Pädagogik aufzubauen: Jakob L. Moreno, Kurt Lewin, Carl Rogers (1969), Charlotte Bühler (1969), Abraham Maslow (1968) und Paul Goodman (vgl. Fatzer: Ganzheitl. Lernen, S. 20).

Lernen funktioniert am besten, wenn der Lernende seine Lernaktivität selbst wählen kann, wenn Lernen erfahrungsorientiert und im Rahmen einer Aktivität stattfindet. Lernen soll nicht nur den Intellekt, sondern den Lernenden als Ganzes umfassen. Die Organisation ist eine Gemeinschaft, die dem Lernenden soziales Lernen und den Aufbau von sozialen Beziehungen ermöglichen kann. Der Lernende ist ein Individuum mit eigenen Rechten und verdient die Unterstützung seiner Umwelt entsprechend seiner „Entwicklungsstufe." (vgl. Rust 1975)

den Lernenden als Ganzes umfassen

Abraham Maslow (vgl. Maslow 1968, S. 691) führt aus, daß die Humanistische Pädagogik eine andere Auffassung des Selbst habe. Es wird mehr Wert auf „intrinsisches" Lernen als auf „extrinsisches" gelegt.

intrinsisches und extrinsisches Lernen

<u>Extrinsisches Lernen:</u> Der Lehrer ist der aktive Part, der eine passive Person unterrichtet, die geformt wird und der etwas gegeben wird, das sie akkumuliert.

<u>Intrinsisches Lernen:</u> Dies sind die Lernerfahrungen, in denen wir unsere Identität entdecken, wo wir lernen, wer wir sind, was wir lieben, was wir hassen, was wir schätzen, wovon wir überzeugt sind, wovor wir Angst haben, was uns glücklich macht.

Zudem sieht er den Prozeß des Lernens und das Ziel der Erziehung in neuer Weise: das Ziel der Erziehung ist die Erleichterung von Wandel und Lernen. Einzig derjenige ist gebildet und erzogen, der gelernt hat, wie man lernt, der gelernt hat, wie man sich anpassen oder ändern kann, der gelernt hat, daß kein Wissen sicher ist, daß einzig der Prozeß des Suchens uns eine Basis für Sicherheit gibt. Wandel und Veränderung, ein Abstützen auf Prozeß statt auf statisches Wissen ist das einzig sinnvolle Ziel einer Erziehung in der modernen Welt (vgl. Maslow 1967).

lernen, wie man lernt, sich anpaßt oder ändert, lernt, daß kein Wissen sicher ist, daß einzig der Prozeß des Suchens Basis für Sicherheit gibt

Lernen ist ein persönlicher, humanistischer und affektiver Prozeß: Humanistische Psychologen heben hervor, daß Lernen immer aus zwei Teilen besteht: Auf der einen Seite die Konfrontation mit neuen Informationen oder Erfahrungen, auf der anderen Seite das Entdecken eines persönli-

den Sinn der Information entdecken

chen Sinnes... Lernen, vom humanistischen Standpunkt aus betrachtet, wird verstanden als die persönliche Entdeckung von Sinn. Das Grundprinzip könnte folgendermaßen formuliert werden:

Jede Information wird das Verhalten des Menschen nur insofern beeinflussen, als er den persönlichen Sinn dieser Information entdeckt.

affektives Lernen

Wirkungsvolles Lernen ist auch affektiv. Wir empfinden Gefühle oder Emotionen, wenn Ereignisse wichtig für uns sind. Affekte oder Gefühle sind ein Hinweis auf den Grad der persönlichen Bedeutung. (Veränderung durch Betroffenheit)... Zudem ist Lernen sehr stark durch das Selbst-Konzept, durch die Werte, Bedürfnisse, durch das Gefühl der Herausforderung oder Bedrohung, durch Zugehörigkeitsgefühle und Identifikationen des Lernenden beeinflußt. (vgl. Arthur W. Combs in Phi Delta Kappa Feb. 1981) Humanismus ist keine fragile Blume, die zu zart ist für eine harte Welt. Ganz im Gegenteil. Er ist der systematische und bewußte Versuch, das Beste, was wir über Menschen und Lernen wissen, in die Praxis umzusetzen. (vgl. Arthur W. Combs in: Phi Delta Kappa, Feb. 1981)

kognitives Lernen

Rein kognitives Lernen gibt es nicht, immer laufen auch affektive Prozesse ab (oft negative). Daher sind Formen wie die Vorlesung und das Referat nicht a priori schlecht. Ein informatives Referat ist daher nicht rein kognitiv und unterdrückt keinesfalls den affektiven Teil.

psychomotorisches Lernen

Entwicklung kognitiver, affektiver und psychomotorischer Fähigkeiten: Eine wichtige Rolle in allen Lernstufen spielt die psychomotorische Entwicklung, die durch Rollenspiel, Simulation, Drama, „body movement" und Körpersprache gefördert wird.

schwache theoretische Fundierung

Unsere Kultur ist stark leistungs- und resultatorientiert, und die Resultate der Humanistischen Pädagogik sind nicht nur schwierig zu evaluieren, sondern zeigen sich oft als Langzeitwirkungen (vgl. Glass 1981).
Ein weiterer Problemkreis humanistischer Ansätze ist die schwache theoretische Fundierung. Dies hängt primär damit zusammen, daß die Begründer der Entwicklung von methodischen Grundlagen Priorität einräumen, wobei diese oft aus verschiedenen Gebieten stammen. Die meisten humanisti-

schen Ansätze sind eklektischer Natur. Humanistische Pädagogik ging in einem gewissen Sinne den umgekehrten Weg: von der Praxis zu einer eklektischen Theorie. In direktem Zusammenhang mit der schwachen theoretischen Fundierung steht eine methodische Schwäche humanistischer Ansätze: Es stehen zwar viele Methoden und Techniken zur Verfügung. Oft ist aber nicht klar, wie sie zusammenhängen und wie sie im Lernprozeß umgesetzt werden (vgl. Fatzer: Ganzheitliches Lernen).

Methoden und Techniken sind Vehikel des Lernens, die mithelfen, gemeinsam gewählte Lern- bzw. Arbeitsprozesse zu gestalten oder Lernziele zu erreichen, die aber nicht das Training oder die Moderation dominieren und den Kontakt zwischen Trainer (Moderator) und Teilnehmer und unter Teilnehmern behindern dürfen.

Vehikel des Lernens

3.3.2 Themenzentrierte Interaktion

Die „Themenzentrierte Interaktion" (TZI) nach Ruth C. Cohn (vgl. dieses Kapitel mit Cohn: Von der Psychoanalyse zur Themenzentrierten Interaktion 1975) ist ein Modell der Gruppenarbeit, das aus den Erkenntnissen der Psychoanalyse und den Einflüssen der Gruppentherapie entstanden ist. Sie lehrt das Sich-Selbst- und Gruppenleiten und fördert ein vertieftes Verstehen von einzelnen Personen, deren Interaktion in der Gruppe, den Sachthemen und den jeweiligen Beziehungen dieser drei Faktoren zum aktuellen äußeren Umfeld. Die Methode und die Haltung gehören in der TZI untrennbar zusammen. TZI kann, ohne eine entsprechende humanistische Grundhaltung, nicht rein methodisch verstanden werden.

Themenzentrierte Interaktion

Das Modell der TZI leistet dem Moderator gute Dienste. Durch dieses Modell kann die eigene Haltung stabilisiert werden; es ist ein ideales Analyse-Instrument für schwierige Gruppensituationen.

das Modell

Das Prinzip der dynamischen Balance macht die Notwendigkeit bewußt, Gegenpole einzubeziehen. Gegenpole sind nicht als Widersprüche, sondern als Spannungspole zu betrachten, die aufeinander bezogen werden müssen, sich also gegenseitig ergänzen. Dem abendländischen Dualismus, der im

Prinzip der Balance

„Entweder-Oder" denkt, setzt das TZI-Modell ein „Sowohl-als-Auch" entgegen. Dieses Denken hat nicht nur starke Parallelen zur chinesischen Philosophie des Taoismus, der in jedem Pol (Ying und Yang) zugleich den anderen Pol keimen sieht, und der das Leben als zyklischen Wandel zwischen zwei Polen betrachtet; es steht auch im Zusammenhang mit dem neuen holistischen (ganzheitlichen) Weltbild, wie es die Humanistische Psychologie und Pädagogik entwickeln. Das Modell besagt, daß folgende Komponenten – in einem Dreieck darstellbar – das Zusammensein von Menschen beeinflussen:

ICH (Personalkompetenz)

eigene innere Motivation

Um in Interaktion treten zu können, muß ich zunächst herausfinden, was ich will, was ich denke, fühle, wahrnehme und erkenne. Je mehr ich meine inneren Motivationen und Ambivalenzen erkenne und je besser ich zwischen meinem „Ich sollte", „Ich möchte", „Ich darf" und „Ich will" unterscheiden kann, um so offener und transparenter kann ich anderen Menschen begegnen und diese verstehen und annehmen. In dem Bewußtsein der Unterschiedlichkeit einzelner Gruppenmitglieder kann ich nun realitätsbezogen und verantwortlich entscheiden, ob und wie ich in die Gruppeninteraktion eintrete – oder anders ausgedrückt: ob und wie ich eigenverantwortlich agiere. Reaktionen entstehen aus verschiedenen Aspekten heraus, die für andere nicht immer offensichtlich sind. Emotionale Aspekte wie Egoismus, Streben nach Macht und nach Geborgenheit, verletzte Gefühle etc. bestimmen genauso unser Verhalten wie die Erreichung formaler Ziele und Absichten.

WIR (Sozialkompetenz)

Gefühl sozialer Zugehörigkeit

Das „WIR" ist die Gruppe. Es setzt sich aus den einzelnen „ICH" zusammen, die zu einer bestimmten Zeit an einem Ort miteinander kommunizieren. Jeder von uns benötigt das Gefühl der sozialen Zugehörigkeit. Solche Beziehungen entwickeln sich in der Familie, im Freundeskreis, im Unternehmen und natürlich auch in der Gruppe, mit der Sie als Moderator arbeiten. Die Teilnehmer entwickeln Beziehungen zueinander, zu einzelnen Cliquen oder zur gesamten Gruppe. Dadurch entstehen Kräfte, die das Zusammenarbeiten und die Ereignisse beeinflussen.

Philosophie

ES (Fachkompetenz)
Der Name „Themenzentrierte Interaktion" weist bereits darauf hin, daß das zu bewältigende Thema (das „ES") der inhaltliche Bezugspunkt der Gruppe ist. In der alltäglichen Praxis wird dies fast immer in den Vordergrund gestellt. Das kommt daher, daß wir meist mit sachlichen Aspekten besser umgehen können, weil wir diese messen, zählen, wiegen, kontrollieren können. Die anderen beiden Aspekte, das „ICH" und das „WIR" sind schwerer zu beherrschen.

inhaltlicher Bezugspunkt

GLOBE (Feldkompetenz)
Zum GLOBE gehören alle Umweltbedingungen und Menschen, die außerhalb der Hier-und-Jetzt-Situation einer Gruppe liegen. Diese Faktoren der äußeren Situation müssen den Moderatoren schon vor dem ersten Zusammentreffen der Teilnehmer bekannt sein, weil diese Bedingungen auf die Gruppenarbeit einen nicht unerheblichen Einfluß haben. Fragen der Gruppenzusammensetzung, der Freiwilligkeit, des Ortes und des Zeitrahmens sowie der Macht- und Abhängigkeitsverhältnisse spielen hier eine Rolle.

Umweltbedingungen

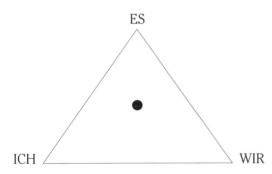

Um Ihnen eine Vereinfachung des Verständnisses dieser Faktoren zu ermöglichen, können Sie die einzelnen Komponenten mit den entsprechenden Begriffen in den Klammern übersetzen. Diese Begriffe sind in der Personalarbeit durchaus gängig.

Wenn ein Moderator mit einer Gruppe arbeitet, ist es seine Aufgabe, dieses Dreieck in einer dynamischen Balance zu halten. Die Anerkennung und Förderung der Gleichgewichtigkeit der Ich-Wir-Es-Faktoren im Globe ist Basis der Gruppenarbeit. Beziehen Sie den Globe in die Graphik mit ein, so erhalten Sie ein gleichseitiges Dreieck in einer vielschichtig-transparenten Kugel.

dynamische Balance

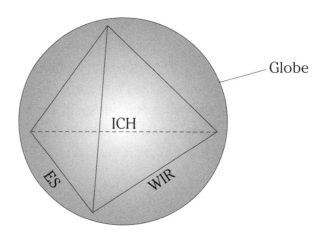

Stellen Sie sich das als physikalisches Experiment vor! Wenn ein Dreieck aus der Balance gerät, kann diese wiederhergestellt werden, indem der Moderator entweder Übergewicht auf der einen Ecke wegnimmt oder mehr Gewicht auf die beiden anderen Ecken legt (vgl. Löhmer/Standhardt: Themenzentrierte Interaktion 1992).

Analyse von Problemen

Folgende Szenarien werden Ihnen bei der Analyse von Problemen in der Gruppe helfen:

1. Übergewicht auf der ICH-Ecke (z.B. durch Dominanz eines Teilnehmers)
   <u>Lösung:</u> Dominanz abbauen (Spielregeln verwenden) oder ignorieren und mehr Gewicht auf die Gemeinschaft, die Gruppe (das WIR) legen, z.B. durch Kleingruppenarbeiten und gleichzeitiger Betonung der Ziele.

2. Übergewicht auf der WIR-Ecke (z.B. Friede-Freude-Eierkuchen-Situation in der Gruppe)
   <u>Lösung:</u> Mehr Individualarbeit, Einzelegoismen entwickeln lassen und gleichzeitig Betonung der Ziele.

3. Übergewicht auf der ES-Ecke (z.B. das Ziel und die Restriktionen dominieren alles)
   <u>Lösung:</u> Mehr Gewicht auf die ICH- und WIR-Ecke durch Stimulation des Gemeinschaftsgefühls und zusätzlicher Ansporn individueller Aspekte (z.B. Spaß zulassen).

Diese drei Szenarien haben Ihnen gezeigt, daß das TZI-Modell ein hilfreicher Wegweiser durch gruppendynamische Situationen sein kann. Es erleichtert Ihnen ein effektives und schnelles Eingreifen bei Störungen und gibt Ihnen als Moderator ein genaues und sensibles Instrument der Eigenanalyse.

3.3.3 Gruppendynamik

Die Pioniere der Gruppendynamik (Kurt Lewin und in seinem Gefolge Leland P. Bradford, Ronald Lippitt, Kenneth Benne) waren angesichts der weltweiten Erschütterungen, die die Katastrophe des 2. Weltkrieges ausgelöst hatte, der festen Überzeugung, daß geeignetere Theorien über den Wandel sozialer Systeme, insbesondere aber auch geeignetere Instrumente zur bewußten Steuerung von Veränderungsprozessen zu entwickeln sind.

Gruppendynamik

An der Wiege der Gruppendynamik stand daher die Suche nach einem ganz spezifischen Veränderungswissen, das den an praktischen Wirkungen interessierten Sozialwissenschaftlern und ihren humanistischen und demokratischen Grundwerten entsprach. Diese stark praktische Ausrichtung der Anfangsphase begründete ein ausgesprochen experimentelles Lernverständnis, das ein Probieren, Erfahrungsammeln mit sich und anderen in Gruppen sowie die gemeinsame Reflexion dieser Erfahrungen zur Grundlage hatte, ohne daß diese experimentelle Suchbewegung schon durch ein besonders elobiertes Theoriegebäude angeleitet gewesen wäre. Das sehr offene, experimentelle Lernverständnis ist für viele jener Gruppendynamiker charakteristisch geblieben, die sich in der Tradition dieser Pionierphase und ihrer Repräsentanten weiterentwickelt haben.

experimentelles Lernverständnis

Dieses Experimentieren mit Metakommunikation in Gruppen verdichtete sich bald zu einer Lernform, die unter der Bezeichnung „Trainingsgruppe" zum Kernstück gruppendynamischen Arbeitens und Theoriebildens geworden ist. Die Entdeckung, daß der Austausch von Beobachtungen über das aktuelle Seminargeschehen zwischen allen Beteiligten den weiteren Arbeitsprozeß in den Gruppen nachhaltig beeinflußt sowie die Erfahrung, daß mit der gezielten Etablierung metakommunikativer Möglichkeiten und der systematischen Konzentration auf die Verarbeitung von Feedbackprozessen besondere Lern-

Etablierung metakommunikativer Möglichkeiten

*Lernen am
Hier und Jetzt*

und Arbeitschancen für Individuen und Gruppen verbunden sind, dies führte in den Jahren darauf zur Entwicklung eines speziellen Seminarsettings, in dem das Lernen am „Hier und Jetzt" des aktuellen Seminargeschehens ausdrücklich in das Zentrum der Aufmerksamkeit gerückt wurde. Damit hatte sich eine Lern- und Arbeitsform herausgebildet, die es den Teilnehmern ermöglicht, die Wirkungen einer ausdrücklichen Ausrichtung der Aufmerksamkeit auf Selbst- und Fremdbeobachtung sowie die Chancen und Risiken einer kommunikativen Verarbeitung dieser Beobachtungen für die Betroffenen selbst, aber auch für die Entwicklung der Gruppe explizit zu studieren. (vgl. zu diesem Kapitel Schwarz et al, 1993)

3.3.3.1 Informelle Rollen in der Teilnehmergruppe

Gruppendynamik

Die Untersuchungen von Gruppenverhalten im Rahmen der Gruppendynamik haben eine Reihe von Erkenntnissen gebracht, die jedem, der in und mit Gruppen arbeitet, nützlich sein können. Vor allem spezielle Rollenverteilungen und -wechsel innerhalb einer arbeitenden Gruppe wurden herauskristallisiert. Zu den Ergebnissen der Wissenschaftler kam hinzu, daß sich formelle und informelle Rollen einer Gruppe in vielen Fällen nicht decken. Bei der Arbeit im Team sind die unterschiedlichen Rollen der Mitglieder zu berücksichtigen, allen voran die informellen Rollen innerhalb der Gruppe:

*informelle Rollen in
der Gruppe*

- Der Anführer oder informelle
  Führer (Löwe)
  Entscheidend wirkt er durch seine Persönlichkeit. Formale Führer treten selten als „informelle Führer" auf.

Der Wortführer (Elefant)
Er vertritt die Gruppe nach außen, ist aber nicht der Kopf, sondern nur das Sprachrohr der Gruppe. Deshalb wird er häufig mit dem Führer verwechselt.

Philosophie

- „Hannemann" (Lamm)
  Nach dem Spruch: „Hannemann, geh Du voran!"
  wird er in Krisensituationen von der Gruppe „geopfert".

- Der Zyniker (Hyäne)
  Er ist der Kritische, der alles negativ sieht
  und alles in Frage stellt.

- Der Ausführer (Pferd)
  Er ist der Macher in der Gruppe.
  Diese Rolle wechselt häufig.

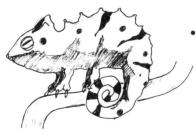

- Der Mitläufer (Chamäleon)
  Er schließt sich den Gruppen an, die gerade
  „in" sind. Da er sein Fähnchen nach dem
  Wind hängt, wechselt er häufig innerhalb
  der Gruppen.

- Der Zurückhaltende (graue Maus)
  Er ist der Introvertierte in der
  Gruppe, der eher beobachtet.
  Er exponiert sich ungern nach außen,
  denkt aber intensiv mit. Meist stecken
  solche Personen tief in der Materie.

- Der Clown (Affe)
  Er nimmt die Funktion eines „internen
  Blitzableiters" ein, um Spannungen in der
  Gruppe abzubauen. Dazu werden Witze,
  Gags und Albernheiten benutzt.
  Durch sein Auftreten vertuscht er die
  Ernsthaftigkeit der Gruppenmeinung
  nach außen (Stimmungskanone).

Mischformen der Typen

Diese typischen Rollen einer Gruppe können auch durch Mischformen ergänzt werden, da eine Person mehrere Rollen innehaben kann. Statt Aufgaben verteilen die Gruppen Rollen. Demnach gibt es auch in einer informalen Organisation (die Gruppe) Hierarchien. Seien Sie sich bei Ihrer Arbeit dieser Rollen immer bewußt und denken Sie daran, daß viele Teilnehmer nicht aus ihren Rollen wollen oder können (auch wenn Sie noch so viele Moderationselemente einsetzen).

3.3.3.2 Transparenzfragen bzw. Blitzlicht

Transparenzfragen

Als Moderator befinden Sie sich häufig in unklaren Situationen – sei es, daß die Vorgehensweise in Frage gestellt wird; sei es, daß Störungen in der Luft liegen oder die Gruppe total blockiert. Diesen Situationen ist eines gemein: Sie arbeiten zum einen nicht mehr auf der Sachebene und zum anderen hindert es die Arbeitseffizienz der Gruppe. Anhand eines Blitzlichtes bekommen Sie innerhalb kürzester Zeit einen genauen Überblick über die Situation der Gruppe. Und nicht nur Ihnen wird dies gegenwärtig, vor allem auch der Gruppe.

Ein Blitzlicht hat verschiedene Effekte. Es verhindert, daß Sie eigene Vermutungen anstellen bezüglich der Ursachen der Störungen. Die Gruppe und Sie erhalten ein vollständiges Meinungsspektrum. Die Gruppe ist in der Lage, Verantwortung für die Situation zu übernehmen. Sie erhalten ein ideales Instrument, um Störungen bzw. Blockaden ansprechbar zu machen.

Effekte des Blitzlichtes

Die Wahrscheinlichkeit, daß diese Situation sich klärt ist besonders groß, da niemand sein Gesicht verlieren will indem er als absoluter Arbeitshinderer dasteht. Allein das Publikmachen verhilft diesem Instrument zu großer Wirksamkeit. Scheuen Sie sich also nicht, das Blitzlicht einzusetzen, wann immer Sie das Gefühl haben, daß etwas Unausgesprochenes in der Luft liegt. Aber auch für verfahrene Situationen ist dieses Instrument noch durchaus sinnvoll. Es ermöglicht Ihnen die Situation zu klären und die Arbeit auf der Sachebene wieder aufzunehmen.

Einsatz des Blitzlichtes

Durchführung
Wie aber führt man ein solches Blitzlicht durch? Die Assoziationen, die mit dem Naturereignis verbunden sind, helfen entscheidend, sich an die Spielregeln eines Blitzlichtes zu halten. Jeder kommt zu Wort. Wichtig ist, daß sich zuerst jeder Teilnehmer äußern kann und daß man nicht vorher über diese Rückmeldungen diskutiert. Sie können als Moderator die Reihenfolge vorgeben oder die Teilnehmer sich frei äußern lassen. Wenn jemand nichts sagen kann oder möchte, so sollte er nicht zu einer Rückmeldung gezwungen werden.

Durchführung

Der Moderator fragt in einer Situation die Gruppe, wo jeder einzelne im Moment steht und wie er weitergehen möchte. Die Beteiligten (auch der Moderator) sind aufgefordert, einen Satz über die entsprechende Thematik aus persönlicher Warte zu formulieren. Jeder spricht nur für sich und über sich, über seine Gefühle in der gegenwärtigen Situation. Am besten geeignet dafür sind Ich-Aussagen. Dies sollte relativ spontan geschehen. Auch hier gelten die Regeln für das Brainstorming: keine Kritik an Äußerungen, keine Recht-

jeder spricht nur für und über sich

fertigungen angesprochener Personen, keine Angriffe unter die Gürtellinie. Ein Blitzlicht sollte bei einer Gruppe von 12 Personen nicht länger als 10 – 15 Minuten dauern. Achten Sie als Moderator auf die Einhaltung der Spielregeln!

3.4 Moderation als Führungsstil (moderierend führen)

Kennzeichen eines bestimmten Rollenverständnisses in der Führung

Moderation soll nicht in erster Linie als methodisches Repertoire der Gruppenarbeit verstanden werden, sondern in einem weiter gefaßten Sinne als Kennzeichen eines bestimmten Rollenverständnisses in der Führung von Teams. Bei der Moderation als einer partizipativen, partnerschaftlichen Form der Führung wird nicht von oben nach unten geführt, sondern gemeinsam und netzförmig, wie unter Gleichen. Der Vorgesetzte richtet nach diesem Verständnis in seinem Führungsverhalten das Hauptaugenmerk auf die Steuerung des Teamarbeitsprozesses und sieht sich erst in zweiter Linie als themen- oder inhaltsverantwortlich. Sein Part beim Erzielen möglichst hochklassiger Teamergebnisse besteht darin, die Gruppe in optimaler „Spielstärke" zu halten und das Spiel von außen zu stimulieren, statt (um im Bild zu bleiben) selbst die Tore zu schießen. Diese Rolle kann deshalb relativ gefahrlos eingenommen werden, weil in „high-performing teams" die meisten der traditionellen Führungsaufgaben von der Gruppe selbst übernommen werden können (vgl. Pieper: Teamentwicklung und Moderation als Führungsaufgaben, S. 121f).

Teams so führen, daß sie zur Zielbildung und - erreichung fähig sind

Planung, Zielbildung, Koordination/Organisation, Kontrolle gehören im Rahmen der Gruppenselbststeuerung zum Leistungsrepertoire des Teams. Für den Teamleiter geht es hingegen mehr darum, das Team so zu führen, daß es zur Zielbildung und -erreichung fähig ist und bleibt. Und hier werden neue Führungsdimensionen wichtig: Anleitung zur wirkungsvollen Problemlösung, Methodentraining on-the-job, Moderation der Kommunikation und Interaktion zwischen den Teammitgliedern, Klärungshilfe in Konfliktsituationen, Prozeßbeobachtung und Rückmeldung. Typische Herausforderungen, die Teamleitern in dieser Rolle begegnen, lassen sich in ihrer Gesamtheit in fünf Situationsklassen bündeln, denen jeweils einige bewährte Handlungsprinzipien und Verhaltensleitlinien zugeordnet werden können. Bei den

Situationsklassen handelt es sich um (vgl. Pieper: Teamentwicklung und Moderation als Führungsaufgaben, S. 121f):

1. „Undeutliches Selbstverständnis (Autoritätskonflikte)
2. Strukturprobleme/ thematische Unklarheit
3. Methodische Herausforderungen
4. Belastung/ Störung des sozialen Klimas in der Gruppe
5. Ungünstige äußere Bedingungen.

Befähigung moderierender Führungskräfte

Diesen einzelnen Situationsklassen sind verschiedene Aspekte der Moderation zugeordnet, die gleichzeitig die Qualität des Moderators als Maßstab haben können.

1. Definieren Sie die Moderationsrolle und erhalten Sie sie aufrecht, denn so schützen Sie sich vor undeutlichem Selbstverständnis und Autoritätskonflikten.
2. Steuern Sie den Prozeß, um Belastungen und Störungen des sozialen Klimas im Team zu entschärfen.
3. Geben Sie Impulse und stimulieren Sie Sacharbeiten zur Bewältigung von methodischen Herausforderungen.
4. Leisten Sie Klärungshilfe, um Belastungen und Störungen des sozialen Klimas im Team zu entschärfen.
5. Bereiten Sie sich sorgfältig vor. Es schützt Sie vor ungünstigen äußeren Bedingungen."

Teamentwicklung und Moderation sind Führungsaufgaben, die nicht angeboren sind. Angesichts der Fülle der zuvor skizzierten Anforderungen, Leitlinien und Empfehlungen könnte sich bei Ihnen unter Umständen etwas Mutlosigkeit einschleichen nach dem Motto *„Das schaffe ich nie!"*. Daher hier nochmals die Warnung vor allzu viel Perfektionismus. Verlangen Sie nicht von sich, daß Sie die zuvor beschriebenen Aufgaben als Führungskraft gleich perfekt wahrnehmen müssen. Der Erwerb dieser Qualifikationen ist eine Zukunftsherausforderung. Machen Sie kleine Schritte die Treppe hinauf auf einem gefahrlosen Gelände (vgl. Pieper: Teamentwicklung und Moderation als Führungsaufgaben, S. 121-127).

Warnung vor zuviel Perfektionismus

Andragogik

„Damit die Andragogik, die die Grundannahmen des erfahrungsorientierten Lernens vertritt (z.B. Selbstlenkung, Erfahrungsorientiertheit, Bereitschaft zu lernen und Problembezogenheit), zum Tragen kommt, werden die Grundannahmen, die Struktur und das Verhalten einer traditionell-hierarchischen Organisation in Frage gestellt" (Fatzer: Ganzheitliches Lernen, S. 225). Andragogik (griech.: Menschenführung) ist die Wissenschaft von der Erwachsenenbildung.

Kultur der Organisation

In traditionellen, bürokratischen Organisationen sieht die *Struktur* (die Fähigkeit, sich an neue Umgebungen anzupassen) so aus, daß die Motivation der Mitglieder zur Selbst-Verbesserung und zum Lernen kleiner ist als in offenen. Die Kultur der Organisation spielt eine wichtige Rolle, weil sie einen großen Einfluß auf das langzeitige Verhalten ausübt (Fatzer: Ganzheitliches Lernen, S. 225f). Kultur kann als „integriertes Muster des menschlichen Verhaltens, welches Denken, Sprechen, Aktion und Artefakte umfaßt und abhängt von der Fähigkeit der Mitglieder zum Lernen und Übermitteln von Wissen an kommende Generationen" (Webster-Dictionary) verstanden werden.

Grundannahmen

Die Grundannahmen eines andragogischen Organisationsmodells wären folgende (Fatzer: Ganzheitliches Lernen, S. 229):

- Die Leitung wird durch reife Erwachsene wahrgenommen.
- Die Leitung versteht, daß das andragogische Modell des Lernens ein Prozeßmodell ist.
- Die Struktur enthält Elemente des Erwachsenen-Lernprozesses (Verhandlung, gemeinsame Planung, interdisziplinäre Kommunikation, „Netzwerke").
- Die Organisationsstruktur stellt eine Umgebung zum Lernen zur Verfügung.
- Das Belohnungssystem ermuntert Mitglieder, sich als Erwachsene zu verhalten und erlaubt ihnen, selbstgelenkt zu sein. Widersprüche sind Ausgangspunkte des Lernens.

unmittelbarer Lernzweck, Aspekte	Erwerb von Wissen und Fertigkeiten	Fähigkeit, Probleme zu lösen	Selbsterfahrung (Lernen über sich selbst)
Trägerinstitutionen	Schulen, inkl. Hochschule, Berufsausbildung	berufliche Weiterbildung, Fachspezialisten	emanzipatorische Erwachsenenbildung
Stellenwert des Stoffes bzw. der Inhalte	Funktionswert, Bildungskanon, objektiver Bildungswert	Mittel zum Zweck, gegebene Problemstellungen zu lösen	Mittel zu individuellen Zwecken, subjektives Interesse oder Selbstzweck
Rolle des Lernenden, Rolle des Lehrenden	Speicher für Inhalte; Wissender, Übersetzer, Instruktor Vermittler, Verfechter	Problemlöser Helfer, Quelle für Kenntnisse; Moderator	sein Selbst, Suchender, Berater, „Guide", Animator, „Freund"
Art der Lernziele	Verfügen über Informationen, Tatsachen und präzises Verhaltensrepertoire	Lösen des Problems, Sicherheit in der Anwendung der Methoden zur Problemlösung	Selbsterkenntnis, Selbstfindung, Selbstentfaltung
hauptsächlichste Methodenkategorien	kognitive, rezeptive, lehrerzentrierte Methoden, objektivierte Medien, Tendenz zu Drill und Prüfung, geschlossenes Curriculum	kognitive, soziale, aktivierende Methoden, Tendenz zu Üben, Erproben und Bewerten, teiloffenes Curriculum	affektive, soziale, aktivierende, ganzheitliche und teilnehmerzentrierte Methoden, Tendenz zu offenem Curriculum und autonomem Lernen
einflußreichste Lerntheorien	Denkpsychologie, Stimulus-Response-Behaviorismus, Gestalt- und Feldtheorie	Kreativitätspsychologie, experimentelle Psychologie, Gestalt und Feldtheorie	Humanistische Psychologie, Gestalt- und Feldtheorie, Tiefenpsychologie
philosophische Orientierung	Idealismus, Positivismus, analytische Philosophie	pragmatische Richtungen	Existentialismus, Phänomenologie, Personalismus

Abb.: Unmittelbare Zielsetzungen des Lernens (aus IAP o.J.)

3.5 Literatur

Literatur

Adler, M.: The crisis in contemporary education, in: The Social Frontier 5, 1939
Cohn, R. C./ Terfurth, C.: Lebendiges Lehren und Lernen. TZI macht Schule. Stuttgart 1993.
Cohn, R. C.: Von der Psychoanalyse zur Themenzentrierten Interaktion, Stuttgart 1975.
Hutchins, J.M.: The Higher Learning in America, New Haven 1962.
Glass, J.F.: Improving graduate education, in: The Education Forum, 32, 1968.
Neuland & Partner: Trainings-Unterlage „Moderation in kreativen Prozessen".
Neuland & Partner: Trainings-Unterlage „Grundlagen der Moderation".
Klebert, K./Schrader, E./Straub, W.: ModerationsMethode, Hamburg 1991.
Klebert, K./Schrader, E./Straub, W.: KurzModeration, Hamburg 1987.
Löhmer, C./Standhardt, R.: Themenzentrierte Interaktion, Mannheim 1992.
Maslow, A.H.: Some Educational Implications of the Humanistic Psychologies, in: Harvard Educational Review 38 (1968), 685 – 696.
Neuland, M.: Die Neuland-Moderation als ganzheitliche Lern- und Arbeitsmethode, Eichenzell 1992.
Pieper, A.: Teamentwicklung und Moderation als Führungsaufgaben, in: Wohlgemuth, A.: Moderation in Organisationen, Bern – Stuttgart – Wien 1993.
Redel, W.: Führungsgremien, in: Kieser, A./Rebel,G./Wunderer, R. (Hrsg.), Handwörterbuch der Führung, Stuttgart 1987.
Rust, V. in: Goodlad: The Conventional and the Alternative in Education, Berkley 1975.
Schwarz, G. et al.: Gruppendynamik – Geschichte und Zukunft, Wien 1993.
Seifert, J. W.: Visualisieren, Präsentieren, Moderieren, 6. erw. u. aktualisierte Auflage, Bremen 1994.
Tosch, M.: Seminarunterlage „Grundlagen der Moderation", Eichenzell 1986.
Wohlgemuth, A.: Moderation in Organisationen, Bern 1993.

4. Fragen sind Schlüssel zu neuen Türen

Um den Teilnehmer in einer interaktiven Form am Moderationsprozeß zu beteiligen, benötigen Sie Fragen. Wichtig ist, daß der Teilnehmer die entsprechende Information von sich gibt und nicht der Moderator.

Fragen geben Impulse, setzen Prozesse in Gang und finden Antworten sowie Lösungen. Durch Fragen können Diskussionen ausgelöst und Ansichten dargestellt werden. Entscheidend dabei ist, daß Sie durch Fragen in Richtungen führen und so das Gruppengespräch steuern.

Fragen geben Impulse

Fragen sind so zu stellen, daß
- die Gespräche initiiert und am Laufen gehalten werden,
- jeder Teilnehmer sein Erfahrungs- und Wissenspotential einbringen kann,
- Transparenz über den Status quo der Gruppe herrscht,
- sie zielorientiert sind und
- die Vorgehensweise mit der Gruppe geklärt ist.

Ziele der Fragestellung

Um diese Ziele zu erreichen, bedarf es eines besonderen Rahmens für gute Fragen. Fragen geben nicht selten Anlaß zu Mißverständnissen. Eine falsch gestellte Frage kann die Gruppe in die Irre leiten, das Ergebnis verfälschen oder auch Anlaß zur Manipulation (der Gruppe) sein.

4.1 Formulierung von Fragen

Hier gilt es, einige Regeln zu beachten:

Regeln zur Formulierung

1. Stellen Sie offene Fragen!
Entscheidend für den Moderationsverlauf sind Fragen, die den Selbststeuerungsprozeß der Gruppe befördern. Im Gegensatz zu einer „geschlossenen Frage", die der Teilnehmer nur mit „Ja" oder „Nein" beantworten kann, regt eine „offene Frage" zum Nachdenken an und erlaubt den Befragten differenzierende Antworten. Die Fragen dürfen den Antwortenden natürlich nicht in eine bestimmte inhaltliche Richtung lenken und so von vornherein in seiner Freiheit der Meinungs- und Wissensäußerung einschränken.
(vgl. Klebert, Schrader, Straub: ModerationsMethode, S. 49)

offene Fragen

Offene Fragen sind weiterführende Fragen. Sie beginnen im Regelfall mit den Fragewörtern: wer, wie, wann, wo, weshalb, wodurch, u.a.m. Aber auch geschlossene Fragen sind in der Moderation zulässig; dies sind dann in der Regel Steuerungs- oder Entscheidungsfragen.

2. Fragen Sie nach Meinungen, Erfahrungen und Ideen!

Fragen, die zu einer Vielfalt von Antworten führen

Nur dann, wenn die Teilnehmer examiniert werden sollen, fragt der Moderator das Wissen oder den Kenntnisstand ab. Fragen wie

„Wieviele Niederlassungen hat unser Unternehmen?"
oder
„Mit welchem Produkt haben wir im letzten Jahr den meisten Umsatz erzielt?"

sind eindeutig Test- bzw. Prüfungsfragen und die Antworten werden vom Fragenden postwendend mit „Falsch" oder „Richtig" bewertet. Der Zweck dieser Frage ist also die Bewertung des Teilnehmers, die Antwort bringt keinen Fortschritt in der Sache.

Formulieren Sie Fragen, die zu einer Vielfalt von Antworten führen. Fragen Sie nach Meinungen, Erfahrungen und Ideen der Teilnehmer. Solche Fragen ermöglichen dem Teilnehmer einen Rückgriff auf sein eigenes Erlebnisrepertoire, seine Antworten sind vom Moderator nicht bewertbar.

3. Lösen Sie durch Fragen persönliche Betroffenheit aus!

lösen Sie persönliche Betroffenheit aus

Eine gut formulierte Frage führt dazu, daß sich die Befragten ein „Bild" der erfragten Situation machen können. Auf die Frage: *„Welche Probleme gibt es in Ihrer Abteilung?"*, sieht sich der Teilnehmer als außenstehender Betrachter und Bewerter. Er wird jene Probleme benennen, die er kennt, aber auch solche, die er vermutet. Die Frage *„Von welchen Problemen sind Sie an Ihrem Arbeitsplatz betroffen?"* bezieht den Teilnehmer direkt mit ein. Er sieht sich selbst in der Situation und wird seine persönliche Betroffenheit beschreiben.

Stellen Sie die Fragen so, daß auch Nicht-Vermutetes zutage kommt!

4. Behalten Sie die Zielsetzung der Moderation im Blick!
Bevor Sie die Frage inhaltlich genau formulieren, müssen Sie sich über die Zielsetzung der gesamten Moderation, aber auch des jeweiligen Schrittes bewußt sein.

Zielsetzung der Moderation beachten

Das bedeutet zum Beispiel nach Klebert/Schrader/Straub: „Moderations-Methode", (S. 49):
- „Soll die Gruppe alle zum Thema gehörenden Probleme sammeln?
- Soll die Gruppe neue Ideen und Lösungsansätze zu schon bekannten Problemstellungen sammeln?
- Sollen die Teilnehmer die unterschiedlichen Interessenlagen einander transparent machen?
- Sollen die Beziehungen zwischen den Teilnehmern geklärt werden?"

5. Formulieren Sie Ihre Fragen für alle verständlich, kurz und treffend!
Vermeiden Sie soweit es geht Fachausdrücke und Fremdworte.

6. Stellen Sie keine Doppelfragen mit „und" oder „oder"!
Sie laufen Gefahr die Gruppe in verschiedene Richtungen zu lenken.

7. Fragen Sie nie suggestiv!
Suggestivfragen dienen dazu, die Zustimmung des Teilnehmers für eine bestimmte Richtung einzuholen. Sie sind manipulativ und zeigen dem Teilnehmer, daß Sie ihre Arbeit und ihr Ziel nicht ernst nehmen. Suggestivfragen werden durch die Gruppenmitglieder leicht erkannt und führen meist zu einer Verweigerung.

nie suggestiv fragen

8. Stellen Sie provozierende Fragen!
Sollte die Gruppe nicht in Gang kommen oder haben Sie das Gefühl, daß eine „Friede-Freude-Eierkuchen-Stimmung" herrscht, provozieren Sie mit herausfordernden, vielleicht auch paradoxen Fragestellungen (oder Fragen).

provozieren Sie

9. Formulieren Sie das Problem um!
In der richtigen Formulierung eines Problems liegt oftmals eine, wenn nicht gar die Lösung versteckt. Umgekehrt werden die Problemlöser durch eine

formulieren Sie die Fragen um

„schlechte" oder nicht optimale Formulierung in die Irre geschickt oder blockiert.

In Problemlösungsgruppen übernimmt der Moderator zunächst die vorgegebene Problemstellung oder -formulierung des Experten und fordert zu spontanen Lösungen auf. In einem weiteren Schritt stellt er das Problem auf den Kopf, formuliert es um oder auch völlig neu. Das Problem kann dadurch in neuen Zusammenhängen gesehen, bislang unbekannte Aspekte können erkannt werden.

Die Teilnehmer erhalten somit die Möglichkeit, sich von eingefahrenen Gleisen und feststrukturierten Gedankenrichtungen zu lösen.

10. Beachten Sie bitte folgendes in interaktionellen Lernsituationen!

Teilnehmer sollten einen eigenen Beitrag leisten können

Hier sollten alle Beteiligten in die Lage versetzt werden, durch einen eigenen Antwortbeitrag am Mitdenken und Mitlernen teilzunehmen. Die „Wisser" dürfen sich nicht von vornherein von den „Noch-Nichtwissern" abheben (vgl. Schnelle/Stoltz: Interaktionelles Lernen, S. 14).

4.2 Verschiedene Fragesituationen

Fragesituationen

Als Moderator befinden Sie sich in Ihrer Arbeit immer auf verschiedenen Ebenen: Sach- bzw. Inhaltsebene und Beziehungsebene. Die Sachebene bezieht sich auf die themenorientierte Arbeit und die Beziehungsebene auf die spezifische Gruppensituation. Um in dem Gruppenprozeß genauso offen agieren zu können wie in dem inhaltlichen, verwenden Sie auch hier primär Fragen. Die Fragehaltung ist in diesem Zusammenhang ganz besonders zu beachten. Hier einige ausgewählte Fragesituationen:

Fragen,
- um Teilnehmer persönlich anzusprechen – *„Was fällt Ihnen dazu ein?"*
- um andere Teilnehmer zu Wort kommen zu lassen – *„Wie sehen das die anderen?"*
- um Meinungen für die Gruppe nachvollziehbar zu machen – *„Wann haben Sie das erlebt?"*

- um zu vergegenwärtigen, was zwischen den Zeilen steht – *„Wie meinen Sie das?"*
- um eine Aussage zu verstärken – *„Können Sie das verdeutlichen?"*
- um Ängste und Widerstände sichtbar zu machen – *„Was befürchten Sie?"*
- um Informationen zu erhalten – *„Wie wird das bei Ihnen gehandhabt?"*
- um Entscheidungen herbeizuführen – *„Können wir mit diesem Aspekt abschließen?"*
- um Richtungen zu klären – *„Wie wollen wir jetzt weiter vorgehen?"*

(vgl. Decker: Teamworking, S. 121ff)

4.3 Moderations-Regeln

Moderations-Regeln

Nachdem allgemeine Anforderungen an die Fragetechniken beschrieben sind, nun zu den Moderations-Regeln:

- Entscheidend ist, daß alle Fragen und Antworten visualisiert werden, damit kein Beitrag verloren geht.
- Kein Beitrag wird als „richtig" oder „falsch" bewertet. Jeder Beitrag ist wichtig. Selbst sachlich unpassende oder im Scherz getroffene Aussagen sind von Belang. Sie spiegeln indirekt den emotionalen Hintergrund der Gruppe wider. Meist sind solche Aussagen ein verdeckter Hinweis eines Teilnehmers, daß er mit dem Status quo der Gruppe nicht übereinstimmt.
- Fragen sind grundsätzlich von der Gruppe zu beantworten. Selbst wenn die Frage persönlich an Sie gerichtet ist, geben Sie sie an die Gruppe weier. (*„Wer kann dazu etwas sagen?"*) Denken Sie daran, daß Sie für den Inhalt der Moderation nicht verantwortlich sind. Ihr primäres Ziel ist es, den Erfahrungs- und Wissensaustausch in der Gruppe zu fördern. Ausnahme kann hier nur das Expertenhearing sein. In diesem Fall holt sich die Gruppe einen Experten in die Runde, um von ihm fachliche Informationen zu einer Themenstellung zu erlangen. Dieser ist dann nur solange in den Moderationsprozeß eingebunden bis die Informationsweitergabe beendet ist.
- Richten Sie Ihre Fragen immer pauschal an die Gruppe. Sprechen Sie einen Teilnehmer persönlich an, kann es sein, daß er zu dieser Frage gerade nichts beitragen kann oder will. Er verliert sein Gesicht.

Achten Sie also darauf, daß eine Meinungsäußerung immer freiwillig geschieht.
- Rückfragen dienen dazu, den Sachverhalt zu klären und allgemeines Verständnis zu bewirken.

Aufgaben des Moderators

4.4 Aufgaben des Moderators

Jede Phase in der Moderation verlangt von Ihnen unterschiedliche Fähigkeiten und Vorgehensweisen. Hier Hinweise und Tips für Sie:
- Ihre Grundhaltung bei Fragen sollte immer freundlich-positiv sein. Werden Sie nie persönlich, auch wenn Sie selbst angegriffen werden. Versuchen Sie so weit es geht sachlich zu bleiben.
- Das Formulieren von Fragen bedarf einiger Übung. Sie sollten daher zu Beginn Ihrer Moderations-Tätigkeit Ihre vorbereiteten Fragen von einem Dritten gegenlesen lassen.
- Versuchen die Gruppenteilnehmer Sie persönlich durch Fragen anzugreifen, stellen Sie eine Gegenfrage. Dies ist der beste Weg, um dem Druck der Rechtfertigung auszuweichen. Dies wirkt in der Regel ein Stück weit provozierend, jedoch macht dies der Gruppe deutlich, daß Sie nicht gewillt sind, sich auf das Spiel einzulassen.

Literatur

4.5 Literatur

Decker, F.: teamworking, München 1994
Klebert, K./Schrader, E./Straub, W.: ModerationsMethode, Hamburg 1991.
Koch, G.: Die erfolgreiche Moderation von Lern- und Arbeitsgruppen, Landsberg 1992.
Schnelle, W./Stoltz, I.: Interaktionelles Lernen, Quickborn 1978.
Seifert, J.W./Pattay S.: Visualisieren - Präsentieren - Moderieren, Speyer 1991.

Überblick über die einzelnen Moderations-Techniken

die Techniken im Überblick

5. Die Kartenfrage

Arbeitsschritt zur Themenfindung, Problemdefinition und Ursachenanalyse

Die Kartenfrage ist in der Moderation der grundlegende Arbeitsschritt zur Themenfindung, Problemdefinition, Ursachenanalyse und Maßnahmenplanung. Ziel ist es, spontane Ideen, Gedanken, Meinungen oder Standpunkte der einzelnen Gruppenmitglieder zu sammeln und sie der gesamten Gruppe zur Weiterbearbeitung anzubieten.

Beteiligte schreiben Beiträge auf Karten

Die Beteiligten schreiben ihre Beiträge auf Moderations-Karten. Da die Karten in der Regel vom Moderator eingesammelt werden, ist es dem Befragten möglich, weitgehend anonym zu bleiben. Es entsteht eine Form des Vertrauens und der Offenheit in der Gruppe, da die Teilnehmer feststellen, daß andere ähnlich gelagerte Probleme sehen oder gleiche Ansichten vertreten. Noch entscheidender ist aber die Tatsache, daß selbst Beiträge, die der Teilnehmer sonst für sich behalten hätte, geäußert werden. Ein entscheidender Vorteil der Kartenfrage ist, daß alle Teilnehmer gleichzeitig die Frage beantworten und nicht nur ein einzelner (wie wir es von Diskussionen her kennen). Nicht nur rhetorisch Starke oder Vielredner kommen zu Wort, sondern alle Beteiligten. Zudem muß sich jeder, der eine Karte schreibt, in der Länge der Aussagen einschränken. Dies bedeutet, daß Gedanken konkretisiert und auf den Punkt gebracht werden.

In der Kürze liegt die Würze!

5.1 Durchführung

Durchführung

Sie bereiten zwei bis drei Pinwände mit Packpapier vor und visualisieren die Frage, die von der Gruppe bearbeitet werden soll, als Überschrift auf einer der Wände.

Die Kartenfrage

Richten Sie sie gleichzeitig noch einmal verbal an die Gruppe. Verteilen Sie Rechteck-Karten und Moderations-Marker an die Teilnehmer und ermuntern Sie sie, ihre stichwortartigen Antworten deutlich lesbar auf die Karten zu schreiben. Sammeln Sie die Karten ein und mischen Sie sie, da sonst mehrere Beiträge eines Teilnehmers hintereinander vorgelesen werden. Beachten Sie bitte, daß die Beteiligten etwas Zeit und Ruhe brauchen, um die Karten zu schreiben. Stören Sie die Teilnehmer nicht, indem Sie zu früh herumlaufen und versuchen, Karten einzusammeln. Sind die Beteiligten fertig, sammeln Sie die Karten ein. Mischen Sie sie, damit beim anschließenden Clustern die Beiträge einzelner nicht hintereinander erscheinen.

stichwortartige Antworten

Grundsätzlich kann jeder Teilnehmer unbegrenzt Karten schreiben. Um die Kreativität der Teilnehmer nicht zu behindern, sind Vorgaben wie „maximal drei Karten" nicht sinnvoll. Nun kann es bei großen Gruppen zu einer wahren Kartenflut führen, wenn z.B. zwanzig Teilnehmer durchschnittlich 20 Karten schreiben würden (was bei großer Problem-Betroffenheit durchaus denkbar ist). Um diese Schwierigkeiten zu vermeiden, formuliert der Moderator z.B.:

jeder kann unbegrenzt Karten schreiben

„Welche schwerwiegenden Probleme ...., wichtigen Themen ...., ungewöhnlichen Ideen ....?"

Durch die hinzugefügten Adjektive wird die Anzahl möglicher Antworten zielgerichtet begrenzt. Eine andere Variante bietet sich insbesondere bei großen Gruppen (15 oder mehr Teilnehmer) an: Das Bilden von Zweiergruppen. Die Teilnehmerpaare schreiben gemeinsam Karten und schränken dadurch die Kartenflut selbst ein.

Begrenzung der Antworten

Zeitbedarf: ca. 10 – 15 Minuten

5.2 Regeln zum Kartenschreiben

Regeln zum Kartenschreiben

Die auf Karten visualisierten Antworten sind für alle Beteiligten gedacht. Daher ist es entscheidend, daß alle Aussagen auch lesbar sind. Besonders bei ungeübten Gruppen sollte der Moderator folgende Hinweise geben:

- für jede Aussage nur eine Karte benutzen,
- maximal drei Zeilen je Karte,
- mit Moderations-Markern in schwarzer oder dunkelblauer Farbe schreiben,
- Stift so halten, daß beim Schreiben eine Struktur in der Schrift entsteht (Kante des Filzstiftes und nicht Ecke benutzen; eventuell vorher Schreibübung machen),
- Groß-/Kleinschrift (nicht nur Großbuchstaben) verwenden,
- beim Schreiben sollte nicht gesprochen werden.

5.3 Vorteile und Eignung der Kartenfrage

Vorteile und Eignung

Die Vorteile auf einen Blick:
1. Es besteht keine Möglichkeit der Meinungsbeeinflussung durch andere. Jeder kann seine eigene Meinung einbringen und so sind alle integriert.
2. Die Teilnehmer haben Zeit zum Überlegen und bringen ihre Gedanken auf den Punkt.
3. Die Antwort auf den Kärtchen erfolgt anonym.
4. Mehrfachnennungen sind sichtbar.
5. Die Ergebnisse sind in kurzer Zeit zu erreichen.
6. Die meist strukturierten Ergebnisse sind dokumentiert (Protokoll).

Die Kartenfrage ist geeignet,
- wenn Anonymität erforderlich ist,
- wenn Meinungshäufungen erkennbar werden sollen,
- wenn der Sortierungsprozeß notwendig ist, um der Gruppe die Problemsichtung zu erleichtern,
- wenn es erforderlich ist, Meinungsführerschaften oder Meinungsbeeinflussung durch einzelne zu vermeiden,

- wenn in kreativen Prozessen bestehende Gedankenmuster erfragt werden sollen, um mit daran anschließender Zuruffrage zu neuen weiterführenden Ideen und Gedanken zu kommen.

5.4 Hilfsmittel

Die Angaben beziehen sich auf eine Gruppe mittlerer Größe (8 – 10 Teilnehmer):   *Hilfsmittel*

8 – 10 Rechteck-Karten pro Teilnehmer
1 Moderationsmarker pro Teilnehmer
3 – 4 Pinwände mit Pinwandpapier bespannt
ca. 100 – 120 Nadeln
1 – 2 Trainermarker
Wolken für das Thema
Schlipse für die Frage

6. Klumpen bilden (Clustern)

gefundene Ideen, Meinungen und Wissen sortieren

Hier geht es darum, gefundene Ideen, Meinungen, Lösungsvorschläge und vorhandenes Wissen zu sortieren. Durch die Sortierung gleicher oder ähnlicher Aussagen erhalten der Moderator und die Gruppe eine Übersicht darüber, welche Aspekte das Problem oder die Fragestellung beinhaltet. Zudem sind die Teilnehmer noch einmal dazu aufgefordert, ihre Äußerungen zu durchdenken, indem sie Oberbegriffe finden und Einsprüche markieren.

6.1 Durchführung

Durchführung

Sie haben die einzelnen Beiträge der Teilnehmer auf Karten eingesammelt und gemischt. Lesen Sie nun jede einzelne Karte vor und zeigen Sie sie den Beteiligten. Falls die Aussage einer Karte unklar ist, fragen Sie die Gruppe: *„Was ist damit gemeint?"* Zwingen Sie jedoch nie jemanden, dadurch zu seiner Karte Stellung zu nehmen. Oberste Regel ist, daß der Kartenbeschrifter anonym bleiben kann (aber nicht muß). Sagen Sie nie (falls Sie eine Schrift erkennen): *„Herr Eder, diese Karte stammt von Ihnen; sagen Sie den Teilnehmern doch bitte, was Sie damit meinen!"*

vorlesen und anpinnen

Ist die Karte gelesen und verstanden, pinnen Sie oder Ihr Co-Moderator diese mit Nadeln an die Pinwand. Ab der zweiten Karte – die erste kann noch nicht zugeordnet werden – fragen Sie das Plenum, wo die Karte angeordnet werden soll. Dabei entstehen automatisch Felder mit gleichen oder ähnlichen Aussagen (Klumpen, auch Cluster genannt), die im Anschluß mit gemeinsam definierten Oberbegriffen überschrieben werden. Um die Zuordnung der einzelnen Beiträge auf der Pinwand zu erleichtern, bereiten Sie kleine runde, nummerierte Scheiben vor, die über die einzelnen Klumpen gehängt werden. Eröffnet die Gruppe ein neues Cluster, wird die folgende Nummer gleich dazu gehängt. Versuchen Sie nie, zwanghaft Cluster zu bilden. Hier gilt: Differenzieren geht vor Kumulieren! Beim Zuordnen der Karten kann es geschehen, daß im Plenum unterschiedliche Meinungen darüber bestehen, welchem Klumpen eine Karte zuzuordnen ist.

thematische Klumpen bilden

Klumpen bilden

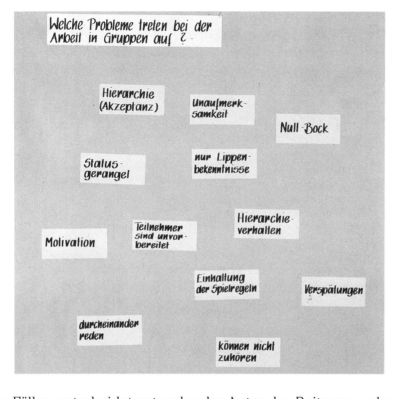

In diesen Fällen entscheidet entweder der Autor des Beitrages, oder es werden entsprechend viele Karten der gleichen Aussage produziert (gedoppelt), um sie den möglichen Oberbegriffen zuzuordnen. Sind alle Karten vorgelesen, angepinnt und eventuell geclustert, hinterfragen Sie die entstandene Kartenstruktur. Fassen Sie die Schwerpunkte, die sich ergeben haben, zusammen. Fragen Sie die Teilnehmer, ob die Karten alle richtig hängen. Anschließend finden Sie zusammen mit dem Plenum Überschriften für die einzelnen Cluster. Beginnen Sie links oben mit dem ersten Block und arbeiten Sie dann alle einzeln ab. Lassen Sie sich nicht dazu verleiten, einzelne Cluster bevorzugt zu behandeln, weil sie anscheinend leichter zu bearbeiten sind oder z.B. weniger Karten haben. Versichern Sie den Teilnehmern, daß alle Klumpen gleichrangig bearbeitet werden. Bleiben Sie aber flexibel, wenn die Gruppe hinter einem bestimmten Bearbeitungswunsch steht. Erst wenn dieser Prozeß abgeschlossen ist, umranden Sie die einzelnen Cluster mit einem Trainermarker. Dies zeigt den Teilnehmern sehr deutlich, daß der Prozeß abgeschlossen ist. Anschließend übertragen Sie die Oberbegriffe in eine Liste und lassen die Themenklumpen bewerten, nachdem Sie eine konkrete Frage zur Weiterbearbeitung gestellt haben (siehe Kapitel 10).

doppeln

Überschriften suchen

umranden der Cluster

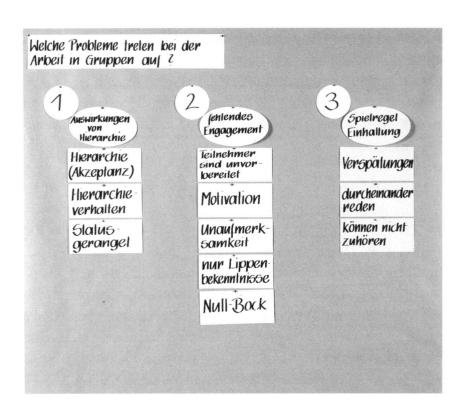

Klumpen bilden

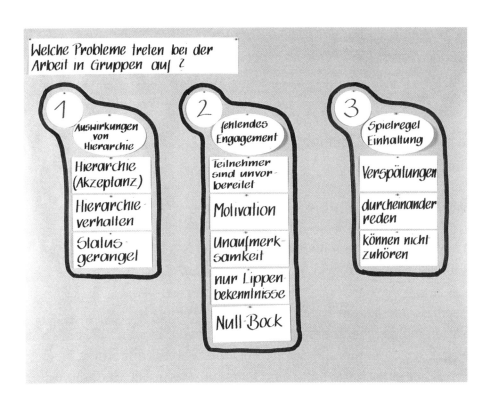

Fragen, die helfen:
- für den Klärungsprozeß:
  Kann der Autor uns das näher erläutern?
  Was meint der Autor dazu?
  Ist allen klar, was damit gemeint ist?
  Wollen Sie bitte eine neue Karte schreiben?
  Würden Sie bitte die Karten doppeln?
- für den Strukturierungsprozeß:
  Wo gehört diese Karte Ihrer Meinung nach hin?
  Wo ist dieses Argument einzuordnen?
  Gibt es hierzu schon einen Klumpen?
  Wollen wir die Zuordnung zunächst einmal zurückstellen?
- für das Finden von Oberbegriffen:
  Wie lautet eine gemeinsame Überschrift für die hier zusammengefaßten Argumente?
  Wie lautet hier die Überschrift?
  Hat jemand eine Idee, wie der gemeinsame Nenner für diesen Cluster heißt?

Fragen, die helfen

- für die Hinterfragung der Clusterstruktur:
  Sind alle Karten hier richtig untergebracht?
  In welchem Block ist diese Karte besser aufgehoben?
  Ist der „Blitz" damit geklärt? (vgl. Decker, F.: Teamworking, S. 121ff.)

Zeitbedarf

Zeitbedarf: ca. 20 – 25 Minuten

6.2 Regeln zum Klumpen/Clustern

Regeln zum Klumpen

Da auch das Klumpenbilden nicht in jedem Fall frei von Problemen ist, können folgende Spielregeln empfohlen werden:

- Lassen Sie alle Karten zu, auch:
  - Karten mit gleichen oder ähnlichen Aussagen. Werfen Sie keine Karten weg, auch dann nicht, wenn die Gruppe Sie dazu auffordert. Der Schreiber jeder Karte hatte eine Intention. Wenn ein Moderator doppelte Karten entfernt, riskiert er, daß sich der Autor der entfernten Karte dadurch betroffen fühlt und später „Nebenkriegsschauplätze" entstehen.
  - Karten, die „scherzhaft" oder als „Blödelbeitrag" gemeint sind. Der Moderator ist nicht für die Meinungen und Aussagen der Teilnehmer verantwortlich.
- Hängen Sie gleiche Karten nicht übereinander, da die Häufungen sichtbar bleiben sollen.
- Teilnehmer können ihre Karte jederzeit wieder zurückziehen.
- Die geschriebenen Karten werden entweder durch die Beteiligten selbst aufgehängt (angepinnt) oder durch die Moderatoren eingesammelt.
- Sprechen Sie alle Aussagen an.
- Achten Sie darauf, daß die Gruppe bei den Oberbegriffen nicht pauschalisiert.
- Unterbinden Sie längere Diskussionen zu den Nennungen und sparen Sie damit unnötige Diskussionszeit. Es ist nur wichtig, was gemeint ist.
- Doppeln Sie Karten, wenn eine Mehrfachzuordnung möglich ist bzw. vom Teilnehmer gewünscht wird. Bitten Sie die Teilnehmer, die Doppelung zu schreiben.

Klumpen bilden

- Lassen Sie die Gruppe entscheiden, zu welchem thematischen Block die Karte gehört.
- Der Autor hat Vetorecht bzw. entscheidet im Zweifelsfall über die Zuordnung seines Beitrages.
- Ermöglichen Sie den Teilnehmern bei Uneinigkeit zu „blitzen". Teilnehmer, die mit Antworten nicht einverstanden sind, setzen ein Blitzzeichen neben die beanstandete Äußerung. Auch gegensätzliche Meinungen sind ein Ergebnis.
- Lassen Sie auch nachträglich gelieferte Beiträge zu.
- Achten Sie darauf, daß einzelne Klumpen nicht zu viele unterschiedliche Karten enthalten, damit der Cluster von seiner Aussage her nicht zu breit und somit zu wenig konkret wird (10-Karten-Faustregel).
- Halten Sie eine „Offene Punkte-Liste" bereit.

6.3 Aufgaben des Moderators

Jede Phase in der Moderation verlangt unterschiedliche Fähigkeiten und Vorgehensweisen. Hier einige Hinweise und Tips:

Aufgaben des Moderators

- Als Moderator haben Sie nicht die Aufgabe, die Struktur vorzugeben oder gar aufzuzwingen. Grundregel beim Klumpen: Fragen statt Sagen!
- In puncto Arbeitsplatzvorbereitung denken Sie an genügend Nadeln in der Pinwand, genügend Pinwände und Pinwandpapier.
- Wenn Sie im Falle einer Mehrdeutigkeit einer Karte nach dem Autor der Karte fragen und niemand bekennt sich zu der Karte, lassen Sie Anonymität zu. Das kommt bei brisanten oder spaßigen Beiträgen gelegentlich vor.
- Bewerten Sie die Aussagen weder positiv noch negativ.
- Bitten Sie bei einer größeren Anzahl von Karten einen Hilfsmoderator aus der Gruppe um Assistenz.

6.4 Zweckorientierte Vorgehensweisen

Je nach Situation können drei Vorgehensweisen unterschieden werden:

1. Problemlösungsprozesse:

Problemlösungen suchen

Schreiben Sie die Frage oder Problemstellung auf die Pinwand. Es empfiehlt sich, die Pinwand vorher mit Packpapier zu bespannen. Aktivieren Sie die Beteiligten zum Kartenschreiben. Lassen Sie die Teilnehmer ihre Karten ungeordnet anpinnen. Danach beginnen Sie mit dem Prozeß des Clusterns. Die Karten werden auf eine andere Pinwand nach Gemeinsamkeiten sortiert. Gemeinsam mit der Gruppe ordnen Sie die Beiträge nach dem Assoziationsverfahren. Die Teilnehmer entscheiden über die Zugehörigkeit zu einem Klumpen. Es entstehen Cluster. Sind alle Karten sortiert, umrahmen Sie die Klumpen und versehen sie mit einer Überschrift, die den Inhalt des Clusters kurz und treffend wiedergeben soll.

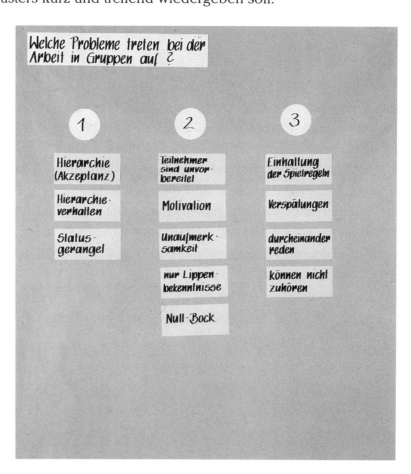

Fazit: Wenn Sie also ohne Beschränkungen arbeiten können, empfiehlt es sich, die Karten anzuhängen, sobald sie geschrieben sind. Sie sorgen damit für Assoziationsmöglichkeiten während des Kartenschreibens und regen das kreative Denken der Teilnehmer an.

2. Meinungen erfragen:

Die Teilnehmer schreiben ihre Meinung aufgrund der formulierten Fragestellung auf die Karten. Sie sammeln diese ein, behalten sie in der Hand und beginnen, wenn die Kartenproduktion langsam zurückgeht, das Klumpen „aus der Hand". Durch die bereits angepinnten Aussagen werden die Teilnehmer zu weniger naheliegenden Beiträgen animiert. Immer dann, wenn es nicht um kreative Prozesse geht, ist es der Moderator, der die Karten aufhängt. Jede Karte wird vorgelesen, der Gruppe gezeigt und gemeinsam zugeordnet. Um die Zuordnung durch die Gruppe für den Moderator einfacher zu gestalten, kann jedes neue Cluster mit einer Nummer auf einem runden Kuller versehen werden. Dies spart Zeit, vor allem bei vielen Klumpen. Dabei entscheiden natürlich wieder die Beteiligten, welcher Oberbegriff den Karten zuzuordnen ist.

Meinungen erfragen

kreative Prozesse

3. Aktivierung der Teilnehmer:

Die Teilnehmer schreiben die Karten und hängen sie ungeordnet auf. Alle Beiträge werden vorgelesen. Danach fordern Sie die Teilnehmer auf, nach ihrem Gefühl und Eindruck Oberbegriffe zu benennen. Diese werden von Ihnen auf ovale Karten geschrieben und an eine freie Pinwand gepinnt. Somit haben wir eine von den Teilnehmern geschaffene Überschriftenstruktur. Jetzt fordern Sie die Beteiligten auf, die von ihnen selbst geschriebenen Karten unter die jeweiligen Überschriften zu hängen. Auf alle Fälle sollte der Moderator darauf achten, daß die gefundenen Beiträge, die durch die Meinungs- und Ideenvielfalt sehr detailliert sind, durch pauschale Aussagen der Oberbegriffe nicht wieder verwässert werden. Im Zweifelsfall liegt es nahe, für jeden Beitrag einen neuen Oberbegriff zu erbitten, um ihn nicht pauschal untergehen zu lassen.

Teilnehmer aktivieren

7. Strukturierte Fragen

wenn es von vornherein Antwortkategorien gibt

Ist es offensichtlich, daß die zu bearbeitende Frage bestimmte Antwort-Kategorien von vornherein vorgibt, so ist der Einsatz von bereits strukturierten Fragen empfehlenswert. Auch die vertiefende Bearbeitung von Themenbereichen in Kleingruppen ist sinnvoll. Vor allem, wenn alle Kleingruppen die gleiche Struktur haben, sind die Arbeitsergebnisse besser vergleichbar und leichter weiterzubearbeiten. Nachteilig wirkt sich diese Vorgehensweise auf die Kreativität der Beteiligten aus, da die Antworten in bestimmte Richtungen gelenkt werden.

7.1 Durchführung

Durchführung

Um dem Verdacht der Manipulation vorzubeugen, lassen Sie alle Beteiligten bei der Erstellung der Strukturen mitarbeiten oder die Strukturen selbst finden. Bereiten Sie eine Pinwand vor, auf der Sie bestimmte Spalten mit Fragen bzw. Überschriften vorgeben. Schreiben Sie die Frage auf eine Karte der entsprechenden Farbe und hängen Sie sie an die Pinwand. Auf diese Weise können sich die Teilnehmer jederzeit über die richtige Kartenfarbe für ihre Antwort informieren. Die Teilnehmer schreiben Karten und hängen sie in die dafür vorgesehenen Felder. Die Antworten werden wie in Kapitel 6 geklumpt, wobei entweder die Farben getrennt gehalten werden, falls in der weiteren Bearbeitung getrennt über die Aspekte weiterdiskutiert werden soll, oder ineinander gemischt werden können, falls die Informationen thematisch zugeordnet werden sollen.

7.2 Unterschiedliche Arten strukturierter Fragen

7.2.1 Satzergänzungen

Satzergänzungen

Satzergänzungen sind hilfreich, um bestehende Zweifel oder Bedenken zu äußern. Die Vorwegnahme dieser Bedenken verhindert eine Blockade innerhalb der Gruppe und lenkt die Arbeit der Gruppe in zielgerichtete Bahnen.

Durchführung:
Fordern Sie die Teilnehmer auf, die angefangenen Sätze zu vervollständigen. Die Teilnehmer schreiben ihre Satzergänzungen auf Karten. Sie sammeln sie ein und pinnen sie an.

Durchführung

Beispiele:

„Das hat mich beeindruckt, aber..."
„Die Bedenken habe ich gehört, jedoch..."

7.2.2 Doppelfragen

Bestimmte Sachverhalte kann man am besten erfassen, wenn man diese von zwei Seiten her beleuchtet. Die unterschiedlichen Aspekte führen zu einer differenzierten Darstellung des Themas und erleichtern eine reflektierte Entscheidungsfindung sehr.

Doppelfragen

Eine Art der Doppelfrage ist das „Pro und Contra"-Schema. Der Teilnehmer wird durch diese Frageform dazu aufgefordert, einen Aspekt von zwei Seiten

Pro und Contra

her zu betrachten und auch die Gegenposition zur eigenen Meinung zu reflektieren. Die Beteiligten sind dazu aufgefordert, Ideen oder Meinungen zu einer definierten Problem- oder Fragestellung zu äußern und gleichzeitig vermutete Widerstände, konträre Meinungen und Gegenstandpunkte zu formulieren. Dieses Schema wird daher auch als eine Vorgehensweise zur Analyse potentieller Probleme eingesetzt.

Regel:

Regel Jeder Teilnehmer nennt mindestens ein „Pro"- und ein „Contra"-Argument zu einer formulierten These.

Beispiel:

„Multimedia ist die Lernform der Zukunft!"

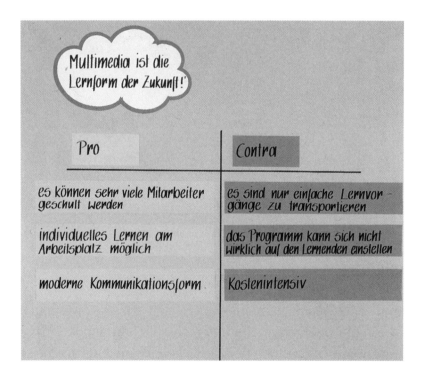

Chancen und Risiken Anstelle des „Pro und Contra" kann die Formulierung der Frage auch „Vor- und Nachteile" oder „Chancen und Risiken" lauten. Im konkreten Einzelfall formuliert der Moderator die Frage entsprechend um.

7.2.3 Mehrfachfragen

Ist die Komplexität eines Themas besonders groß, fällt es den Teilnehmern schwer, das gesamte Spektrum und die Beziehungen zueinander zu erfassen. Gleichzeitig dann noch die relevanten Aspekte herauszufiltern, ist kaum noch möglich. In dieser Situation sind Mehrfachfragen, die ein gewisses Antwortspektrum schon vorstrukturieren, sehr hilfreich.

mehrere Antworten in verschiedenen Dimensionen

7.2.3.1 „Aus-der-Sicht-von"-Schema

Soll eine Gruppe Maßnahmen beschließen, von denen andere mitbetroffen sind, so empfiehlt sich diese Struktur. Das Schema ermöglicht den Beteiligten, sich in andere hineinzuversetzen und die Konsequenzen getroffener Maßnahmen hinreichend zu überdenken. Es ist ebenfalls anwendbar, wenn festgefahrene Meinungen und Lager bestehen. Sie erhalten wieder diskussionsbereite Partner, da diese Form der Fragestellung alle Beteiligten dazu zwingt, unterschiedliche Standpunkte einzunehmen und so das Verständnis für andere Ziele und Sichtweisen fördert.

Aus-der-Sicht-von-Schema

Durchführung:
Zuerst fragen Sie, welcher Personenkreis betroffen ist. Danach ist es notwendig, den status quo der verschiedenen Parteien zu ermitteln. Folgende Fragen sind dabei empfehlenswert:

Durchführung

„Wie stellt sich unser Problem, unsere Maßnahme diesen Betroffenen dar?"
„Welche Betrachtungsweise vermuten wir?"

Aus der Sicht von:
Unternehmensleitung, Gewerkschaft, Arbeitnehmer, leitende Angestellte
oder: Verkauf, Produktion, Service, Produktentwicklung.

Die Teilnehmer schreiben Karten, die sie den einzelnen Spalten selbst zuordnen. Eine andere Möglichkeit ist die Bearbeitung dieser Frage in einer Gruppenarbeit, wobei die verschiedenen Parteien ihre Sichtweise darstellen. Anschließend ist ein Rollentausch bei der Suche nach der Problemlösung bzw. Maßnahmenplanung empfehlenswert.

Zuordnung zu den Spalten

Beispiel:

"Die Einführung der 4-Tage-Woche"

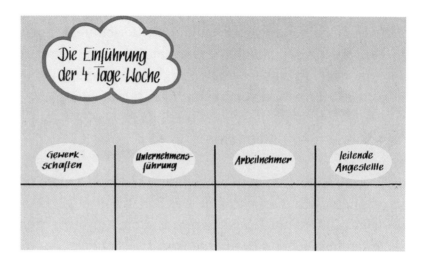

7.2.3.2 „Fünf-Kapitel-Überschriften"-Schema

Fünf-Kapitel-Überschriften-Schema

Kommt in einer Gruppe Unsicherheit auf, inwieweit ein Thema ausreichend detailliert behandelt wurde, empfiehlt es sich, zu diesem Thema ein Buchkonzept aufstellen zu lassen. Dabei fordern Sie die Teilnehmer auf, fünf Hauptkapitel in Form von Überschriften zu erarbeiten. Jedes Gruppenmitglied schreibt also fünf Karten, die die Kapitel-Überschriften seines „Buches" darstellen. Die Karten werden angepinnt und spiegeln so eine Vielfalt von Meinungen und Darstellungen desselben Themas wider.

Beispiel:

"Abhängigkeit der Mitarbeitermotivation von der Bezahlung!"

Ein Teilnehmer schreibt:
1. Keine gerechte Bezahlung, keine Leistung.
2. Die Leistung steigt proportional zur Entlohnung.
3. In den Grenzbereichen treffen die Aussagen 1. und 2. nur bedingt zu.
4. Gute Leistungen sind eine Selbstverständlichkeit.
5. Die Mitarbeiter sollen ihre Motivation von zu Hause mitbringen.

Ein anderer:

1. Eine gerechte Bezahlung führt nicht zur Begeisterung, sondern nur dazu, daß keine Unzufriedenheit aufkommt.

2. Andererseits ist eine angemessene Bezahlung notwendige Basis, um motivieren zu können.

3. Außerplanmäßige finanzielle Leistungen bringen eine momentane Motivation, wirken aber nicht langfristig.

4. Die Grundhaltung der Führungskräfte hat mehr Einfluß auf die Motivation als Geld.

5. Durch gute Motivation steigt die Leistung und damit auch die Möglichkeit, besser zu bezahlen.

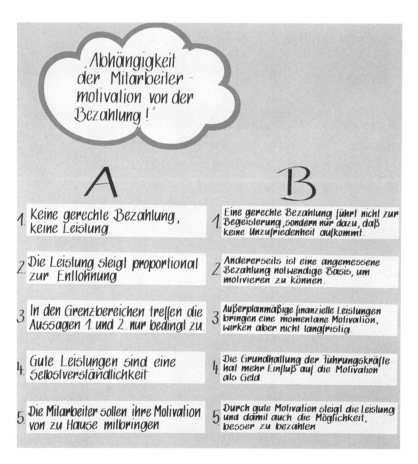

Die unterschiedlichen Gliederungen machen die Komplexität eines Themas transparent und zeigen oftmals, daß es noch viele unberücksichtigte Aspekte gibt.

7.2.3.3 Schema „Konzentrische Kreise"

Konzentrische Kreise Dieses Schema hat den Vorteil, daß die Teilnehmer ein Thema aus ihrer Sicht gut strukturieren können und daher die Identifikation mit dem Ergebnis sehr hoch ist.

Durchführung Durchführung:
Jeder Beteiligte nennt mindestens je ein Argument, das
1. direkt zum Thema gehört,
2. mittelbar zum Thema gehört,
3. entfernt zum Thema gehört.
Diese Argumente schreibt er auf Karten und hängt sie jeweils unter die entsprechende Spalte auf dem vorbereiteten Plakat.

Beispiele:

Die Teilnehmer einer Präsentation stellen die Forderung auf:
1. Das sollten wir unbedingt in der Präsentation hören.
2. Das möchten wir lieber anderweitig erfahren.
3. Das sollte besser weggelassen werden.

oder

„Auf der Autobahn muß die Geschwindigkeit generell auf 130 km/h begrenzt werden!"

direkt	mittelbar	entfernt
– Unfallgefahr wird geringer	– Straßenbau wird geringer	– Fahren strengt nicht mehr so an
– Bezinverbrauch wird niedriger	– weniger Lärm	– schnelle Autos werden sinnlos
– Gefahr der Gleichmacherei	– Individualität und Eigenverantwortung werden eingeschränkt	– das Verbot wird sowieso nicht eingehalten

Strukturierte Fragen

„Auf der Autobahn muß die Geschwindigkeit generell auf 130 km/h begrenzt werden!"

direkt	mittelbar	entfernt
Unfallgefahr wird geringer	Straßenbau wird geringer	Fahren strengt nicht mehr so an
Benzinverbrauch wird niedriger	Weniger Lärm	Schnelle Autos werden sinnlos
Gefahr der Gleichmacherei	Individualität und Eigenverantwortung werden eingeschränkt	das Verbot wird sowieso nicht eingehalten

8. Zuruffrage

Äußerungen zurufen lassen

Im Gegensatz zur Kartenfrage, bei der die Teilnehmer ihre Beiträge auf Moderationskarten schreiben, rufen die Beteiligten ihre Beiträge dem Moderator zu. Diese Zurufe werden auf Karten oder auf das Pinwandpapier geschrieben. Zurufe sind immer dann von Vorteil, wenn die Antwortmöglichkeiten begrenzt sind und das Spektrum der Beiträge möglichst vollständig erfasst werden soll. Durch die einzelnen Zurufe werden die Teilnehmer zudem zu weiteren Antworten angeregt, sie arbeiten mit Assoziationen. Gerade bei der Suche nach kreativen Problemlösungen ist das besonders wichtig.

Assoziationen

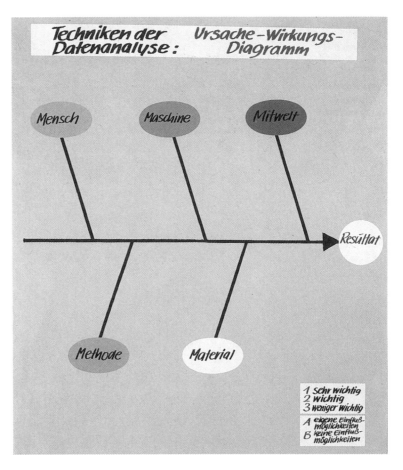

die Aktiven beteiligen sich

Es kann jedoch von Nachteil sein, daß sich bei Zuruffragen gerade die Aktiven beteiligen und in den Vordergrund schieben. Die passiven, stilleren Teilnehmer werden dadurch leicht in den Hintergrund gedrängt.

8.1 Durchführung

Die Frage an die Gruppe, die sich wiederum auf Probleme, Ursachen usw. bezieht, visualisieren Sie an der Pinwand und erläutern diese zusätzlich. Die Gruppenmitglieder sind nun aufgefordert, ihre Beiträge verbal zu äußern. Notieren Sie nun die Beiträge, indem Sie sie zusammenfassen.

Durchführung

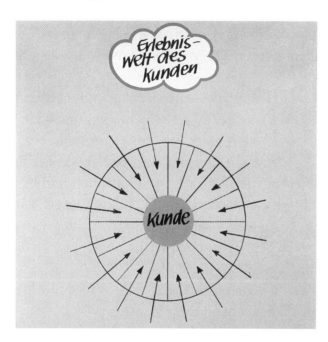

Achten Sie darauf, daß Sie die Aussage inhaltlich nicht verändern. Um dem nicht Gefahr zu laufen, schlagen Sie die zusammengefaßte Form der Gruppe erst einmal vor und schreiben sie erst mit Zustimmung der Gruppe auf. In der Anfangsphase werden Sie Schwierigkeiten haben, die genannten Ideen zu Papier zu bringen, besonders dann, wenn es sich um eine größere Gruppe handelt. Ein unbeachtet gebliebener Beitrag kann schnell als Mißbilligung der Person empfunden werden und entweder zu offenen bzw. versteckten Aggressionen oder zu einer inneren Kündigung der jeweiligen Person führen. Hilfreich bei Zuruffragen ist daher ein Co-Moderator. Es gehen keine Beiträge verloren und man kann schneller arbeiten. Wie bei der Kartenfrage können anschließend Schwerpunkte durch Clustern oder durch eine Mehrpunkt-Frage (siehe Kapitel 9.2) gebildet werden.

verkürzte Formulierung den Teilnehmern vorschlagen

Zeitbedarf: ca. 10 – 15 Minuten

Zeitbedarf

8.2 Aufgaben des Moderators

Aufgaben des Moderators

Jede Phase in der Moderation verlangt von Ihnen unterschiedliche Fähigkeiten und Vorgehensweisen. Hier einige Hinweise und Tips:

- Widerstehen Sie der Versuchung, die Beiträge zu interpretieren oder zu ergänzen. Es wird Ihnen als Versuch der Manipulation ausgelegt.
- Versuchen Sie so weit wie möglich, alle Teilnehmer zu Wort kommen zu lassen. Vor allem die schüchternen und passiven sollten Sie dabei im Auge behalten.
- Behandeln Sie alle Beiträge gleichberechtigt und machen Sie den Teilnehmern bewußt, daß die Aussagen nur gesammelt, nicht aber diskutiert werden sollen. Unterbinden Sie daher aufkommende Diskussionen.
- Trennen Sie die Phase der Ideenfindung sauber von der Phase der Bewertung. Jede Form von Kritik tötet den Ideenfluß und die Kreativität der Beteiligten. Das gilt ganz besonders für „Killerphrasen" wie *„Geht nicht!"*, *„War schon da!"*, *„Zu teuer!"* oder *„Haben wir noch nie so gemacht!"*
- Wenn Sie mit dem Schreiben nicht nachkommen, bitten Sie einen Teilnehmer Ihnen behilflich zu sein.
- Bringen Sie keine eigenen Ideen ein!
- Lassen Sie Spaß als belebendes Element zu.
- Die Zuruffrage lebt von der Geschwindigkeit. Aber Vorsicht! Brechen Sie die Phase nicht zu früh ab, denn die ungewöhnlichen Ideen kommen erst, wenn alles Bekannte bereits gesagt wurde.
- Vermitteln Sie der Gruppe, daß alle Ideen erlaubt sind (auch das Fortführen fremder Ideen).
- Weisen Sie die Gruppe vor Beginn der Zurufphase nochmals auf die gesonderten Spielregeln des Brainstormings hin.

8.3 Eignung und Anwendungsgebiete

Anwendungsgebiete

Die Zuruffrage ist geeignet,
- wenn Sie nur wenige Beiträge von den Teilnehmern erwarten.
- bei kleineren Gruppen bis zu etwa 7 Personen. Sie ist hier eine gute Alternative zur Kartenfrage.

- wenn das Vertrauen in der Gruppe soweit gefestigt ist, daß der Deckmantel der Anonymität nicht mehr erforderlich ist.
- wenn die Teilnehmer über die Frage nicht zu lange nachdenken müssen.
- wenn es unwichtig ist, daß Häufungen sichtbar werden.
- beim Brainstorming als kreative Methode der Ideenfindung. Durch die Assoziationen werden die Mitglieder stimuliert und zu neuen Ideen angeregt. Die Kartenfrage ist dazu weniger in der Lage.
- als disziplinierendes Element bei Gruppendiskussionen. Ihre Aufgabe als Moderator ist es, alle Diskussionsbeiträge mitzuvisualisieren. Dazu ist es erforderlich, zwischendurch zusammenzufassen und das Ergebnis zu notieren. Vielredner werden so gezwungen auf den Punkt zu kommen und sich kurz zu fassen. Teilnehmer, die ihre Beiträge immer wieder vortragen, sehen dazu keine Notwendigkeit mehr, da ihre Aussage bereits an der Pinwand steht.
- als Kombination zur Kartenfrage im zeitlichen Verlauf.

Eignung

8.4 Hilfsmittel

Die Angaben beziehen sich auf eine Gruppe mittlerer Größe (8 – 10 Teilnehmer):

Hilfsmittel

20 – 30 Rechteck-Karten
2 – 3 Pinwände mit Pinwandpapier bespannt
ca. 30 Nadeln
1 Trainermarker
2 Moderationsmarker
Wolken für das Thema
Schlipse für die Frage

9. Punktfragen

Fragen mit Klebe-punkt beantworten

Eine Methode, bei der eine Frage von jedem Teilnehmer mit Hilfe eines oder mehrerer Selbstklebepunkte auf einem Plakat beantwortet werden kann.

9.1 Ein-Punktfragen

Ein-Punktfragen

Ein-Punktfragen werden in der Regel zur Einführung in ein Thema verwendet. Die mentale Vorbereitung des Teilnehmers ist dabei entscheidend. Für den Moderator werden so aber auch unterschiedliche Meinungen, Haltungen, Schätzungen, Erwartungen oder Stimmungen in der Gruppe deutlich. Er erhält einen Überblick und kann so die weitere Vorgehensweise besser einordnen. Dabei geht es nicht darum, Zustimmung oder Ablehnung in Form von „Ja" oder „Nein" zu erhalten, sondern die feinen Abstufungen und Ausprägungen, aber auch das, was zwischen den Zeilen steht, ist von Bedeutung.

9.1.1 Durchführung

Durchführung

Zunächst stellen Sie die visualisierte Frage an die Gruppe. Erläutern Sie sie zusätzlich und fragen Sie die Gruppe, ob Sie das Antwortraster nachvollziehen kann. Die Frage sollte persönlich an die Gruppe gestellt sein, damit der einzelne sich mit seinem Erfahrungshintergrund einbringen kann. Danach teilen Sie jedem Teilnehmer einen Klebepunkt aus. Am besten hat sich das Austeilen vom Zeigefinger aus bewährt. Stellt ein Teilnehmer jedoch fest, daß er mit der Frage nichts anfangen kann, bitten Sie ihn, den Punkt außerhalb des Rasters zu kleben. Sie versichern ihm, daß er seinen Beweggrund anschließend erläutern kann.

zu mehreren an die Pinwand gehen

Damit die Teilnehmer sich gegenseitig in ihrer Meinungsbildung nicht beeinflussen können, fordern Sie sie auf, möglichst gleichzeitig und zu mehreren an die Pinwand zu treten und ihren Punkt zu kleben. Reicht diese Vorkehrung jedoch nicht aus, da Sie davon ausgehen müssen, daß machtpolitische

Gründe (Untergebenen-Vorgesetzten-Verhältnisse, Abhängigkeitsbeziehungen, usw.) die freie Meinungsäußerung blockieren, sollten Sie wie folgt vorgehen. Jeder Teilnehmer wird aufgefordert, die Frage am Sitzplatz für sich zu entscheiden. Danach notiert er mit einem Marker seine Antwort auf dem Klebepunkt. Haben alle ihre Antwort aufgeschrieben, können sie den Punkt selbst kleben oder Sie als Moderator sammeln die Punkte ein und kleben sie an die Pinwand.

auf dem Platz die Antwort mit Marker notieren

Lassen Sie die Punktwertung niemals unkommentiert. Fragen Sie, warum einzelne ihren Punkt da und nicht dort geklebt haben. Fragen wie „*Welche Situationen meinen Sie?*", „*Was wollen Sie damit ausdrücken?*" oder „*Was verbirgt sich dahinter?*" sind dabei hilfreich. Schreiben Sie diese Antworten stichwortartig auf Kommentarkarten und pinnen diese zu den entsprechenden Selbstklebepunkten.

Kommentare notieren

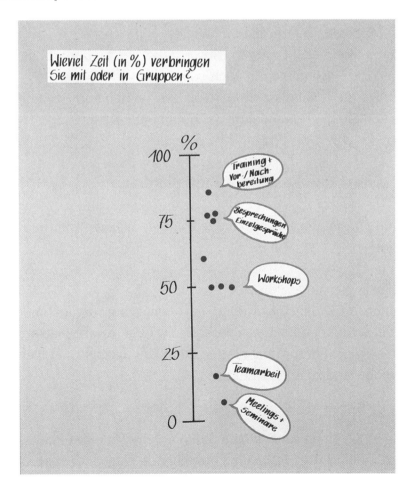

Haben Sie die Kommentare notiert, leiten Sie zum Thema über. Tiefer sollten Sie zu diesem Zeitpunkt nicht ins Thema einsteigen. Diskussionen wären hier fehl am Platze. Verdeutlichen Sie den Teilnehmern, daß das Thema erst jetzt eingehender strukturiert werden muß, um ergebnisorientiert arbeiten zu können. Achten Sie darauf, daß das Plakat erst dann entfernt wird, wenn die Verbindung zum nächsten Moderationsschritt hergestellt wurde.

Dauer   Dauer: ca. fünf Minuten

9.1.2 Aufgaben des Moderators

Aufgaben des Moderators

Jede Phase in der Moderation verlangt von Ihnen unterschiedliche Fähigkeiten und Vorgehensweisen. Hier einige Hinweise und Tips:

- Sie als Moderator interpretieren nicht.
- Geben Sie den Beteiligten den Hinweis, daß sie bei Bedarf blitzen können und die Gegenmeinung auch von Ihnen notiert wird.
- Lassen Sie die Ergebnisse immer von den Teilnehmern kommentieren.
- Schreiben Sie die Kommentare auf Kommentar-Karten.

9.1.3 Verschiedene Raster der Ein-Punktfrage

Raster der Ein-Punktfrage

Folgende Raster der Ein-Punktfrage kommen häufiger während einer Moderation vor:

1. Einschätzungen auf Skalen
Die Teilnehmer werden aufgefordert, eine Schätzung vorzunehmen, die sie anhand eines Klebepunktes visualisieren. Da es sich um Schätzungen handelt, sind objektiv überprüfbare Daten denkbar ungeeignet. Folgende Skalenformen sind zu unterscheiden:

gleitende Skala

- Gleitende Skala
  Zeichnen Sie einen senkrechten Strich auf die Mitte des Plakates. Am oberen Ende ist die maximal zu erreichende Zahl, am unteren Ende die

Ausgangszahl (meistens eine Null). Halten Sie die Skala so groß, daß Häufungen sichtbar werden können. In der oberen linken Ecke steht die Frage und denken Sie daran, rechts neben der Skala ausreichend Platz für Kommentare zu lassen.
(Beispiel: „*Wieviel Prozent Ihrer Zeit verbringen Sie in Gruppen?*")

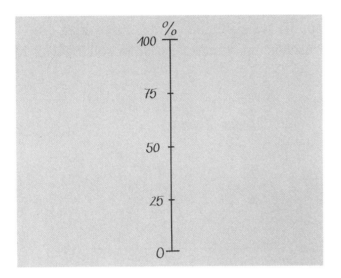

- Gestufte Skala
  Die häufigsten Einteilungsformen von gestuften Skalen sind das 4-fach-Schema von ++ bis - - oder 3-fach-Einteilungen wie „ausgezeichnet – mittelmäßig – miserabel". Die einzelnen Felder sollten groß genug sein, damit Häufungen von Punkten noch übersichtlich bleiben und Kommentare angebracht werden können. In der Regel sind die Felder geschlossen. Bei dem 4-fach-Schema sollte die neutrale Mittelkategorie fehlen, da sonst die Teilnehmer sich leicht einer versierten Stellungnahme entziehen können. Die Kommentare werden unterhalb der jeweiligen Kategorie notiert. Die Zuordnung muß jedoch ohne Zweifel erkennbar sein.

gestufte Skala

2) Einordnung in Schemata
Die Beteiligten ordnen ihre Antworten in ein ein- bzw. zweidimensionales Schema ein.

Gegensatzpaare

- Gegensatzpaare
Auf dem Plakat werden Gegensatzpaare formuliert. Der Teilnehmer ist aufgefordert, auf der waagerechten Linie, dort seinen Punkt zu plazieren, wohin seine Einschätzung tendiert. Darunter soll Platz für Kommentare bleiben.

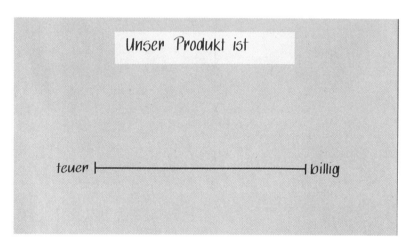

Koordinatenfeld

- Zweidimensionale Frage oder Koordinatenfeld
Eine zweidimensionale Frage oder ein Koordinatenfeld sollte möglichst quadratisch sein, damit keine der Dimensionen eine deutliche Dominanz erfährt. Richten Sie die Größe der Abbildung also an der Breite Ihres vorhandenen Papiers aus. Schreiben Sie die Bezeichnungen der einzelnen Achsen an das Ende der jeweiligen Linie. Die Ausprägungen der einzelnen Achsen werden auf die beiden Endpunkte bzw. auf die Linie verteilt. Die Kommentare können innerhalb des Schemas visualisiert werden; so ist die Zugehörigkeit des Kommentars zu dem jeweiligen Klebepunkt eindeutig und nachvollziehbar.

Punktfragen

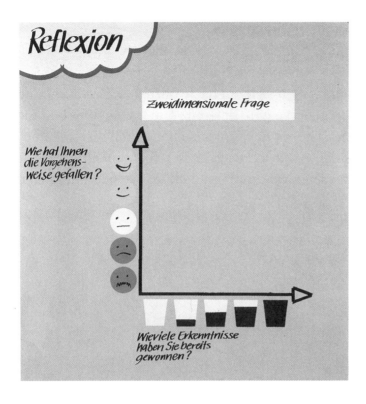

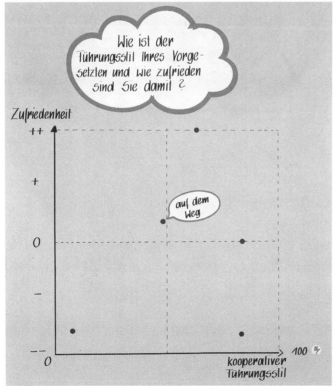

Dreidimensionale Abbildungen

- „Dreidimensionale" Abbildungen

Eine Bewertung komplexer Zusammenhänge läßt sich am ehesten in einer dreidimensionalen Abbildung vornehmen. Vor allem Beziehungszusammenhänge lassen sich gut nachvollziehen. Bewährt haben sich dreieckige Graphiken, die eine differenzierte Darstellung und Einschätzung ermöglichen. Die drei Eckpunkte sollten durch die entsprechenden Sachverhalte gekennzeichnet sein. Der Teilnehmer ist aufgefordert, sich innerhalb des Dreiecks zu orientieren und seinen Punkt zu kleben.

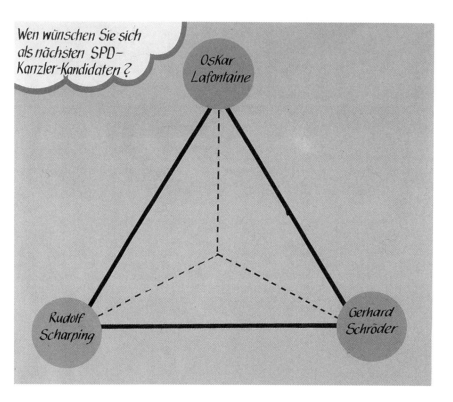

9.1.4 Anwendungsmöglichkeiten

Ein-Punktfragen können sowohl in vorbereitender Form, sofern sie sich aus dem geplanten Ablauf ergeben, als auch situativ eingesetzt werden.

1. Vorbereitete Fragen

Vorbereitete Fragen
Ziel- und situationsabhängig plant und visualisiert der Moderator die Fragen mit entsprechenden Rastern.

Beispiel: Aneinandergereihte Einpunktfragen

Thema: Planung des neuen Gehsteiges
Wie wünschen Sie sich unsere neuen Gehsteige? (je Kriterium 1 Punkt kleben)

Kriterium	Ausprägung		
Pflaster-Stein	Naturstein ⚡ •••	Betonstein •	
Pflaster-Farbe	braun	natur ••	grau ••
Bordstein	mit Rinne •	Hochbord	Tiefbord •••
Fugen	wasserdicht	nicht wasserdicht ••••	

die besonders kostenintensiven Alternativen sind mit einem Blitz ⚡ gekennzeichnet.

Stimmungsbarometer

Das Stimmungsbarometer ist eine Form der Anwendung. Es ist eine sehr effiziente Frage, die allen vergegenwärtigt, wie die Stimmungslage in der Gruppe ist. Dies fördert das allgemeine Verständnis füreinander. Insbesondere dann, wenn die Wertungen hinterfragt werden, erhalten Sie als Moderator Hinweise für Ihr weiteres, teilnehmerorientiertes Kommunikationsverhalten. Richten Sie daher feste Zeitintervalle zur Stimmungsabfrage ein, z.B. zu Beginn und zum Ende eines Tages oder einer Moderation. Sie können so festhalten, wie sich die Stimmung in der Gruppe verändert hat. Die Auswertung gibt Ihnen Informationen über die Zufriedenheit mit dem Arbeitsergebnis. Wenn es die Situation erfordert, können Sie aber auch jederzeit zwischendurch eine solche Frage (*„Wie zufrieden bin ich mit dem Arbeitsergebnis?"*) einleiten. Es ist eine spielerische Methode, an der die Teilnehmer im allgemeinen Spaß haben.

Durchführung   Wie wird ein Stimmungsbarometer durchgeführt?
Hängen Sie ein Plakat an die Pinwand und zeichnen Sie einen senkrechten Strich und unterteilen Sie ihn in mindestens drei Felder. Zeichnen Sie am linken Ende oben ein lachendes Gesicht, in der Mitte links ein Gesicht mit gerader Mundstellung und am Ende unten ein weinendes Gesicht. Die Teilnehmer und der Moderator nehmen sich nun einen Klebepunkt und hängen ihn dort auf, wie es ihrer momentanen Stimmung entspricht. Jeder Teilnehmer sollte nicht mehr als einen Klebepunkt aufhängen.

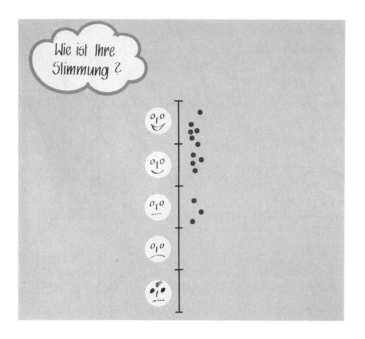

Stimmungen über einen längeren Zeitraum festhalten   Diese Methode ist einfach und benötigt wenig Zeit zur Durchführung. Sie bringt dem Teilnehmer und dem Moderator wichtige Aussagen über sich und die anderen: Man kann sehen, wie die Stimmungslage in der Gruppe ist, ob sie ausgeglichen oder unterschiedlich ist (anhand der Streuung der Punkte) und, wie sich die Stimmung über längere Zeit hinweg verändert. Wichtig ist, daß eine Ein-Punktfrage im nachhinein immer besprochen wird, und die einzelnen Kommentare auf Karten visualisiert werden.

Zeitbedarf   Benötigte Zeit: 10 Minuten

2. Vorbereitete Thesen

Vorbereitete Thesen   Die Gruppenmitglieder sind oft gedanklich noch bei anderen Dingen als denen, die jetzt bearbeitet werden sollen. Möchte der Moderator die Gruppenaufmerksamkeit in eine bestimmte Richtung lenken, so bietet sich an, die Gruppe mit Thesen zu konfrontieren. Eine Möglichkeit, die Ein-Punktfrage im geplanten Ablauf einzusetzen, ist die Hinführung und Einstimmung der Teilnehmer auf das kommende Thema. Die Einstimmungsthese ist wichtig, wenn Ihnen der Wissensstand bzw. der Standpunkt der Teilnehmer zum Thema unbekannt ist. Je nachdem wo die meisten Punkte geklebt wurden, bearbeiten Sie ein Problem oder eine Aufgabe. Ein Problem muß allerdings erst zu einer Aufgabe gemacht werden, während einer Aufgabe eine allgemeine Übereinstimmung zugrunde liegt. Die Einstimmungsthese hat den Zweck, die Teilnehmer mit ihrem aktuellen Standpunkt zum Thema „abzuholen" und sie gemeinsam zu einem Ausgangspunkt zu führen. Das folgende Beispiel macht den Zweck deutlich. Moderationsthema ist Reklamationsverhalten der Verkäufer. Um zu diesem Thema hinzuführen, wäre folgende These sinnvoll:

Durchführung

„Reklamationen sind meist überflüssig und der Kunde will sich nur wichtig machen".			
++	+	−	−−

Bei der Formulierung von Thesen sollten Sie auf folgendes achten:

Formulierung von Thesen

- Die These sollte ein möglichst breites Spektrum an Meinungen hervorrufen. Es ist notwendig, daß ein reger Austausch unter den Teilnehmern entsteht.
- Wenn Sie die These sehr allgemein formulieren, erhalten Sie unterschiedliche Interpretationen eines Themas. Genau das ist Ihr Ziel.
- Achten Sie darauf, daß Sie keine doppelten Verneinungen in Ihrer These haben. Dies führt zu einer Verwirrung der Teilnehmer und gibt Anlaß für Störungen und fehlerhafte Ergebnisse.
- Thesen sind ein geeignetes Instrument, um Provokationen einzusetzen. Bei „Friede-Freude-Eierkuchen-Stimmung" ist es eine sehr effektive Methode.

Sie können auch mehrere Thesen hintereinander stellen. Aber Vorsicht! Bei mehr als vier bis fünf Thesen verliert der Teilnehmer die Übersicht und klebt seine Punkte unreflektiert und lustlos.

Situative Fragen

3. Situative Fragen

Ein situativer Einsatz empfiehlt sich immer dann, wenn in der Gruppe spürbar Meinungsunterschiede vorhanden sind, die ein Weiterkommen in der Sache blockieren oder wenn ein Teilnehmer Machtmittel benutzt, um seinen Willen durchzusetzen. Der Moderator klärt mit den Teilnehmern die Situation und die Vorgehensweise und läßt die Gruppe selbst die Frage formulieren. Hierbei empfiehlt es sich, eine strukturierte Skala zu verwenden. Die Antwortvarianten schlägt ebenfalls die Gruppe vor. Danach erhält jeder Teilnehmer einen Klebepunkt und antwortet, indem er den Punkt auf die Antwort seiner Wahl klebt.

Vorteil

Vorteil:
- in kurzer Zeit geben diese Fragen ein Meinungs- und Stimmungsbild der ganzen Gruppe wieder,
- jeder kann sich äußern, es kommen nicht nur die Meinungsführer zu Wort.

9.1.5 Eignung

Eignung

Die Ein-Punktfrage ist geeignet
- für grobe Schätzungen,
- für Prognosen,
- als Meinungsbilder und Diskussionsauslöser.

9.1.6 Hilfsmittel

Hilfsmittel

Die Angaben beziehen sich auf eine Gruppe mittlerer Größe (8 – 10 Teilnehmer):
1 Pinwand
1 Blatt Pinwand-Papier

1 Trainer-Marker
Klebepunkte, entsprechend der Gruppengröße (1:1)
Moderations-Lineal

9.2 Mehr-Punktfragen

Wenn die Gruppe aus einer Vielzahl von Themen, Ideen, Problemen oder anderen Überschriften-Sammlungen eine Auswahl treffen und/oder Prioritäten vergeben soll, wählt der Moderator dazu die Mehr-Punktfrage. Es handelt sich hierbei um Fragen, die mit mehreren Punkten beantwortet werden. Sie können als Fortsetzung der Karten- bzw. Zuruffrage genutzt werden mit dem Ziel der Festlegung von Prioritäten und Reihenfolgen. Gleichgültig, ob den Teilnehmern bestimmte Themen vorgegeben werden (z.B. Liste mit Tagesordnungspunkten einer Besprechung), oder ob die Gruppe sich die Themen- oder Problemliste selbst erarbeitet hat, führt die Bewertung durch das Kleben von Punkten zu einer höheren Identifikation der Beteiligten mit der weiteren Vorgehensweise und es wird Platz geschaffen für die gruppendynamischen Prozesse (bilden von Koalitionen), die eine Problemlösung befördern.

mit mehreren Punkten Fragen beantworten

9.2.1 Durchführung

Die Mehr-Punktfrage setzt eine Liste mit verschiedenen Wahlmöglichkeiten voraus. Die Teilnehmer setzen Prioritäten für weitere Arbeitsschritte mit Hilfe mehrerer Klebepunkte. Verbinden Sie die Aufforderung zur Wertung mit einer zielorientierten Fragestellung. Sie muß für alle klar und deutlich sein, damit alle Teilnehmer nach dem gleichen Kriterium werten. Es ist nämlich ein Unterschied, ob die Teilnehmer entscheiden sollen „*Was ist mein vordringlichstes Problem?*" oder „*Welches Problem können wir am einfachsten lösen?*"

Durchführung

Visualisieren Sie die gestellte Frage in der oberen Ecke der zu bewertenden Liste. So können Sie später darauf Bezug nehmen. Die Anzahl der Klebepunkte pro Teilnehmer richtet sich nach der Anzahl der gefundenen Ober-

Anzahl der Klebepunkte

begriffe bzw. Listenzeilen. In der Regel bekommt jeder Teilnehmer eine Anzahl von Selbstklebepunkten, die der Hälfte der auszuwählenden Alternativen entspricht. Es erweist sich oft als sehr schwierig, aus einer sehr umfangreichen Themen-Liste die wichtigsten auszuwählen; deshalb erhält der einzelne im Regelfall höchstens zehn Klebepunkte. Bitten Sie um das Kleben der Punkte in die Bewertungsspalte der Liste entsprechend der Wahlmöglichkeit. Der Teilnehmer kann die Punkte auf die Alternativen verteilen, er kann aber auch mehrere Punkte für eine Alternative vergeben („häufeln").

häufeln

Welche der Probleme sind Ihrer Meinung nach die wichtigsten?

Nr.	Thema	Punkten	Rang
1	Auswirkungen von Hierarchie	⋯ 3	③
2	fehlendes Engagement	⋯ 5	①
3	Spielregeln werden nicht eingehalten	⋯ 4	②

geheime Wertung   Allerdings besteht bei der Kumulierung die Gefahr der Manipulation. Sie können die Wertung auch geheim durchführen. Die Wahl wird von den Teilnehmern auf die Klebepunkte geschrieben. Sie sammeln die Punkte ein und kleben sie in das Bewertungsraster.

Prioritäten ermitteln   Nach Beendigung der Wertung zählen Sie die Punkte aus, indem Sie jeden gezählten Punkt mit einem Stift markieren. Schreiben Sie die Anzahl der Punkte deutlich lesbar zur jeweiligen Wahlmöglichkeit. Entsprechend der Punktzahl tragen Sie in der Liste die Prioritäten nach dem jeweiligen Rang ein. Das Thema mit den meisten Punkten erhält Rang 1 usw. (in roter Schrift, um von der Wertungs-Zahl abzuheben). Die Gruppe kann nun die ranghöchsten Themen/Probleme z.B. in Kleingruppen weiterbearbeiten.

Fragen, die zur Bewertung gestellt werden können: *Fragen*

Was ist aus dieser Liste besonders wichtig?
Woran können wir am schnellsten etwas ändern?
Mit welchem Cluster in der Liste wollen wir weiterarbeiten?
Welche Themen müssen wir heute noch besprechen?

9.2.2 Aufgaben des Moderators

Jede Phase in der Moderation verlangt von Ihnen unterschiedliche Fähigkeiten und Vorgehensweisen. Hier einige Hinweise und Tips: *Aufgaben des Moderators*

- Es darf keine Rolle spielen, wer welchen Punkt gesetzt hat. Unterbinden Sie Identifizierungen, wie etwa „*Wer hat denn hier den Punkt geklebt?*".
- Ist es dem Teilnehmer freigestellt, alle seine Punkte an ein Thema zu vergeben, ist häufig die Identifikation mit der Rangliste nicht mehr gegeben. Zudem klebt der Teilnehmer seine Punkte unreflektiert oder mit einem machtpolitischen Ziel. Um dies zu umgehen, ist die Regel denkbar, daß der Teilnehmer ein Thema mit maximal 2 – 3 Punkten versehen kann.
- Erklären und visualisieren Sie diese Gewichtungsregeln.
- Alle Teilnehmer erhalten gleichfarbige Klebepunkte!
- Um die Hemmschwelle des Aufstehens zu nehmen, teilen Sie die Punkte direkt an die Teilnehmer aus.

9.2.3 Verschiedene Raster der Mehr-Punktfrage

Im folgenden werden verschiedene Raster von Mehr-Punktfragen aufgeführt. Die Variationen sind in ihrer Vielfalt allerdings nicht zu erfassen.   *Raster*

<u>1. Listen bzw. Speicher</u>
In Listen oder Speichern werden die Themen oder Probleme geschrieben, die als Oberbegriffe aus Karten- bzw. Zuruffragen erarbeitet wurden. Diese sollen nun bewertet werden. Machen Sie die Spalte mit den Punkten nicht zu klein, es sollte Platz für die Anzahl der Punkte und die Wertung   *Listen bzw. Speicher*

Visualisierung

sein. Schreiben Sie die Zahl der Punkte mit einem Trainer-Marker. In die Spalte „Rang" wird die Rangordnung numerisch geschrieben. Der Zeilenabstand sollte sich an der Kartengröße orientieren (10 – 11 cm). Die einzelnen Zeilen sollten Sie vorher durchnumerieren. Die Frage hängen Sie über die Liste.

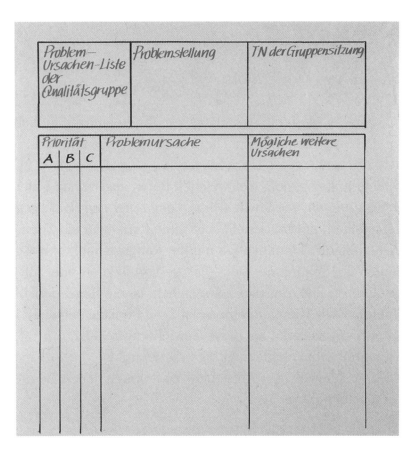

2. Gewichtungen in Polaritäten-Profilen

Polaritäten-Profil

Neben Listen bzw. Speichern gibt es eine Vielzahl von anderen Varianten der Mehr-Punktfrage – eine davon ist das Polaritätsprofil. Diese Polaritäten-Gewichtung wird häufig zur Bewertung von Eigenschaften oder Situationen verwandt und gibt ein differenziertes Bild ab. Im Gegensatz zur Listenbewertung erhält hier jeder Teilnehmer nur soviele Punkte wie Polaritätspaare bzw. Zeilen vorhanden sind. Lassen Sie die Teilnehmer nicht zu viele Eigenschaften bzw. Situationen bewerten, denn im Gegensatz zu Fragebögen, in denen diese Formen häufiger vorkommen, verliert der Teilnehmer an Pinwänden leicht die Übersicht.

Folgende Variationen gibt es:

- Gegensatzpaare zur Bewertung
  Es werden Gegensatzpaare gebildet, die von den Teilnehmern in ihrer Intensität bzw. Ausprägung bewertet werden sollen. Eine gerade Anzahl von Ziffern hat keine Null-Position und läßt ein Ausweichen der Teilnehmer auf das Unentschieden nicht zu. Je nachdem wie reflektiert und definitiv Sie die Aussagen benötigen, entscheiden Sie sich für eine gerade oder ungerade Anzahl von Bewertungsziffern.

Gegensatzpaare

- Numerische Bewertung
  Dies ist eine numerische Variante, bei der anhand der jeweiligen Punktzahl die Bedeutung des Kriteriums ermittelt wird. Die einzelnen Punkte werden in ihren Ausprägungen addiert und in die Spalte „Summe" notiert.

numerische Bewertung

9.2.4 Eignung

Eignung

Die Mehr-Punktfrage ist geeignet,
- um Prioritäten und Rangklassen sichtbar zu machen und
- um Entscheidungen zum weiteren Vorgehen zu treffen.

9.2.5 Hilfsmittel

Hilfsmittel

Die Angaben beziehen sich auf eine Gruppe mittlerer Größe (8 – 10 Teilnehmer):

1 Pinwand
1 Blatt Pinwand-Papier
je 1 Trainer-Marker schwarz und rot
Klebepunkte, entsprechend der Vorgabe und Gruppengröße
Moderations-Lineal
Rechteck-Karten

10. Listen bzw. Kataloge

Sinn und Zweck von Listen ist das Speichern von Argumenten, Clustern oder Maßnahmen. Mit einer Liste als Speicher können Sie leichter umgehen und sie besser aufbewahren, besonders dann, wenn der Inhalt der Liste bei mehreren Moderationen (Sitzungen) abgearbeitet werden muß. Bei Folgeveranstaltungen hilft sie besonders jenen Gruppenmitgliedern, die neu hinzugekommen sind, sich auf die bevorstehende Arbeit einzustimmen.

Speichern von Argumenten, Clustern oder Maßnahmen

10.1 Durchführung

Das Auge orientiert sich am Raster der Karte. Deshalb sollte dieses Raster auch in den Listen erhalten bleiben, d.h. der Abstand zwischen den Linien beträgt mindestens 11 Zentimeter. Dadurch wird auch das Einhängen von einzelnen Moderationskarten in Listen erleichtert. Sie haben maximal 14 bis 16 durchnumerierte Zeilen. Die Spaltenüberschriften werden mit einem Trainermarker, die einzelnen Texte mit einem Moderations-Marker geschrieben. Da die Liste die Arbeit der Gruppe weiter begleitet, lohnt es sich, Sorgfalt auf die Schrift zu legen.

Durchführung

Tip: Sie können die einzelnen Zeilen auch ohne die Verwendung eines Moderations-Lineals erzeugen, indem Sie das Papier falten. Nehmen Sie die beiden unteren Nadeln aus dem Pinwand-Papier. Legen Sie die beiden unteren Ecken des Pinwand-Papiers auf die beiden oberen und pinnen Sie sie oben fest. Knicken Sie das Papier an der entstehenden Falte. Nun haben Sie das Pinwand-Papier in der Länge geteilt. Legen Sie nun die untere geknickte Falte wiederum auf die obere Kante des Pinwand-Papiers. Knicken Sie das Papier nun wieder an der neuen, entstandenen Falte. Sie haben das Pinwand-Papier in der Länge geviertelt. Wiederholen Sie den Prozeß so oft, bis Sie die erwünschte Zeilenanzahl und -breite erreicht haben. Mehr als 16 Zeilen sind allerdings nicht empfehlenswert.

Erzeugen von Linien

10.2 Verschiedene Listen

10.2.1 Themen- oder Problemlisten

Problem- bzw. Themenliste

Die Themen- oder Problemliste hat zum Ziel, alle gesammelten Beiträge der Teilnehmer zu bewerten oder gewichten. Sinn dieser Vorgehensweise ist das Festlegen der weiteren Bearbeitungsschritte. Meist geht der Themen- oder Problemliste eine Karten- bzw. Zuruffrage oder eine Kleingruppenarbeit voraus. Die Liste verschafft den Teilnehmern und dem Moderator zudem mehr Übersicht, da die Vielzahl der Aspekte, in die das Thema bzw. das Problem aufgegliedert wurde, die meisten verwirrt. Es ist eine Form der Verdichtung, die hilft, Entscheidungen schnell und reflektiert zu treffen.

Durchführung

Durchführung

Sie als Moderator bereiten ein bis zwei Plakate mit folgender Struktur vor:

Nr.	Thema	Punkte	Rang
1	Auswirkungen von Hierarchie	3	③
2	fehlendes Engagement	5	①
3	Spielregeln werden nicht eingehalten	4	②

Welche der Probleme sind Ihrer Meinung nach die wichtigsten?

Basiert die Liste auf einer Karten- oder einer Zuruffrage, so übernehmen Sie die Klumpenüberschriften in die Liste. Dabei können die Oberbegriffe durch zusätzliche Stichworte ergänzt und konkretisiert werden. Sie sollten darauf achten, daß

- die Oberbegriffe im Speicher präzise und treffend sind;
- die Tendenz bzw. zentrale Aussage, die sich in den einzelnen Beiträgen eines Clusters herauskristallisiert hat, erhalten bleibt.

Übernahme von Oberbegriffen

Es gibt auch Cluster, die nur aus einer Karte bestehen. Die Karte bekommt keine eigene Überschrift, sondern wird original in die Liste übertragen. Durch den Vorgang des „Oberbegriffe-findens" werden die Klumpen neutralisiert, d.h. Cluster mit mehreren Karten erhalten den gleichen Stellenwert wie Einzelbeiträge. Dieser Gesichtspunkt ist wichtig im Hinblick auf die anschließende Bewertung. Eine Problem- oder Themenliste sieht daher auch immer eine Spalte für die Punkt-Wertung und eine Spalte für die Rangordnung vor.

Neutralisieren von Klumpen

Bewertung der Probleme	Sind alle Probleme in die Liste eingetragen, kann bei Bedarf eine Bewertung vorgenommen werden (siehe Kapitel 9.2.3). Das ist immer dann sinnvoll, wenn eine weitere Bearbeitung der Themen bzw. Probleme erfolgen soll. Um diese weiter in Kleingruppen bearbeiten zu können, müssen sich die Teilnehmer nun den Überschriften zuordnen, die sie gerne bearbeiten möchten. Jeder Beteiligte schreibt seinen Namen auf eine kleine runde Karte und pinnt diese an die Überschrift, die er gerne bearbeiten möchte. Hier kann es zu Überraschungen kommen. Es ist nicht immer gegeben, daß

Prioritäten	Probleme mit der höchsten Priorität auch zur Bearbeitung ausgewählt werden. Gerade in diesem Arbeitsschritt wenden sich die Gruppenmitglieder Überschriften zu, bei denen sie Einflußmöglichkeiten vermuten. An dieser Stelle zeigt sich sehr deutlich, ob z.B. eine Problemliste tatsächlich die Einschätzung der Probleme durch die Gruppe widerspiegelt. Durch die Zuordnung der einzelnen Teilnehmer zu den Problemen entsteht ein

Manipulation	Regulativ zur vorher bewußt oder unbewußt vorgenommenen Manipulation.

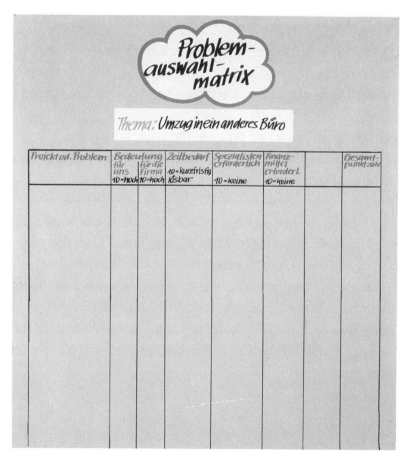

10.2.2 Tätigkeitskatalog

Eine Moderation ohne Tätigkeitskatalog ist meist eine verlorene. Der Tätigkeitskatalog ist das entscheidende Instrument der Ergebnisorientierung. In ihm werden die konkret zu gestaltenden Maßnahmen festgehalten und zielorientiert bearbeitet. Jeder Schritt zu einer Lösung oder Aktion wird in einem Tätigkeitskatalog festgehalten. So kommt die Gruppe über den Weg der kleinen Schritte ohne Umwege zum Ziel. Der Tätigkeitskatalog ist in vielen Fällen ein Planungsinstrument.

Tätigkeitskatalog

Maßnahmen festhalten

10.2.2.1 Durchführung

Ein Tätigkeitskatalog sieht in der Regel wie folgt aus:

Durchführung

Nr.	Tätigkeiten	Wer	mit Wem	bis wann	Bemerkungen	o.k.
1						
2						
3						

(Tätigkeitskatalog)

Hier nun einige Tips, worauf Sie beim Erstellen eines Tätigkeitskataloges achten sollten:

Tips zu den einzelnen Spalten

Spalte „Tätigkeiten"
Achten Sie bei der Formulierung der Tätigkeiten darauf, daß es sich hier um konkrete Maßnahmen handeln sollte. Es hat keinen Sinn, Maßnahmen zu formulieren, die nicht umsetzbar sind. Je genauer sie formuliert sind desto besser.

konkret, umsetzbar, kleine Schritte

Spalte „Wer"

Verantwortung für eine Maßnahme übernehmen

In die Spalte „Wer" können nur Personen eingetragen werden, die anwesend sind. Sinn und Zweck ist es, die Verantwortung für die Umsetzung der Maßnahme zu übernehmen. Man kann also hier keinem Verantwortung übergeben, der an dem Prozeß nicht beteiligt war und sich zudem nicht weigern kann. Es ist kein Hindernis in diese Spalte eingetragen zu werden, wenn man die Maßnahme nicht selbst umsetzen kann. Dafür ist dann die folgende Spalte („Mit wem") relevant. Will keiner die Verantwortung für eine vorgesehene Maßnahme übernehmen, wird sie wieder gestrichen.

Spalte „Mit wem"

unterstützende Helfer

Für den Eintrag in dieser Spalte ist es nicht notwendig, anwesend zu sein. Hier sollen unterstützende Helfer eingetragen werden, die bei der Realisierung der Maßnahme notwendig sind. Es kann sich dabei um Personen, Abteilungen oder Institutionen handeln.

Spalte „Bis wann"

nicht länger als sechs Monate

Die Zeitschätzung ist ein gutes Indiz dafür, ob man die Maßnahme konkret genug formuliert hat. Ist der Zeitraum der Realisierung zu groß, müssen Sie sie in Teilschritte untergliedern. Der maximale Zeitraum für eine Maßnahme sollte nicht mehr als sechs Monate betragen. Schreiben Sie bitte immer konkrete Daten (Beispiel: 28.04.95) auf und vermeiden Sie Formulierungen wie „sofort" oder „immer".

Spalte „Bemerkungen"

ausführliche Informationen

Gibt es noch ausführliche Informationen zu der Tätigkeit, kann diese Spalte dafür benutzt werden.

Spalte „ok"

zum Abhaken

Diese Spalte ist vor allem für Kontrollzwecke geeignet. Hier werden die bereits durchgeführten Maßnahmen abgehakt. Für viele ist dieser Schritt ein sehr wichtiger, zeigt er doch deutlich die Erfolgserlebnisse ihrer Arbeit.

„Unterstützender Helfer"

unterstützender Helfer

Die Benennung eines „unterstützenden Helfers" ist meist sehr hilfreich. Dieser Helfer sollte für keine weiteren Aktivitäten verantwortlich sein. Er kann die einzelnen Aktiven in der Form unterstützen, daß er sie bis zum nächsten Treffen kontaktiert, sie erinnert und eventuell nach möglichen Schwierigkeiten bei der Erledigung der Maßnahme fragt. Allein das Erinnern der Beteiligten ist schon äußerst effektiv und steigert die Durchführungsquote erheblich.

10.2.2.2 Aufgaben des Moderators

Jede Phase in der Moderation verlangt von Ihnen unterschiedliche Fähigkeiten und Vorgehensweisen. Hier einige Hinweise und Tips:

Aufgaben des Moderators

- Halten Sie sich bei der Motivation der Teilnehmer zur Übernahme von Verantwortlichkeiten zurück. Die Gruppe sollte dies eigenverantwortlich übernehmen.
- Achten Sie darauf, daß nicht zu viele Maßnahmen vereinbart werden. Folge davon ist die Übernahme von zuviel Tätigkeiten einzelner, die dann doch nicht in der Lage sind alles auszuführen. Grund für zu überschwängliche Vereinbarungen ist oft die herrschende Euphorie der Teilnehmer.
- Der Maßnahmenkatalog ist kein unumstößliches Dogma. Er muß immer wieder be- und überarbeitet werden.
- Nicht alle Maßnahmen finden die gleiche Akzeptanz. Übernimmt jedoch ein einzelner dafür die Verantwortung, ist das im Sinne des Gruppenergebnisses.
- Schreiben Sie nicht nur die Maßnahmen auf, haken Sie sie auch ab, wenn sie erledigt sind. Das fördert die Motivation in der Gruppe und dokumentiert den Stand der Durchsetzung von Maßnahmen.

10.2.3 Empfehlungsliste

Empfehlungen sind vor allem in Lernprozessen ein wichtiges Element des Erfahrungsaustausches. Eine Menge von Anregungen, Ideen und Umsetzungsstrategien werden im Laufe von Diskussionen besprochen. Leider kann der einzelne Teilnehmer sich nicht immer alle Empfehlungen merken,

Empfehlungsliste

da sie nicht in sein aktuelles Bedarfsschema passen. Für diesen Fall ist die Empfehlungsliste ein nützliches Instrument. Immer dann, wenn die Gruppe oder einzelne eine mögliche Empfehlung aussprechen können, wird sie in die Liste eingetragen. Wichtig dabei ist, die konkrete Ausgangsposition immer zu beschreiben. Diese Maßnahme ist sehr hilfreich, wenn man die Moderationsmethode vermittelt oder Gruppen zum Erfahrungsaustausch gebildet hat. So wird ein kollektiver Verhaltenskatalog geschaffen.

10.2.4 Selbstverpflichtungs- und Regelkataloge

Selbstverpflichtungs- und Regelkataloge

Während Empfehlungslisten hauptsächlich vom Gespräch miteinander leben, ist der Selbstverpflichtungs- und Regelkatalog ein Instrument der Einzelarbeit. Er dient der Selbstreflektion des Teilnehmers. In vielen Lernprozessen werden eine Vielzahl von Verhaltensmaßgaben und -normen vermittelt. Diese umzusetzen ist das eigentliche Lernziel solcher Veranstaltungen. Der Teilnehmer bekommt die Aufgabe, ein bis zwei konkrete Verhaltensmuster aus dem Komplettangebot herauszuarbeiten, an denen er in der Zukunft arbeiten möchte. Jeder Beteiligte macht dies in Einzelarbeit und beschreibt so konkret wie möglich die entsprechende Aufgabenstellung und Umsetzung. Ein entscheidender Schritt in die entsprechende Richtung ist die Präsentation des Selbstverpflichtungskataloges vor der Gruppe, da der ein oder andere bestimmt schon in der Situation war, diese Verhaltensmaßgabe einzuüben und umzusetzen. Der Betroffene kann hier von den Erfahrungen der anderen profitieren. Doch Vorsicht! Das können Sie nicht in jeder Gruppe machen. Beachten Sie mögliche Macht- und Abhängigkeitsverhältnisse innerhalb der Gruppe und inwieweit diese das Vertrauensverhältnis beeinträchtigen. Sie sind immer auf der sicheren Seite, wenn Sie der Gruppe vorher Ihre Vorgehensweise präsentieren und erläutern. Hat die Gruppe damit große Probleme, lassen Sie die Vorstellung in der Runde wegfallen.

10.2.5 Offene Punkte-Liste

Offene Punkte-Liste

Nicht immer können alle Aspekte eines Themas durch die Gruppe erfaßt und erarbeitet werden. Fällt einem einzelnen Teilnehmer auf, daß ein Gesichtspunkt noch nicht bearbeitet wurde, er diesen aber für wichtig erachtet, so kann er den Punkt auf die offene Punkte-Liste schreiben. Der Moderator sorgt dann dafür, daß dieser Aspekt in die Moderation aufgenommen wird.

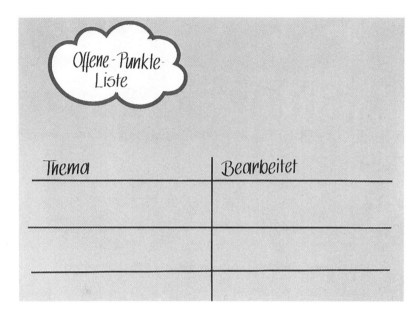

10.2.6 Teilnehmerliste

Der Moderator setzt diese Liste immer zu Beginn einer Veranstaltung ein. Zweck dieser Liste ist, daß die Teilnehmer sich gegenseitig über den anwesenden Personenkreis und die unterschiedlichen Interessenlagen informieren können. Die Angaben, die eine Struktur bilden, sollen von den Moderatoren danach ausgewählt werden, was für die Gruppe interessant ist von jedem einzelnen zu wissen.

Teilnehmerliste

Durchführung
Auf dem Pinwandpapier erstellen Sie eine Tabelle mit so vielen Zeilen wie Teilnehmer vorhanden sind. Die Spalten können z.B. folgende Angaben enthalten:

Durchführung

- Vorname, Name
- Funktion
- Firma
- Meine Erwartungen/ Meine Befürchtungen

Vorname	Name	Funktion	Firma	Meine Erwartungen
Martin	Kress	technischer Leiter	Stada / Pharmakonzern	Viel Spaß
Peter	Sacher	Berater / Trainer	Unternehmensberatung	etwas Neues zu lernen
Sabine	Vollmer	Schulungs-Referentin	Wella AG	moderieren lernen

Natürlich können Sie es auch in einer lockeren Art darstellen:

- Damit verdiene ich meine Brötchen...
- Als ich hereinkam, dachte ich...
- Hier darf auf keinen Fall...
- Hier muß unbedingt...
- Ich gehe in Pension im Jahre...
- Mein Traumberuf...

Damit verdiene ich meine Brötchen...	Als ich hereinkam dachte ich...	Hier darf auf keinen Fall...	Hier muß unbedingt...	Mein Traumberuf...
technischer Leiter	nette Begrüßung	geraucht werden	Offenheit herrschen	Schreiner
Berater / Trainer	eigentlich bin ich noch sehr müde	Zeit vergeudet werden	Spaß dabei sein	Arzt
Schulungs-Referentin	tolle Atmosphäre	über andere gelacht werden	auf Fragen eingegangen werden	Tänzerin

Es gibt also unzählige Möglichkeiten. Sie können sich von jeder Situation neu inspirieren lassen. Beachten Sie bitte, daß es immer eine Spalte geben sollte, in der die Teilnehmer etwas Persönliches von sich schreiben können. Das signalisiert den Beteiligten, daß es nicht nur um die Sache, sondern auch um ihre Person geht.

immer Persönliches mitintegrieren

Bei der Ankunft tragen sich die Anwesenden in dieses Plakat ein und beantworten die in den Spalten stehenden Fragen. Jedem Teilnehmer steht es frei, nur soviel zu beantworten, wie er bereit ist von sich preiszugeben. Es wird keiner gezwungen und muß sich auch nicht rechtfertigen, warum er es nicht tut.

Wenn sich die einzelnen Teilnehmer in die Liste einschreiben, bilden sich häufig Gruppen um diese Wand. Dabei kommen sich die Beteiligten direkt schon zu Beginn näher. Tragen Sie sich selbst mit in das Szenario ein. Es gibt den Teilnehmern das Gefühl, daß Sie als Moderator zur Gruppe gehören und nicht als Autorität darüber stehen. Anschließend stellt sich jedes Gruppenmitglied anhand seiner Aussagen auf dem Gruppenspiegel kurz vor. Die Teilnehmerliste sollte während der gesamten Moderation hängen bleiben. Dies ist umso wichtiger, je weniger die Personen voneinander wissen.

lassen Sie die Liste während der Veranstaltung hängen

Dauer: ca. 3 Minuten je Teilnehmer

Dauer

10.3 Hilfsmittel

Sie benötigen zur Herstellung von Listen:

Hilfsmittel

1 – 2 Pinwände,
je 1 Bogen Pinwandpapier,
Moderations-Marker und
eventuell 1 Moderations-Lineal.

10.4 Literatur zu den Moderationstechniken

Literatur

Hier werden die Literaturangaben zu den Kapiteln 5 - 10 zusammengefaßt dargestellt:

Bataillard, V.: Die Pinwand-Technik, Zürich 1985
Decker, F.: Teamworking – Gruppen erfolgreich führen und moderieren, München 1994
Feix, N.: Moderationsmethoden und Synaplan, Mannheim 1990
Klebert, K./Schrader, E./Straub, W.: ModerationsMethode, Hamburg 1991
Klebert, K.; Schrader, E.; Straub, W.: KurzModeration, Hamburg 1987
Knoll, J.: Kurs- und Seminarmethoden, Weinheim/Basel 1993
Koch, G.: Die erfolgreiche Moderation von Lern- und Arbeitsgruppen, Landsberg 1992
Langner-Geißler, T.: Pinwand, Flipchart und Tafel, Weinheim 1994
Mehrmann, E.: Präsentation und Moderation, Düsseldorf/Wien 1993
Namokel, H.: Die moderierte Besprechung, Offenbach 1994
Schnelle, W./Stoltz, I.: Interaktionelles Lernen, Quickborn 1978
Seifert, J.: Visualisieren, Präsentieren, Moderieren, Bremen 1994
Tosch, M.: Grundlagen der Moderation (Trainingsunterlage), Eichenzell 1991
Tosch, M.: Brevier der Neuland-Moderation, Eichenzell 1994
Wohlgemuth, A.: Moderation in Organisationen, Bern/Stuttgart/Wien 1993

11. Visualisierung

Die grundsätzlich visuelle Unterstützung des Arbeits- und Lernprozesses ist eine Art Markenzeichen der Methode. Ohne die Visualisierung sind viele nachfolgend beschriebenen Elemente so nicht anwendbar, und die Vorteile der Methode verlieren ihre Wirksamkeit.

Markenzeichen

Visualisieren heißt etwas „bildhaft darstellen" bzw. Gedanken sichtbar zu machen.

Während eines Gesprächs oder einer Diskussion mit komplexem Inhalt ist es für den Teilnehmer oftmals schwierig, den Überblick über Inhalte und Gesprächsverlauf zu behalten. Die Verständigung in solchen Gruppenprozessen findet überwiegend über die Sprache statt.

etwas bildhaft darstellen

Die Stimme-Ohr-Kommunikation hat für den Gruppenprozeß beträchtliche Folgen (vgl. Schnelle-Cölln: Visualisierung, S. 3):

Stimme-Ohr-Kommunikation

1. Mündlich vorgetragene Informationen über einen längeren Zeitraum hinweg zu behalten ist außerordentlich schwierig. Es erfordert eine hohe Konzentration des Zuhörers und doch kann er nicht alles wichtige speichern. Dies führt zu zeitintensiven Wiederholungen und Erklärungen.
2. Es kann immer nur einer sprechen. Die gesamte Redezeit wird in der Regel durch drei bis vier aktive Teilnehmer gesteuert, die anderen kommen nicht zu Wort. Die Interaktionsdichte (Anzahl der Wortmeldungen pro Zeiteinheit) ist außerordentlich gering.
3. Der Seminarleiter bestimmt, wer wann wieviel spricht. Er steuert in verstärktem Maße die Inhalte und die Struktur. Bei komplexen Sachverhalten und gruppendynamisch sehr regen Mitgliedern wird er leicht überfordert und arbeitet ineffizient.
4. Späteinsteigern ist der Stand der Dinge nur schwer zu vermitteln. Es bedarf eines langen Zeitraumes, bis sie sich an dem Gespräch angemessen beteiligen können.

Warum Visualisierung für die Moderation so entscheidend ist, läßt sich aus der Gehirnforschung erklären. Das menschliche Gehirn ist in zwei Hemi-

Gehirnforschung sphären aufgeteilt. Die rechte Hemisphäre des Gehirns ermöglicht es dem Menschen, visuelle und taktile Reize wahrzunehmen. Das räumliche Vorstellungsvermögen sowie die Wahrnehmung von Tiefe und Bewegung sind genauso in diesem anatomischen Bereich des Gehirns angesiedelt wie die non-verbale Kommunikation (vorwiegend also die optische Sprache). Auch die Gefühle, wie Vorlieben, Antipathien oder die Intuition, werden in der rechten Hemisphäre des Gehirns zu wahrnehmbaren Informationen verarbeitet. Insgesamt ist diese Hemisphäre dazu ausgelegt, zeitlos, diffus aber auch holistisch und synthetisch zu arbeiten. Daraus lassen sich überwiegend die kreativen Fähigkeiten des Menschen ableiten. Mit der linken Hemisphäre hingegen werden Sprache, Daten und Zeitvorstellungen gespeichert. Die linke Gehirnhemisphäre arbeitet also analytisch, reduktiv zerlegend und vor allem rational. Hier werden Analysen, Ergebnisse und Formeln verarbeitet. Mit ihr werden Schlüsse gezogen und Sachverhalte bewertet. Auch die Sprach- und Lesebegabung sowie die sprachliche Kommunikation ist hier angesiedelt.

rechts	links
Yin	Yang
Raum	Zeit
Unbewußtes-Es	Bewußtes-Ich
Fühlen	Denken
Metaebene	Objektebene
Tiefenstruktur	Oberflächenstruktur
Sein	Ich
Paradigmawechsel	normale Wissenschaft
mythisch	positivistisch

Das zweigeteilte Gehirn

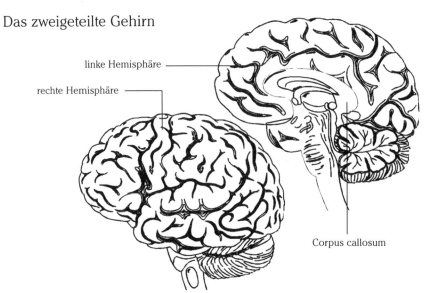

Jede dieser Gehirnhälften zeigt eine funktionelle Autonomie und hochspezialisierte Arbeitsteilung auf und trotzdem zeigt sich auch eine hartnäckige Integrationstendenz. Diese wird durch den „Corpus callosum" erreicht. Das ist ein Nervenstrang, der beide Gehirnhälften miteinander verbindet. So wird das Faktenwissen mit dem kreativ-emotionalen Bereich gekoppelt und umgekehrt. Jeder Mensch nutzt beide Gehirnhälften, jedoch jeweils mit anderen Schwerpunkten. So sind in der Gruppe sowohl rechts- als auch linkshemisphärisch dominierte Personen anzutreffen. Unser Gehirn beherbergt also zwei Bereiche: In dem einen findet das analytische Denken statt (Logik, Rechnen, Sprache), in dem anderen das bildliche Denken (Figuren, Farben, Stimmen, Geräusche). Will man gehirngerecht kommunizieren, müssen beide Hirnhemisphären angesprochen werden.

„Corpus callosum"

Frederic Vester beschreibt in seinem Buch „Denken, Lernen, Vergessen" unterschiedliche Grundmuster des Gehirns und stellt vier Lerntypen mit den unterschiedlichen Eingangskanälen vor:

Lerntypen

A der abstrakt/verbale Typ (hören)
B der visuell/optische Typ (sehen)
C der haptische Typ (anfassen, fühlen)
D der auditive Typ (hören und sprechen)

Und wie es in der Psychologie keinen ausschließlichen Choleriker oder Phlegmatiker gibt, lernt der Mensch nicht nur abstrakt oder visuell, vielmehr tragen alle menschlichen Sinne zum Lernprozeß bei.

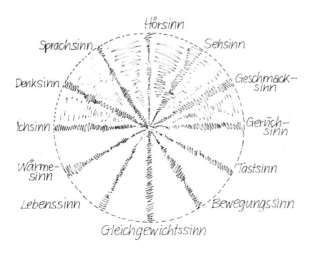

Aus vielen wissenschaftlichen Untersuchungen und Beobachtungen hat sich folgender didaktischer Grundsatz als richtig erwiesen: Die Konzentration und Aufmerksamkeit wird durch die optische Ansprache erheblich gesteigert. Darüber hinaus wird durch den Wahrnehmungskanal Auge die Merkfähigkeit gestärkt. Das gleichzeitig Gehörte und Gesehene bleibt besser im Gedächtnis haften.

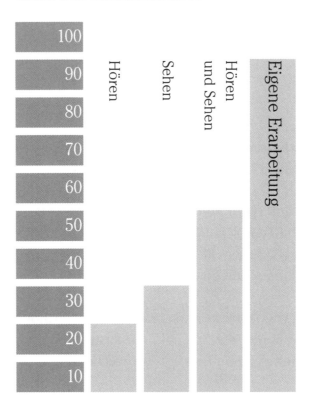

Teilnehmer ist Visualisierer seiner Beiträge

Zentraler Gedanke der Visualisierung innerhalb der Moderationsmethode ist, daß jeder Teilnehmer seine Beiträge nicht nur ausspricht (also Sprecher ist), sondern daß er sie gleichzeitig visualisiert (eben auch Visualisierer ist). Es geht bei der Visualisierung nicht allein um die Plakatgestaltung – den optischen Eindruck – vielmehr ist die Entwicklung der optischen Struktur eines Prozesses entscheidend. Der ganze Lern- und Arbeitsprozeß muß dabei im Mittelpunkt der Betrachtung liegen. Jedoch sollten Sie nie vergessen, daß auch die Kleinigkeiten wie Schrift, Form und Farbe einzelner Beiträge den Erfolg der Moderation entscheidend beeinflussen.

11.1 Vorteile der Visualisierung

Die Visualisierung (optische Sprache) aller Gesprächsbeiträge und Ideen hat folgende Vorteile für den Gruppenprozeß (Klebert/Schrader/Straub: Kurzmoderation, S.119):

Vorteile

- „Visualisierte Aussagen erleichtern eine gleiche Interpretation bei allen Teilnehmern und erhöhen die Chance, Probleme konkreter zu diskutieren und alle Teilnehmer auf einen gemeinsamen Punkt zu konzentrieren.
- Die Visualisierung zwingt den Darstellenden zu einer Selektion zwischen wesentlichen und unwesentlichen Informationen. Dadurch wird die Aufnahmekapazität der Teilnehmer nicht überfordert.
- Verbal schwierig zu erklärende Sachverhalte sind durch die Unterstützung der Visualisierung leichter zu vermitteln. Dadurch lassen sich Informationsgefälle einfacher ausgleichen.
- Visualisierungen ermöglichen es, Ergebnisse und Aussagen – für alle sichtbar – sofort darzustellen und festzuhalten, es entstehen so keine nachträglichen Schwierigkeiten bei Zusammenfassungen, Dokumentationen, Informationsweitergaben und Interpretationen.
- Die Visualisierung trägt dazu bei, daß sich die Teilnehmer mit dem Ergebnis identifizieren: jeder sieht seinen Beitrag und die Entstehung des Ergebnisses."

Um es auf den Punkt zu bringen: Durch die Visualisierung (optische Sprache) aller Gesprächsbeiträge und Ideen ist es den Teilnehmern möglich,

- den roten Faden zu behalten,
- Gedanken anderer nachzuvollziehen und
- in abgehandelten Gesprächsstellen „nachzublättern".

Hinzukommende können leicht und rasch den bisherigen Gesprächsverlauf erkennen, den Informationsstand der Gruppe erreichen und an den momentanen Gesprächsstand anknüpfen.

11.2 Ziel der Visualisierung

Ziele der Visualisierung

Ziel der Visualisierung ist es nicht allein, das gesprochene Wort zu ergänzen und erweitern, sondern vielmehr

- die Aufmerksamkeit der Teilnehmer zu focusieren.
- alle Beteiligten einzubeziehen.
- die Redezeit zu verkürzen. Aussagestarke Bilder reduzieren längere Aussagen auf eine kurze und einprägsame Art.
- der Gruppe Orientierung und Übersicht zu geben, wo sie steht.
- Informationen leicht(er) erfaßbar zu machen. Es werden die unterschiedlichen Lerntypen angesprochen.
- Wesentliches herauszustellen, so können Informationsschwerpunkte besser verarbeitet werden.
- die Aufnahmekapazität des Gehirns zu erhöhen. Visualisierungen haben eine dynamisierende Wirkung auf den Ablauf des Denkens.
- den Behaltensgrad zu steigern.
- zum aktiven Mitmachen anregen. Die Informationsaufbereitung über zwei Empfangskanäle eröffnet unterschiedliche Zugänge zu neuen Erkenntnissen.

Zusammenfassend soll Visualisierung also
- den Zugriff zu bereits gesammelten Gedanken und Ideen erleichtern.
- den Umfang der Gedankenäußerungen erkennen lassen.
- die Variation verschiedener Gedanken bewußt machen.
- die Einprägsamkeit (Behaltbarkeit) verbessern.
- die Verknüpfungspunkte zwischen den einzelnen Gedanken erkennbar machen.
- Assoziationen auslösen.

11.3 Aufgaben des Moderators

Aufgaben des Moderators

Jede Phase in der Moderation verlangt von Ihnen unterschiedliche Fähigkeiten und Vorgehensweisen. Im folgenden Teil finden Sie die wichtigsten Regeln, die für die Visualisierung gelten.

- Sie sind Dienstleister für die Gruppe, d.h. daß Sie alle Plakate entsprechend vorbereiten. Darunter können Fragen, Listen, Raster, Arbeitsanweisungen oder Informationen sein.
- Sie können Arbeitsanweisungen und organisatorische Angaben in Stichworten visualisieren, da Sie sie zusätzlich immer verbal erläutern.
- Bereiten Sie Ihre Visualisierungen sorgfältig vor. Sind sie ohne Liebe gemacht, fällt das auf Ihre Einstellung zum Teilnehmer zurück.
- Jeder Teilnehmer sollte jederzeit in der Lage sein, zu den Pinwänden, FlipCharts oder dem Moderationskoffer zu gelangen. Das fördert die Spontanität der Teilnehmer und macht ein sofortiges Agieren möglich. Dazu brauchen Sie einen Raum, der ohne Tische gestaltet ist und in dem die Beteiligten fast gleich weit von der Aktionszone entfernt sind (Halbkreis).
- Visualisierte Beiträge dienen als externer Speicher, als gemeinsames „Gehirn" der Gruppe.
- Alle Beiträge bleiben ständig präsent.
- Gespräche können durch Visualisierung zur Begegnung werden.
- Alle zusätzlichen Beiträge und Informationen müssen mitvisualisiert werden.
- Das Auge nimmt zunächst Grobstrukturen wahr, dann Mittelstrukturen, und – sofern noch Interesse besteht – dann erst die Feinstrukturen.
- Farben unterstreichen und heben bestimmte Aussagen optisch ab. Lassen Sie Farbstrukturen sprechen. Bunt allein genügt nicht.
- Alle Beiträge müssen für alle Teilnehmer lesbar sein.
- Beachten Sie die Lesegewohnheiten in den jeweiligen Ländern.

Machen Sie die Visualisierung zur Selbstverständlichkeit!

11.4 Elemente der Visualisierung

Für die Visualisierung brauchen Sie einerseits inhaltliche Elemente (stoffliche Ebene), mittels derer die Informationen aufgebaut werden, und andererseits Medien, auf denen die Visualisierung physikalisch entsteht. Es wird ein recht einfaches und verständliches Repertoire von Zeichen und Medien verwandt: Schrift, Linie, Pfeil, Wolke, Rechteck, Kreis, Oval, Streifen, Rhombus,

verständliches Repertoire von Zeichen und Medien

Wabe, Sprechblase, Punkt, standardisierte Symbole (Herz, Blitz, Fragezeichen, Launi), dazu Farbe und Freifläche. Informationsträger sind Pinwand und Pinwandpapier (Packpapier) oder FlipChart bzw. Overhead.

Größe und Farbe der Karten

Es ist nicht gleichgültig, welche Größe und Farbe die Karten haben, welche Strichstärke und Qualität die Marker besitzen. Diese Moderationsmedien sind fein aufeinander abgestimmt und so konzipiert, daß sie die Moderationsarbeit optimal unterstützen.

Mit Hilfe der später geschilderten Kompositionsregeln wird der Vorgang des Visualisierens durchschaubar und erlernbar gemacht. Zu den Gestaltungselementen gehören:

- Text
- freie Graphik und Symbole
- Diagramme.

Die Medien der Visualisierung unterscheiden sich bezüglich ihres Einsatzbereiches. Sie finden deshalb im folgenden erst eine Beschreibung je Medium. Im Anschluß daran werden die Gestaltungselemente und ihre Kompositionsregeln beschrieben.

11.4.1 Schrift

gut lesbare Schrift

Plakate und Teilnehmerbeiträge sind immer handgeschrieben, das macht sie zu ganz persönlichen Zeugnissen. Denken Sie beim Schreiben jedoch immer an den Adressaten – er benötigt eine leicht zu lesende Schrift. Und genau hier liegt in vielen Fällen schon die größte Widrigkeit. Das Wiedererlernen einer gut lesbaren Schrift stellen sich die meisten moderationsunerfahrenen Teilnehmer äußerst schwierig vor. Lesbarkeit wird mit Schönschreiben und dem Verlust des Ausdrucks der Persönlichkeit gleichgesetzt. Es kommt aber in der Moderation

reproduzierbar

nicht auf Schönschrift an, sondern auf eine Lesbarkeit und Reproduzierbarkeit der Schrift. In einer Entfernung von sechs bis acht Metern sollte moderationsgerechte Schrift lesbar sein. Das entspricht dem Raumbedarf einer Gruppe von 12 – 15 Teilnehmern, die die Visualisierung als Element ihrer Arbeit nutzt.

Zwei verschiedene Schriftgrößen werden bei der Visualisierung benötigt. Für die Beschriftung von Karten und für Texte auf dem Plakat werden Mittellängen mit 15 mm verwandt, das entspricht einer Gesamthöhe von 25 mm. Für Überschriften, Betonungen, Linien, Zahlen und Pfeile ist eine Mittellänge der Schrift von 30 mm und damit eine Gesamthöhe von 50 mm erforderlich. Aus anderen Druckerzeugnissen wie Zeitungen oder Zeitschriften sind wir diese unterschiedlichen Schrifthöhen gewöhnt. Überschriften werden größer und fetter gedruckt als der Fließtext. An diese optische Struktur lehnt sich die Visualisierung an. Sie kopiert ein für uns gewohntes Schema und erleichtert so die schnellere Erfassung für unser Auge. Es reicht, wenn wir in der Grobstruktur diese Merkmale wiederfinden. Für die unterschiedlichen Schriftgrößen werden zwei verschiedene Marker verwandt:

verschiedene Schriftgrößen

- Moderationsmarker für Schriften in einer Gesamthöhe von 25 mm und
- Trainermarker für Schriften in einer Gesamthöhe von 50 mm.

Handhabung des Markers

Die Schriftqualität hängt neben dem Übungsgrad vor allem von der richtigen Handhabung der Marker ab. Nehmen Sie den Moderationsmarker so in die Hand, daß die hohe Kante zum Daumen zeigt. Schreiben Sie mit der (unten) angegebenen, breiten Kante und versuchen Sie, den Marker beim Schreiben nicht zu drehen. Als Orientierung sehen Sie unten jeweils einen „Musterstrich", an dem Sie die Ausgangsstellung des Markers kontrollieren können. Mittlerweile gibt es auch Moderationsmarker, die die richtige Schreibhaltung durch Griffmulden vorsehen (Moderationsmarker N⁰ One).

Den Trainermarker wiederum nehmen Sie so in die Hand, daß die hohe Kante zum Papier zeigt. Auch hier schreiben Sie mit der vollen Kante und drehen den Marker nicht.

Die Lesbarkeit wird erhöht, wenn Sie Groß- und Kleinbuchstaben verwenden. Sie ergeben wegen ihrer Ober- und Unterlängen prägnantere Wortbilder, die für das Auge leichter zu unterscheiden sind. Es entspricht eher der europäisch-amerikanischen Schreib- und Lesegewohnheit. Zudem lassen sich auf einer gegebenen Zeilenlänge mehr Klein- und Großbuchstaben unterbringen als nur Großbuchstaben. Sie können dies auch recht einfach in Druckschrift nachvollziehen:

Groß- und Kleinbuchstaben

Moderationssequenz

MODERATIONSSEQUENZ

Verwenden Sie bei der Visualisierung Druckschrift. Sie ist einfacher zu lesen als Schreibschrift, da sie weniger Schnörkel und persönliche Ausprägungen besitzt. Mit Druckschrift können Sie am ehesten den Platzbedarf abschätzen und die Aufteilung besser vornehmen.

Druckschrift

Die Lesbarkeit der Schrift in bezug auf ihre Größe hängt ab von der Höhe der Mittellängen. Die Aufteilung der Mittel-, Ober- und Unterlänge sollte im Verhältnis 3/5 zu 1/5 zu 1/5 stehen. Die Kleinbuchstaben stehen in einem 2/3-Verhältnis zu den Großbuchstaben (siehe Plakat links).

Mittellängen

Die einzelnen Buchstaben eines Wortes müssen eng aneinander stehen, damit unser Gehirn es als Wortblock oder -bild erfaßt. Für das Auge und das Gehirn sind Wortblöcke einfacher wahrzunehmen, als weit auseinander gezogene Wörter mit großen Zwischenräumen. Für die rechte Hemisphäre ist das Bild eines Wortes entscheidend.

Wortblock

Neben den Abständen zwischen den Buchstaben sollten Sie zusätzlich auf die Abstände zwischen den Wörtern und den Zeilen achten. Auch hier gilt die gleiche Faustregel: Lieber näher aneinander als zu weit auseinander. Große Wortzwischenräume gliedern die Wahrnehmung der Aussage. Sie kann dadurch Bedeutungsverschiebungen erfahren. Je regelmäßiger der Abstand desto besser. Bei dem Zeilenabstand richten Sie sich am Platzbedarf einer Karte aus. Sie sollten bequem drei Zeilen auf eine Karte bekommen. Diesen Abstand können Sie als Richtwert auch für die Plakate übernehmen.

Wortabstände

Zeilenabstand

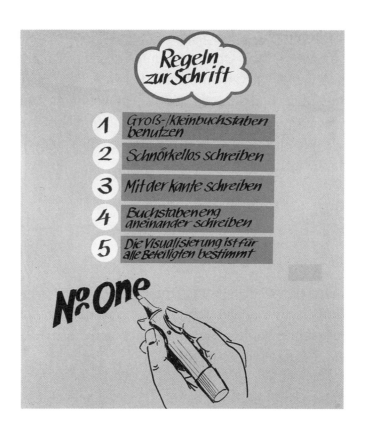

Schreibübungen

Auf der nun folgenden Fläche haben Sie die Möglichkeit, die einzelnen Buchstaben des Alphabets zu üben. Auch mit moderations-unerfahrenen Teilnehmern sollten Sie grundsätzlich Schreibübungen machen. Keine Angst vor den möglichen Ressentiments der Teilnehmer. Fast alle sind anschließend begeistert von der eigenen, gut lesbaren Schrift!

Visualisierung

Moderations-ABC

abcdefghijklmn
opqrstuvw!?:;
xyz/&ß„

ABCDEFGHIJK
LMNOPQRST
UVWXYZ

Sie sollten weder zu groß (mehr als 50 mm) noch zu klein (weniger als 25 mm) schreiben. Passen Sie Ihre Schriftgröße dem vorhandenen Teilnehmerkreis an. Zu große Schrift wirkt aufdringlich und erschlagend, zu kleine Schrift ist für den Großteil der Gruppe nicht lesbar und verliert so an Aussagekraft. Gehen Sie von einer Teilnehmergröße von höchstens 15 – 18 Beteiligten und einer entsprechenden Entfernung von maximal acht Metern aus.

Auf eine weitere Regel bei der Verwendung von Schrift muß hier hingewiesen werden: der Moderations-Anfänger glaubt, soviel Gedankengut wie möglich auf seiner Karte unterbringen zu müssen. Dabei hält er sich ähnlich wie im verbalen Sprachgebrauch an ganze Sätze. Aber auch das extreme Gegenteil, das Schlagwort, ist für die Moderation nicht unbedingt geeignet. Zu groß ist dabei die Gefahr von Fehlinterpretationen. Die Moderations-Karten können drei Zeilen mit einer Schrifthöhe von 25 mm aufnehmen. Daran sollten sich die Teilnehmer unbedingt halten. Auch der Grundsatz,

drei Zeilen

daß pro Karte nur ein Gedanke aufgeschrieben werden kann, bleibt hier noch zu erwähnen. Lassen Sie den Teilnehmer immer links oben anfangen zu schreiben. Dies erleichtert es ihm, Ergänzungen vorzunehmen.

dreizeilig denken und schreiben lernen

11.4.2 Farbe

Farbe in der Moderation

Farbe und Form sind zwei Hauptbestandteile der Visualisierung. Während die Form bei der Visualisierung eigene Bedeutungsschwerpunkte zugewiesen bekam, wurde die Farbe bisher in der Moderation nur zur optischen Unterscheidung gleicher Formen eingesetzt. Ein bewußter Einsatz von Farbe fand praktisch nicht statt. Der Moderator hat in der Vergangenheit wahllos in seinen Moderatorenkoffer gegriffen und die Farben ausgewählt, die noch vorhanden waren oder nach Gefallen und Nichtgefallen entschieden. Einziges Kriterium der farbigen Karten war bisher die gute Reproduzierbarkeit für die Fotoprotokolle. Eine kritische Betrachtung, warum gerade diese Kartenfarben bei den Moderations-Material-Anbietern im Programm vorhanden sind, fand bisher nicht statt.

Gerade in den neunziger Jahren sind wieder Begriffe wie ganzheitliches oder humanes Lernen zu hören. Vor diesem Hintergrund hat das Team der Neuland-Gruppe die innovative Weiterentwicklung der Moderation reflektiert. Die Farben der Moderationskarten wurden analysiert und auf ihre Bedeutung und Wirkung hin untersucht.

Visualisierung

Wirkung und Bedeutung von Farbe

„Farbe ist Leben, denn eine Welt ohne Farbe erscheint uns wie tot. Farben sind Ur-Ideen, Kinder des uranfänglichen farblosen Lichtes und seines Gegenparts, der farblosen Dunkelheit. Wie die Flamme das Licht, so erzeugt das Licht die Farben. Das Licht, dieses Urphänomen der Welt, offenbart uns in den Farben den Geist und die lebendige Seele dieser Welt."(1).

„Farbe ist Leben"

Für Johannes Itten sind Farben tatsächlich der Inbegriff allen Lebens. Stellt man die Frage, wie unsere Umwelt ohne Farben aussähe, so bekäme man sicherlich zur Antwort öd, trist und leer. Wie selbstverständlich wir mit Farben umgehen, wird uns immer erst dann bewußt, wenn sie fehlen. Farbwirkungen sind bis heute nicht vollständig erforscht und geben noch einige Rätsel auf. Es gelingt uns ohne Schwierigkeiten, Farben nach der Schwere zu ordnen, obwohl wir doch hier keinerlei Gewichtserfahrung haben. Zahlreiche Phänomene im Bereich der Farbwirklichkeiten und -wirkungen geben immer wieder Anlaß zu neuen Forschungen, aber auch zu Spekulationen. In der Vergangenheit sind diese Farbwirkungen oft zu mystischen Zeichen und Wundern erklärt worden. In diesem Zusammenhang stellt Heinrich Frieling in seinem Buch „Mensch und Farbe" fest: „Niemand kann sich der Illusion entziehen – oder ist es keine Illusion, sondern ein Wissen vor der Erfahrung?"(2)

Welche Wirkungen haben Farben auf uns?

Die in Auge und Gehirn gegebenen Bedingungen und die Beziehungen von Farbwirklichkeiten und Farbwirkungen im Menschen zu erkennen, ist eine der wichtigsten Untersuchungsgegenstände der heutigen Wissenschaft. Optische, psychische und geistige Phänomene sind in der Welt der Farben auf mannigfache Weise miteinander verbunden (3). Optische und psychische Merkmale der Farben sind in einer jahrhundertelang gewachsenen Farbenlehre zusammengefaßt. Die klassischen drei Unterscheidungsmerkmale sind:

Farbwirkung

Farbenlehre

1. Farbton:

Der Farbton ist die auffälligste Kennzeichnung der Farbe. Goethe unterscheidet in seinem Farbkreis vor allem sechs Farbtöne: Gelb – Orange – Rot –

*Gelb – Orange –
Rot – Blau – Grün*

Violett – Blau – Grün. Als reine Farben bzw. Primärfarben werden Gelb – Rot – Blau bezeichnet, da diese keinen Anteil einer anderen Farbe enthalten. Grün – Orange – Violett hingegen sind Misch- bzw. Sekundärfarben.

2. Helligkeit:

kräftige oder Pastell-Farben

Von jedem Farbton gibt es viele verschiedene Helligkeitsstufen, die vom zarten Pastell über den reinen Ton bis zum tiefen Dunkel reichen. Allerdings stimmt die Anzahl der Stufen zwischen dem rein bunten Ton und Weiß und die Anzahl der Stufen zwischen dem rein bunten Ton und Schwarz bei den einzelnen Farbtönen nicht überein. Ursache dafür ist die Eigenhelle der rein bunten Farben. Reines Gelb ist der hellste Farbton, Violett der dunkelste; die Helligkeit der übrigen Töne liegt abgestuft dazwischen.

Die Vollfarben bzw. reinen Töne sind charakteristisch für kontinuierliche Dynamik, Zentrierung, Steuerung und Vitalität.

Pastellfarben hingegen wirken devitalisierend, ja sogar sublimierend. Sie geben keine echten Kontraste mehr, liefern keine gegenseitige feste Ergänzung, sondern gehen eine zu leichte, oberflächige Partnerschaft ein (4).

Wenn in diesem textlichen Überblick von den einzelnen Wirkungen der Farbtöne die Rede ist, so bezieht sich die Autorin ausschließlich auf die Volltöne, da diese die positive, eigentliche Farbwirkung hervorrufen. Pastelltöne kehren die Auswirkungen der Farbtöne teilweise ins Gegenteil um. Wirkt beispielsweise Rot stark aktivierend, so wirkt Rosa statisch, devitalisierend und substanzfern. Zeigt Blau eine stark konzentrierende, beruhigende Wirkung, so ruft Hellblau eine starke Assoziation zu Schwäche, Pflegebedürfnis und Mangel an Bindekraft auf und wirkt somit ebenso devitalisierend.

3. Reinheit:

Farb-Reinheit

Aufgehellte und abgedunkelte Farben enthalten nur Weiß oder Schwarz, getrübte Farben aber einen Anteil an Grau. Rein bunte Farben können sich also trüben, ohne zugleich heller oder dunkler zu werden (5).

Goethe hat nicht nur die Natur der Farben ergründet, sondern auch ihre Wirkung auf die Psyche des Menschen. In seiner Farbenlehre schreibt er: *„Die Erfahrung lehrt uns, daß die einzelnen Farben besondere Gemütsstimmungen geben."* (6)

<ins>Seelisches und Psychisches wirken ineinander</ins>
Physikalisch gesehen sind Farben Remissionen und Emissionen. (7) Sie strahlen daher Energie aus. Bei einer lichtspezifischen, also farblichen Beeinflussung müssen wir eine nur optische Wirkung ausschließen, denn der die Netzhaut treffende Reiz (ja, der die Haut berührende Farbreiz!) wird durch die Vermittlung des Zwischenhirns auch dem Endocrinum (vornehmlich Hypophyse) und dem vegetativen Nervensystem als Erregung zugeleitet. Im normalen Zusammenspiel dieser beiden Zügler sind Kreislauf, Atmung, Verdauung, Drüsentätigkeit usw. überhaupt nur möglich, und das vegetative Nervensystem bezieht sich eben auf jene Vorgänge, die unserem bewußt lenkenden Willen nicht gehorchen. Gerade die Wirkung des Lichts über das Auge und die Hypophyse sind für uns interessant. Die Hypophyse beeinflußt mit ihren spezifischen Hormonen die Wanderung und Ausbreitung selbst geistig-seelischer Reaktionen (8).

vegetatives Nervensystem

Wir können also nicht nur unsere vorhandene Stimmung in Farbe ausdrücken, sondern wir können ebenso durch Farbe gestimmt werden (9). Die Stimmungen, die dann entstehen, haben demnach auch ihren physischen Grund, den man nicht so einfach vom „seelischen" absondern kann, sondern Seelisches und Physisches wirken stets ineinander. So versetzen warme Farben des Lichts uns in einen Zustand, der der Aufbauarbeit unserer Energien dienlich ist, wogegen sehr helles, weißes oder gar kühles Licht zwar hellwach macht, aber auch dazu beiträgt, daß die gesammelten Energien verbraucht werden. Das Natürliche ist der Farbwechsel und der sich stetig wandelnde Wert der Lichtenergie und -intensität (10).

warme Farben verhelfen zum Aufbau von Energien

Die physiologischen Wirkungen der Farben werden heute wieder verstärkt in der medizinischen und psychologischen Behandlung von Kranken eingesetzt. Ärzte konnten feststellen, daß ein Mensch, der einige Zeit einer Rotbestrahlung ausgesetzt ist, anders reagiert als einer, der im Blaulicht sitzt.

medizinisch

Der Puls verändert sich, der Blutdruck wird beeinflußt, der Hormonhaushalt empfindlich getroffen, ja selbst die Gedanken und Träume, die entstehen, werden verschieden beeinflußt (11). Über die Wirkungen der Strahlung des Farblichts schreibt Prof. Dr. L. Eberhard in seinem Buch „Heilkräfte der Farben": „Es stillt Schmerzen, veranlaßt Organe normal zu funktionieren, vermehrt die Oxydation, hat ernährende Wirkung auf das Zellgewebe, vermehrt die Quantität und Qualität der roten Blutkörperchen, fördert die Entwicklung von Gewebe, regelt die Zirkulation und lindert sofort Entzündungen, da die Strahlen mit mächtiger Wirkung tief in die Gewebe und Organe dringen." (12)

Gefühle

Über die optische und physiologische Wirkung hinaus sprechen Farben unser Gefühl an, indem sie bestimmte Vorstellungen wecken. Löst ein Reiz, der auf ein Sinnesorgan einwirkt, Empfindungen aus, die durch ein anderes Sinnesorgan wahrgenommen werden, spricht man von Synästhesie. Farbreize können unser Wärmeempfinden beeinflussen. In einem Raum in überwiegend kalten Farben friert man leichter als in einem Raum mit warmen Farben; das Wärmeempfinden täuscht sich durch entsprechende Farbgestaltung um durchschnittlich 2 – 3° C (13).

Farbe kann uns nicht gleichgültig sein. Wir werten und empfinden Farbe, wir bejahen oder lehnen sie ab – immer stehen wir in lebendigem Zusammenhang mit ihr (14). Heinrich Frieling kommt in seinem Buch „Farbe im Raum" zu dem Schluß: „Farben nur als beliebiges Dekor im Raum verwenden, heißt sie um ihre Aussagekraft und Hilfe prellen." (15)

Einsatz in der Moderation

Farbwirkung und Einsatz in der Moderation
Im folgenden Teil werden die einzelnen Farben auf ihre Wirkung hin untersucht. Die daraus resultierenden Einsatzmöglichkeiten der Farben in der Moderation schließen sich jeweils an. Am Ende dieses Absatzes sind die Farben und ihr Einsatz in der Moderation nochmals in einer Tabelle zusammengefaßt.

1. Gelb
Goethe beschreibt Gelb als die nächste Farbe am Licht. Sie besitzt eine

heitere, muntere, *sanft reizende* Eigenschaft. Sie macht einen warmen, behaglichen Eindruck und hat einen erwärmenden Effekt. Goethe ordnet sie als warme Farbe ein und spricht ihr eine angenehme und freundliche Wirkung zu (16).

sanft reizend

Itten schreibt Gelb eine *expansive Eigenart* und *intellektuelle Kraft* zu. Sie steht für weises Denken, meditieren und erforschen (17).

expansiv

Gelb ist für Frieling archetypisch für das *kommunikative*, verbindliche, periphere Prinzip. Es bedeutet Expansion und Umfassen. Bei der Farbe Gelb ist das Ziel als Bewegung angesprochen. Sie geht nur eine irreale Du-Beziehung ein und steht für die Dynamik des Geistes. (18) Sie wirkt *leicht und ausstrahlend*, regt die Motorik an und spannt und löst zugleich. Gelb ist das Sinnbild für das Kommunikative (19) und die Hinbewegung (20).

leicht, ausstrahlend

Kandinsky bemerkt: „Gelb muß strahlen, sich ausweiten, um Freude zu bringen." (21)

Eva Heller stellt in ihrem Buch „Wie die Farben wirken" fest: Gelb wirkt leicht. Es ist die Farbe des Neuen, der *Aktivität* und Energie. Gelb ist die Symbolfarbe der Weisheit; Farbe der Reife. Es kann auf großen Flächen und in starker Intensität aufdringlich wirken. Gelb fördert die *Kreativität*. Es ist aber zugleich eine Warnfarbe (22).

Aktivität

Kreativität

Kurt und Rainer Wick nehmen Gelb hell, *lockernd* und gelöst wahr. Es *sensibilisiert* die Wahrnehmung, die Vorstellung, die Bewußtheit, die Aufmerksamkeit und die Vermittlung. Gelb wirkt froh, klar, sachlich, aufhellend, offen, leicht, *anregend*, freischwebend, munter, beweglich und vordergründig (23).

lockernd, sensibilisierend

anregend

Gelb ist eine Farbe, die auffällig wirkt, da sie in ihrer Strahlkraft vom Menschen am ehesten erkannt werden kann. Sie wirkt auf Formen vergrößernd und erheiternd (24).

Gelb sollte wegen seiner beschriebenen Wirkung in folgenden Phasen bzw. Situationen der Moderation eingesetzt werden:

- in der Phase der Ideenfindung,
- bei Kreativitäts-Techniken,
- um vorhandenes Wissen auszuheben,
- beim Erfahrungsaustausch.

2. Orange

Eva Heller definiert Orange als Kombination aus Licht und Wärme. Orange ist eine Farbe der Nähe, eine Farbe des Vergnügens, des Lustigen, der *Geselligkeit*. Orange schafft ein angenehmes Raumklima. Es wirkt *erhellend*; erwärmend. Orange steht für Energie, Aktivität und Aufregung. Sie ist aber auch aufdringlich und extrovertiert. Orange ist ebenso eine Farbe des Wandels und der Erleuchtung (25).

Geselligkeit, erhellend

Frieling empfindet Orange schwerer, irdischer, wärmer und dichter als Gelb. Es ist die Farbe der *Partizipation* und die natürliche Farbe des Feuers (26). Orange ist die Farbe mit dem *Du-Bezug* schlechthin (27). Ebenso vermittelt sie Rhythmik (28).

Partizipation, Du-Bezug

Kurt und Rainer Wick beschreiben Orange als warm, erwärmend und weich. Es steht für Gefühl, *Empfindung*, Weltoffenheit, Lebenslust und Ausdrucksfreude. Orange wirkt nah, heiter, strahlend, leuchtend, regsam, schmiegsam, lebenszugewandt, reizend, belebend, hemmungslos, feurig und *verströmend (29)*.

verströmend

Für Itten ist Orange am Brennpunkt der größten strahlenden Aktivität. Es ist eine Farbe, die warme, *aktive Energie* ausstrahlt. Sie steht für *Macht und Wissen*. Orange ergibt Selbstbewußtsein (30).

aktive Energie, Macht und Wissen

Goethe beschreibt Orange wie folgt: Sie wächst an Energie; wird mächtiger und herrlicher. Orange bringt Wärme und Wonne. Sie wirkt aktivierend (31).

Orange steht für Festlichkeit, Pracht, Freude und Spaß. Es läßt Formen *nah* erscheinen (32).

Orange sollte wegen seiner beschriebenen Wirkung in folgenden Phasen bzw. Situationen der Moderation eingesetzt werden:

- in der Vertiefungsphase,
- um eine Struktur zu geben,
- bei der Lösungssuche,
- bei der Gruppenarbeit,
- bei der Arbeit auf der Beziehungsebene.

3. Rot

Für Itten steht Rot stellvertretend für vergeistigte Liebe und Macht. Es wirkt stark *aktivierend* (33).

aktivierend

Rot, die Farbe der *Leidenschaft*, des Zorns, der *Erregung*, des Temperaments, des Kampfes, der Macht, des Sieges und der Freude wirkt erregend und läßt Formen nah erscheinen (34).

Erregung

Frieling beschreibt Rot als das archetypisch Väterliche, den Ur-Sprung. Es untersteht einem *geistig belebenden* Prinzip. Rot ist das Symbol für Blut und Feuer; ja für die Dynamik des Lebens. Es ist eine lebhafte Farbe, die Selbstbewußtsein, Gefühl und *bewußtes Wollen* versinnbildlicht. Es spiegelt ein stark ausgeprägtes Ichgefühl und Macht über andere wider (35). Rot ist das Symbol für die Liebe, flammende Liebeskraft, aber auch Tod. Es ist die vitalste und realste Farbe mit einer starken Willenskomponente (36). Rot bedeutet Spannung, Dominanz, Leidenschaft und Antrieb (37).

geistig belebend

bewußtes Wollen

Kurt und Rainer Wick erleben Rot als trocken, erregend und stark. Es symbolisiert Wille, *Tatkraft*, Bewegung, Begehren und Leidenschaft. Rot wirkt laut, rührig, schweifend, brennend, aktiv, männlich, triebhaft, heftig, begehrlich, energisch, kraftvoll und betriebsam (38).

Tatkraft

Eva Heller wählt für die Farbe Rot folgende Assoziationen: Blut, Leidenschaft, Feuer, Wärme, Begierde, Kraft, Aktivität und Aggressivität. Es ist die Farbe der Materie und wirkt aktivierend und *dynamisch (39)*.

Aggressivität, dynamisch

Rot sollte wegen seiner beschriebenen Wirkung in folgenden Phasen bzw. Situationen der Moderation eingesetzt werden:

- Maßnahmen definieren,
- Konflikte erzeugen,
- Widerspruch einlegen,
- Vereinbarungen treffen,
- Regeln aufstellen,
- im Rahmen des Contra-Schema,
- Themen emotionalisieren.

4. Blau

Goethe beschreibt Blau als etwas Dunkles. Es hat etwas Widersprechendes von Reiz und Ruhe im Anblick. Blau zieht uns nach sich, gibt ein Gefühl von Kälte und Schatten. Es wirkt leer und *kalt* (40).

kalt

passiv

Itten empfindet Blau *passiv*, kalt und introvertiert. Es wirkt in-sich-ziehend und hat etwas übersinnlich-seelisches. Blau ist Sinnbild für Ferne und Unendlichkeit (41).

In-sich-aufnehmen

Für Frieling ist Blau archetypisch weiblich. Es steht für Empfangen des Geistigen; Logos, Bindung, Erde, *In-sich-aufnehmen*, Vollendung, Dynamik der Seele und Hineingabe. Blau wirkt *desintegrierend* und passiv. Es vermittelt Ruhe im Sinne von *Aufnahmebereitschaft* (42) und *Konzentration*. Blau steht stellvertretend für Logos, Ratio, Traum, Ruhe und Treue (43). Frieling verbindet mit der Farbe ebenfalls Pneuma, *Wahrheit*, Offenbarung und Rhythmik (44).

Konzentration

Wahrheit

Vertiefung, langsam, vereinzelnd

Kurt und Rainer Wick nehmen Blau kalt, erkältend und fest wahr. Blau, Farbe des Verstandes, des Denkens, der *Vertiefung*, der Betrachtung und der Selbstbehauptung wirkt fern, ernst, saugend, schattend, *langsam*, starr, lebensabgewandt, besänftigend, erstarrend, verhalten, kühl und *vereinzelnd* (45).

Eva Heller verbindet mit Blau Sympathie, Harmonie, Freundlichkeit, Ewigkeit und Freundschaft. Es ist eine kalte Farbe, ja *leidenschaftslos*. Blau wirkt ordentlich und seriös (46).

leidenschaftslos

Blau läßt Formen fern erscheinen (47).

Blau sollte wegen seiner beschriebenen Wirkung in folgenden Phasen bzw. Situationen der Moderation eingesetzt werden:

- Fakten präsentieren,
- Tatsachen erläutern,
- Informationen geben,
- bei Sachthemen,
- bei der Wissensvermittlung,
- bei der Einzelarbeit.

5. Grün
Goethe beschreibt Grün als Farbe der realen Befriedigung, des *Gleichgewichts* und der Einfachheit. Es symbolisiert Ruhe – man will nicht weiter (48).

Gleichgewicht

Für Itten ist es die Farbe der Vermittlung, der *Ruhe*, der Hoffnung und des *Mitgefühls* (49).

Ruhe,
Mitgefühl

Frieling stellt Grün als archetypisch weiblich im Sinne von Beharren und Begrenzen vor. Nach der Bewegung wieder in sich selbst findend. Grün – Bild des Lebens. Es beschreibt keine Integration, sondern einfaches Dasein. Grün grenzt sich ein, bildet die Grenze für die reale Befriedigung. Es ist die Farbe der Mitte, die *ausgleichend*, sichernd und hegend wirkt. Grün steht für Natur, Sicherung des Daseins und Sicherheit (51).

ausgleichend

Wick beurteilt Grün feucht, beruhigend und schwach. Gemüt, Empfänglichkeit, Ruhe, Hingabe, Gleichgültigkeit sind Assoziationen des Grün. Es wirkt still, gelassen, *bleibend, neutral, passiv*, weiblich, indifferent, mild, satt, gehalten, kraftlos und beschaulich (52).

bleibend, neutral,
passiv

Mitte

Naturbezogen, lebendig, weiblich, herb, frisch, beruhigend und sicher sind Wirkungen, die Eva Heller umschreibt. Sie ordnet dem Grün Frühling, Hoffnung, Zuversicht, Unreife und die *Mitte* zu (53).

Grün wirkt beruhigend und vergrößert scheinbar die Entfernung (54).

Grün sollte wegen seiner beschriebenen Wirkung in folgenden Phasen bzw. Situationen der Moderation eingesetzt werden:

- Feedback geben,
- Konsens festhalten,
- Erkenntnisse aus Konflikten visualisieren,
- Kompromisse finden,
- Zusammenfassungen schreiben,
- im Rahmen von Pro-Schemata.

6. Weiß

Vergessen, Anfang, Klarheit, avital, leer

Frieling umreißt Weiß als Bild des Geistes, *Vergessen*, organischen Defekts, Ausflucht und Verlassenheit der Welt (55). Es steht ebenso für den *Anfang*, die Entmaterialisierung, die Reinheit, *Klarheit* und Kälte. Weiß wirkt *avital*, unnahbar, empfindsam (56) und *leer (57)*.

Neues, Einfachheit

Eva Heller bemerkt: Weiß ist die Summe aller Farben. Es verkörpert die Vollkommenheit, die Ewigkeit, den Anfang, das *Neue*, die Unschuld, die Wahrheit, die *Einfachheit* und die Bescheidenheit. Weiß wirkt sauber und rein (58).

Weiß wirkt vergrößernd und läßt Formen leichter erscheinen (59).

Weiß sollte wegen seiner beschriebenen Wirkung in folgenden Phasen bzw. Situationen der Moderation eingesetzt werden:

- Rahmen beschreiben,
- Organisation festlegen,
- offene Punkte-Liste.

7. Zusammenfassung

Die einzelnen Farbwirkungen und Einsatzgebiete werden in der nachfolgenden Tabelle nochmals zusammengefaßt. Die Frage, welche Farbfläche erforderlich ist, um die entsprechende Wirkung auszulösen, wird oft gestellt. Ganze Wandflächen sind nicht erforderlich, um Farbwirkungen zu erreichen. Die Größe der Kartenfläche reicht sicherlich aus, um die entsprechende Unterstützung der Farbe (Impuls) zu erlangen. Wie im Einführungsteil bemerkt wurde, reicht der Farbreiz aus, um entsprechende Reaktionen des Körpers auszulösen.

Zusammenfassung

Farbe	Wirkung	Einsatz in der Moderation
Gelb	sanft reizend, expansive Eigenart, intellektuelle Kraft, kommunikativ, Bewegung, leicht, kreativ, aktiv	• in der Phase der Ideenfindung • bei Kreativitäts-Techniken • um vorhandenes Wissen auszuheben • beim Erfahrungsaustausch
Orange	gesellig, Partizipation, Du-Bezug, reizend, aktiv, verströmend, Macht und Wissen	• in der Vertiefungsphase • um eine Struktur zu geben • bei der Lösungssuche • bei der Gruppenarbeit • bei der Arbeit auf der Beziehungsebene
Rot	stark aktivierend, Leidenschaft, Erregung, geistig belebend, bewußtes Wollen, dynamisch, kraftvoll, Spannung	• Maßnahmen definieren • Konflikte erzeugen • Widerspruch einlegen • Vereinbarungen treffen • Regeln aufstellen • im Rahmen des Contra-Schemata • Themen emotionalisieren
Grün	Gleichgewicht, Mitgefühl, ausgleichend, passiv, neutral, bleibend, beruhigend, Sicherung	• Feedback geben • Konsens festhalten • Erkenntnisse aus Konflikten visualisieren • Kompromisse finden • Zusammenfassungen schreiben • im Rahmen des Pro-Schema
Blau	kalt, passiv, desintegrierend, Konzentration, Wahrheit, Vertiefung, leidenschaftslos, seriös	• Fakten präsentieren • Tatsachen erläutern • Informationen geben • bei Sachthemen • bei der Wissensvermittlung • bei der Einzelarbeit
Weiß	Vergessen, Anfang, Klarheit, avital, leer, Einfachheit, Neues	• Rahmen beschreiben • Organisation festlegen • offene Punkteliste

11.4.3 Formen

11.4.3.1 Einsatz von Formen

Einsatz von Formen

Der Einsatz von Formen in der Moderation ist nach wie vor nicht vollständig geregelt und festgelegt. Die meisten Moderatoren nutzen überwiegend die Rechteck-Karten und nehmen die runden bzw. ovalen Karten, um eine gewisse Struktur in das optische Bild zu bringen.

Die Festlegung der einzelnen Anwendungsgebiete durch die Arbeitsgemeinschaft erfolgte keineswegs willkürlich, sondern beruft sich auf eine Untersuchung von langjährigen Arbeitsweisen erfahrener Trainer und Moderatoren. Die Formen sind ebenso auf ihre Zweckmäßigkeit bezüglich Beschriftbarkeit, Wahrnehmungsvermögen und Platzeinteilung hin untersucht worden.

Zu den bereits vorhandenen Kartenformen ist eine neue dazugekommen – die rhombenförmige Karte. Diese Form ermöglicht – gleich dem Bienenwaben-Prinzip – Zusammenhänge zu verdeutlichen, Abhängigkeiten abzubilden und ansprechende Präsentationen anzufertigen. Diese Form ist derart gestaltet, daß sie problemlos mit den Rechteck-Karten zu kombinieren ist. Zudem erhält sie innerhalb der Moderation einen eigenen Sinngehalt. Sie dient der Visualisierung inhaltlicher Ergänzungen und offener Punkte.

rhombische Karten

Der Einsatz der einzelnen Formen bei den Moderations-Karten wird wie folgt empfohlen:

einzelne Formen

- Wolken (2 Größen: 42 x 25 cm und 62 x 37 cm, weiß mit roter Umrandung) und Eckwolken (42 x 22 cm, weiß mit roter Umrandung oder in den Farben Rot, Orange, Gelb, Grün, Blau, Weiß) werden hauptsächlich zur Visualisierung des Hauptthemas bzw. der Überschrift benutzt. Zu Präsentationszwecken sind sie hervorragend geeignet.

Wolke

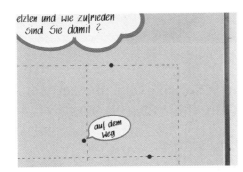

- Streifen (9,5 x 54,5 cm, in den Farben Rot, Orange, Gelb, Grün, Blau, Weiß)
    - auch Schlipse genannt,
    - dienen als Träger für Überschriften bei Arbeitssituationen und zur Visualisierung von Fragen und Thesen.

Streifen

Rechteck

- Rechteck-Karten (9,5 x 20,5 cm, in den Farben Rot, Orange, Gelb, Grün, Blau, Weiß) sind Kommunikationskarten. Eingesetzt werden sie bei der Kartenfrage, der visualisierten Diskussion, für die Präsentation inhaltlicher Details und Informationen bzw. Wissen.

Oval

- Ovale Karten (11 x 19 cm, in den Farben Rot, Orange, Gelb, Grün, Blau, Weiß) können zur Bezeichnung von Achsen verwendet werden, zur Visualisierung von Überschriften bei Clustern, für emotionale Aussagen und als Aufmerksamkeitsmittel (Achtung-Funktion).

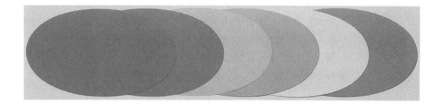

runde Karten

- Mittlere und große runde Karten (Durchmesser 14 und 19,5 cm, in den Farben Rot, Orange, Gelb, Grün, Blau, Weiß) sind bei der Unterstrukturierung von Themen und der Präsentation eine ideale Visualisierungsform.

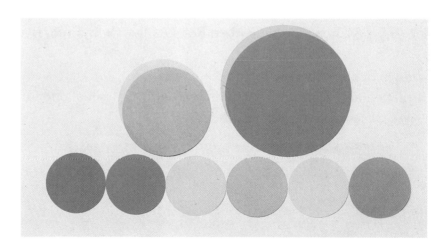

- Kleine runde Karten (Durchmesser 9,5 cm, in den Farben Rot, Orange, Gelb, Grün, Blau, Weiß)
    - auch Kuller genannt,
    - dienen zur Numerierung oder zur Komplettierung einzelner Beiträge mit dem Sympathie-Herz, dem Konflikt-Pfeil bzw. dem Fragezeichen,
    - für Namenszuordnungen bei der Gruppeneinteilung.

- Rhombische Karten (9,5 x 20,5 cm, in den Farben Rot, Orange, Gelb, Grün, Blau, Weiß) werden hauptsächlich zur inhaltlichen Ergänzung und für offene Punkte verwandt. Sie können ebenso bei der Abbildung von Strukturen und Abhängigkeiten nützlich sein.

Rhomben

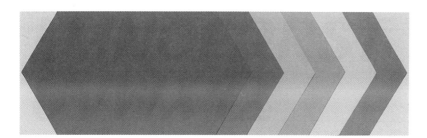

- Waben-Karten (9,5 cm Kantenlänge, Gesamtlänge 19 cm, Höhe 16,5 cm, in den Farben Rot, Orange, Gelb, Grün, Blau, Weiß) und Königswaben-Karten (9,5 – 20,5 cm Kantenlänge, Gesamtlänge 29,7 cm, Höhe 16,5 cm, in den Farben Rot, Orange, Gelb, Grün, Blau, Weiß) eröffnen weitere Visualisierungsvariationen.

Waben

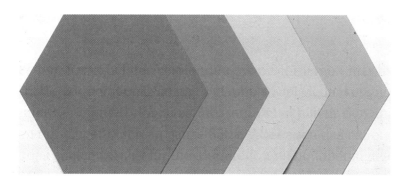

Sprechblasen
- Sprechblasen (20 x 11 cm, weiß mit roter Umrandung) bieten die Möglichkeit, subjektive Kommentare und Zitate z.B. bei Ein-Punktfragen zu visualisieren.

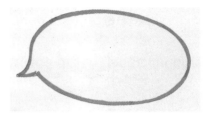

People
- Moderations-People (20 cm hoch, in den Struktogramm-Farben Rot, Blau, Grün) helfen, z.B. Beziehungsaspekte darzustellen. Gerade in Verbindung mit den Sprechblasen und den drei verschiedenen Struktogramm-Farben der Moderations-People ergibt sich hier eine Vielzahl von Einsatzmöglichkeiten.

Punkte
- Markierungspunkte (Durchmesser 20 mm, in verschiedenen Farben und Mustern) werden zur Beantwortung von Punkt-Fragen und für Bewertungen gebraucht.

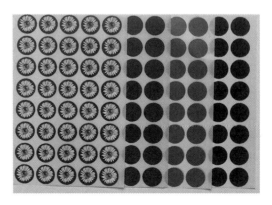

Visualisierung

- Symbolpunkte (Durchmesser 35 mm, Sympathieherz, Konfliktpfeil, Fragezeichen, Launi) werden zur Auseinandersetzung mit Fremdaussagen, z.B. bei einer Vernissage verwandt sowie zu Gemütsäußerungen.

- Aussagen oder Graphiken auf Plakaten werden durch Freiflächen gegliedert. Gleichzeitig sind sie Symbol für die geistige Freiheit der Teilnehmer. Der Phantasie der einzelnen Moderatoren bzw. Teilnehmer soll durch diese Empfehlung keinesfalls Grenzen gesetzt werden. Demjenigen, der sich bei seiner Arbeit jedoch auf eine einheitliche Formgebung verlassen möchte, wird dies eine nützliche Hilfe sein. Alle Formen und Symbole sollten Sie sparsam verwenden. Je weniger unterschiedliche Formen Sie verwenden, desto klarer und präziser wird die Aussage auf dem Plakat. Zu große Vielfalt verwirrt den Betrachter nur.

Freiflächen

11.4.3.2 Anordnung der Elemente

Bei der Anordnung der Elemente sollten Sie die jeweils landesübliche Leserichtung beachten. Im europäisch-amerikanischen Kulturkreis wird von links oben nach rechts unten gelesen. Das gilt sowohl für das einzelne Plakat wie auch für eine ganze Reihe von Plakaten. Die sinnvolle Verbindung einzelner Plakate müssen Sie ebenso im Auge behalten.

Sie können sich zur Vorbereitung der Plakate die Collage-Technik zu Hilfe nehmen. Schreiben Sie zunächst alle Texte auf Karten, Ovale, Überschriftenstreifen oder Wolken und pinnen Sie sie dann an die Pinwand.

Collage-Technik

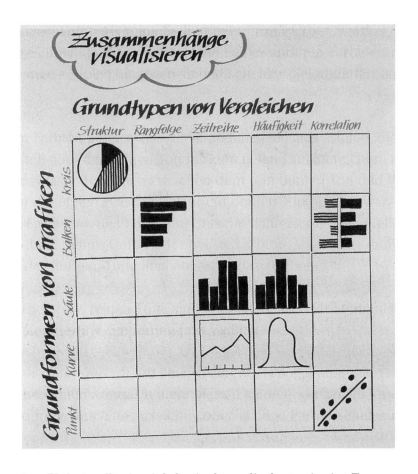

Einheit des Gedankens ausdrücken

Das einzelne Plakat sollte in sich logisch gegliedert sein, im Zusammenhang stehen und ähnlich der Regel beim Kartenschreiben die Einheit eines Gedankens ausdrücken. Verschiedene Arbeitsschritte sollten demgemäß auch auf verschiedenen Plakaten visualisiert werden.

Überschriften und Fragen kommen in die obere linke Ecke. Die Zeilenlänge dafür sollte nicht mehr als die Hälfte der Plakatbreite ausmachen. Lassen Sie außenherum einen Rand von drei Zentimetern, damit Sie das Plakat – falls notwendig – rändern können.

Orientierung am Raster der Karte

Das Auge orientiert sich bei der Chartgestaltung an gewohnten Größen und Formen. In der Moderation ist das hauptsächlich die Rechteck-Karte. Bei Listen und Rastern sollten Sie von einer Spaltenhöhe von mindestens 10 cm ausgehen und einer Spaltenbreite von mindestens 21 cm. Nicht wenige Menschen sind farbenblind. Meistens können sie Rot und Grün nur schwer auseinanderhalten. Benutzen Sie für handschriftliche Eintragungen möglichst einen schwarzen oder dunkelblauen Marker. Alle anderen Farben sind schwer les- und reproduzierbar, eignen sich jedoch zum Schraffieren, Unterstreichen und Einrahmen. Sind Sie mit der Chartgestaltung fertig, betrachten Sie das Plakat nochmals aus Teilnehmerentfernung. Erst jetzt können Sie die gewünschte Wirkung überprüfen.

Markerfarben

Die Struktur der Visualisierung sollten Sie an der Botschaft ausrichten. Sinn und Zweck der Aussage müssen durch Mittel und Form der Darstellung getroffen werden. Die optische Darstellung soll jedoch immer dazu anregen, mitzumachen und weiterzudenken. Denken Sie daran, sparsam mit den Elementen umzugehen und immer genügend Freifläche zu lassen. Weniger ist auch hier mehr! Die folgenden vier Gestaltungselemente in der Visualisierung sind von zentraler Bedeutung (nach Schnelle-Cölln: Optische Rhetorik für Vortrag und Präsentation, Quickborn 1988):

Gestaltungselemente

1. Betonung, Hervorhebung

Die Betonung soll die Aufmerksamkeit der Teilnehmer auf eine Aussage oder Frage lenken. Sie dient als Blickfang. Die Hervorhebung soll die zentrale Aussage unterstreichen oder den Anfang eines Moderationsschrittes markieren. Stilmittel sind etwa die Wolke, die Umrandung, eine rote Karte inmitten von grünen oder eine andere Größe bzw. Form einer Karte. Ein weiteres Gestaltungsmittel der Betonung ist die auffällige Plazierung („aus dem Rahmen fallen"). Sie lebt von ihrem sparsamen, ja seltenen Einsatz. Verwenden Sie das Element Hervorhebung also nicht auf jedem Plakat, auch das ist schon zu oft.

Betonung

2. Reihung

Eine Reihung wird immer dann verwendet, wenn Sie etwas aufzählen wollen. Die Elemente erscheinen gleichrangig nebeneinander, d.h. sie haben

Reihung

die gleiche Form, Farbe und Größe. Für eine Reihe brauchen Sie mindestens drei Elemente, optimal sind fünf bis sechs. Mehr als zehn bis zwölf Elemente kann das Auge nicht auf einen Blick erfassen. Die Gleichrangigkeit der Aussagen hängt von der gleichen Raumaufteilung der einzelnen Elemente ab. Achten Sie also auf gleiche Abstände und eine einheitliche Richtung. Die Formen werden an einer fiktiven Linie aufgereiht. Diese Linie kann waagerecht, senkrecht, diagonal oder kreisförmig sein.

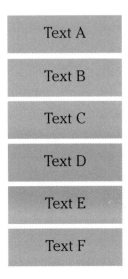

Rhythmus

3. Rhythmus

Bei der Reihung entsteht das Problem, daß der Abstand zwischen den Figuren oder die Wertigkeit immer gleich ist. Häufig entspricht das nicht der Realität: Einige Figuren folgen z.B. zeitlich schneller aufeinander als andere, oder einige Figuren stehen in engerer Beziehung zueinander als ein anderes Figurenpaar. Bei diesem Problem hilft der Rhythmus. Rhythmus erreicht man durch die gleichmäßige Anordnung unterschiedlicher Elemente oder die wechselnde Positionierung gleicher Figuren. Rhythmus macht es dem Auge leichter, lange Reihungen zu erfassen; diese sind somit einfacher lesbar. Rhythmische Nähe und Entfernung kann den Gedanken gliedern helfen. Sie erreichen Rhythmus durch Farb- bzw. Formenwechsel oder durch die versetzte Darstellung.

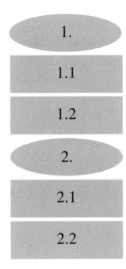

4. Dynamik

Dynamik beruht auf der Durchbrechung von Regelmäßigkeit. Sie erfordert eine offene Struktur, eine „Struktur in Bewegung". Die Dynamik als zentrales Stilelement ist prädestiniert, um Ansichten und Prozesse darzustellen. Die Provokation kann dabei eine entscheidende Rolle spielen. Sie kann durch die ungewöhnliche Darstellung erreicht werden oder durch den Inhalt. Der Eindruck von Offenheit und Vielfältigkeit ist der zentrale Eindruck, der bei der Dynamik erreicht werden soll. Diese Darstellungsform ermöglicht es Ihnen, ein hohes Maß an Phantasie und Kreativität zu entwickeln.

Dynamik

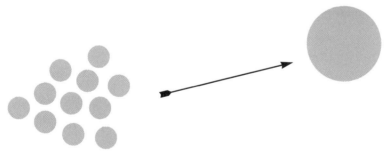

11.5 Spontane Visualisierung

Die spontane Visualisierung kann immer da angewendet werden, wo verbale Beiträge dokumentiert und gesteuert werden müssen. In moderierten Prozessen wird sie immer dann nötig, wenn die Gruppe den Drang verspürt, einen Aspekt eingehender zu diskutieren.

spontane Visualisierung bei Gesprächen

Durch die spontane Visualisierung wird verhindert, daß immer dieselben Argumente wieder neu aufgegriffen und verdeutlicht werden und der Diskussionsverlauf wird nachvollziehbarer. Die Diskussion ist einfacher zu steuern und bekommt einen roten Faden.

Gehen Sie folgendermaßen vor:

- Benutzen Sie eine Pinwand oder ein FlipChart.
- Schreiben Sie das Diskussionsthema als Überschrift in eine Wolke.
- Visualisieren Sie alle Diskussionsbeiträge (Kernaussagen) der Teilnehmer.
- Bei zu langen Redebeiträgen fragen Sie nach der Kernaussage. Die Frage kann wie folgt formuliert werden: *„Wie soll ich das aufschreiben?"*
- Achten Sie darauf, daß zielorientiert diskutiert wird.
- Schreiben Sie für alle lesbar.

11.6 Mind-Map

Mind-Map

Das Mind-Mapping ist eine kreative Variante der Visualisierung. Von der zentralen Themenstellung, die im Mittelpunkt der Fläche visualisiert wird, werden einzelne Beiträge in die entstehenden Äste eingetragen. Dadurch können gleichzeitig Oberbegriffe gefunden werden. Zusätzlich wird durch diese Art der Visualisierung deutlich, auf welcher Ebene sich die Moderation gerade befindet.

Mind-Maps lassen einen kreativen und fast chaotischen Arbeitsstil der Gruppe zu und erreichen trotz alledem ein strukturiertes Ergebnis. Die Vorteile beim Einsatz von Mind-Maps liegen eindeutig in der Prozeßarbeit und in Entwicklungsphasen. Die Entwicklung eines Mind-Maps kann durch die Moderation vorbereitet oder ergänzt werden. Aber auch einzelne methodische Bausteine der Moderation lassen sich mit Mind-Mapping durchaus verknüpfen.

Visualisierung

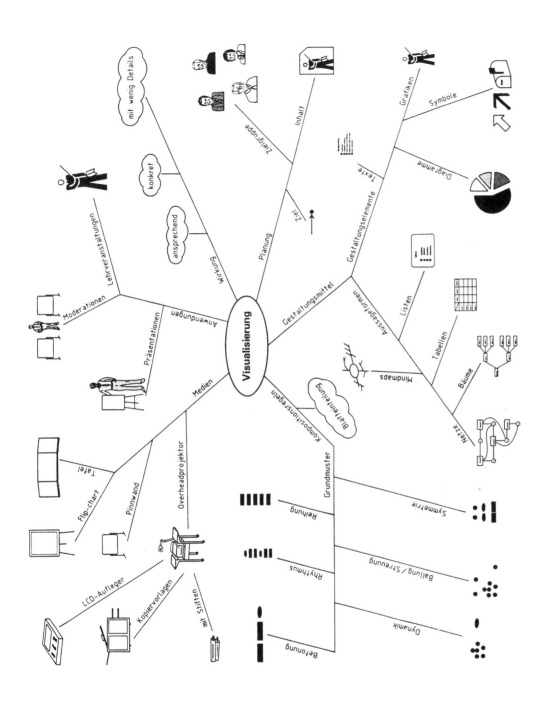

Quelle: TELEKOM-Zeitschrift

11.7 Literatur

Barenberg, A.: Die überzeugende Präsentation, München 1994.
Hampden-Turner, C.: Modelle des Menschen, Weinheim/Basel 1993.
Klebert, K./ Schrader, E./ Straub,W.: KurzModeration, Hamburg 1987.
Klebert, K./ Schrader, E./ Straub,W.: ModerationsMethode, Hamburg 1991.
Maro, F.: Sicher präsentieren, Düsseldorf/Wien 1994.
Mehrmann, E.: Präsentation und Moderation, Düsseldorf/Wien 1993.
Neuland, M.: Die Neuland-Moderation als ganzheitliche Lern- und Arbeitsmethode, Eichenzell 1992.
Schnelle-Cölln, T.: Visualisierung, Quickborn 1975.
Schrader, E./ Biehne, J./ Pohley, K.: Optische Sprache, Hamburg 1991.
Seifert, J.W.: Visualisieren, Präsentieren, Moderieren, Bremen 1994.
Tosch, M.: Seminarunterlage „Grundlagen der Moderation", Eichenzell 1986.
Tosch, M.: Brevier der Neuland-Moderation, Eichenzell 1994.

Literaturhinweise zum Kapitel „Farben"

(1) Itten, Johannes: Kunst der Farbe, Ravensburg 1987, S. 12.
(2) Frieling, Heinrich: Mensch und Farbe, Göttingen/Zürich 1981, S. 20.
(3) Itten, Johannes: Kunst der Farbe, Ravensburg 1987, S. 16.
(4) Frieling, Heinrich: Gesetz der Farbe, 3. Auflage, Göttingen 1990, S. 149.
(5) Gestaltungslehre, 3. durchgesehene Auflage, Hamburg 1977, S. 19ff.
(6) Goethe, Johann Wolfgang von: Farbenlehre, Band 1, Stuttgart 1979, S. 275f.
(7) Frieling, Heinrich: Farbe im Raum, München 1979, S. 9.
(8) Frieling, Heinrich: Gesetz der Farbe, 3. Auflage, Göttingen 1990, S. 183f.
(9) Frieling, Heinrich: Mensch und Farbe, Göttingen/Zürich 1981, S. 42.
(10) Frieling, Heinrich: Mensch und Farbe, Göttingen/Zürich 1981, S. 43.
(11) Frieling, Heinrich: Mensch und Farbe, Göttingen/Zürich 1981, S. 10.
(12) Eberhard, L.: Heilkräfte der Farben, 7. Auflage, München 1987, S. 37f.
(13) Gestaltungslehre, 3. durchgesehene Auflage, Hamburg 1977, S. 51.
(14) Frieling, Heinrich: Mensch und Farbe, Göttingen/Zürich 1981, S. 7.
(15) Frieling, Heinrich: Farbe im Raum, München 1979, S. 10.
(16) Goethe, Johann Wolfgang: Farbenlehre, Stuttgart 1979, S. 277f.

(17) Itten, Johannes: Kunst der Farbe, 3. Auflage, Göttingen/Zürich 1987, S. 132.
(18) Frieling Heinrich: Gesetz der Farbe, 3. Auflage, Göttingen/Zürich 1990, S. 140.
(19) Frieling, Heinrich: Mensch und Farbe, München 1981, S. 81.
(20) Frieling, Heinrich: Farbe im Raum, München 1979, S. 45.
(21) Kandinsky, Wassily: Über das Geistige der Kunst, München 1913.
(22) Heller, Eva: Wie Farben wirken, Hamburg 1989, S. 129ff.
(23) Wick, Kurt; Wick, Rainer: Form und Farbe, 4. Auflage, Bonn 1979, S. 32.
(24) Gestaltungslehre, 3. durchgesehene Auflage, Hamburg 1977, S. 52, 67.
(25) Heller, Eva: Wie Farben wirken, Hamburg 1989, S. 259ff.
(26) Frieling, Heinrich: Mensch und Farbe, Göttingen/Zürich 1981, S. 84f.
(27) Frieling, Heinrich: Gesetz der Farbe, 3. Auflage, Göttingen/Zürich 1990, S. 140ff.
(28) Frieling, Heinrich: Farbe im Raum, München 1979, S. 45.
(29) Wick, Kurt; Wick, Rainer: Form und Farbe, 4. Auflage, Bonn 1979, S. 32.
(30) Itten, Johannes: Kunst der Farbe, Ravensburg 1987, S. 136.
(31) Goethe, Johann Wolfgang von: Farbenlehre, Band 1, Stuttgart 1979, S. 278.
(32) Gestaltungslehre, 3. durchgesehene Auflage, Hamburg 1977, S. 52, 67.
(33) Itten, Johannes: Kunst der Farbe, Ravensburg 1987, S. 134.
(34) Gestaltungslehre, 3. durchgesehene Auflage, Hamburg 1977, S. 52, 67.
(35) Frieling, Heinrich: Gesetz der Farbe, 3. Auflage, Göttingen/Zürich 1990, S. 140ff.
(36) Frieling, Heinrich: Mensch und Farbe, Göttingen/Zürich 1981, S. 69ff.
(37) Frieling, Heinrich: Farbe im Raum, München 1979, S. 45.
(38) Wick, Kurt; Wick, Rainer: Form und Farbe, 4. Auflage, Bonn 1979, S. 32.
(39) Heller, Eva: Wie Farben wirken, Hamburg 1989, S. 51ff.
(40) Goethe, Johann Wolfgang von: Farbenlehre, Band 1, Stuttgart 1979, S. 280.
(41) Itten, Johannes: Kunst der Farbe, Ravensburg 1987, S. 135.
(42) Frieling, Heinrich: Gesetz der Farbe, 3. Auflage, Göttingen/Zürich 1990, S. 140ff.
(43) Frieling, Heinrich: Mensch und Farbe, Göttingen/Zürich 1981, S. 100ff.
(44) Frieling, Heinrich: Farbe im Raum, München 1979, S. 45.
(45) Wick, Kurt; Wick, Rainer: Form und Farbe, 4. Auflage, Bonn 1979, S. 32.

(46) Heller, Eva: Wie Farben wirken, Hamburg 1989, S. 23ff.
(47) Gestaltungslehre, 3. durchgesehene Auflage, Hamburg 1977, S. 52, 67.
(48) Goethe, Johann Wolfgang von: Farbenlehre, Band 1, Stuttgart 1979, S. 283f.
(49) Itten, Johannes: Kunst der Farbe, Ravensburg 1987, S. 136.
(50) Frieling, Heinrich: Gesetz der Farbe, 3. Auflage, Göttingen/Zürich 1990, S. 140ff.
(51) Frieling, Heinrich: Mensch und Farbe, Göttingen/Zürich 1981, S. 91ff.
(52) Wick, Kurt; Wick, Rainer: Form und Farbe, 4. Auflage, Bonn 1979, S. 32.
(53) Heller, Eva: Wie Farben wirken, Hamburg 1989, S. 71ff.
(54) Gestaltungslehre, 3. durchgesehene Auflage, Hamburg 1977, S. 52, 67.
(55) Frieling, Heinrich: Gesetz der Farbe, 3. Auflage, Göttingen/Zürich 1990, S. 147f.
(56) Frieling, Heinrich: Mensch und Farbe, Göttingen/Zürich 1981, S. 84f.
(57) Frieling, Heinrich: Farbe im Raum, München 1979, S. 45.
(58) Heller, Eva: Wie Farben wirken, Hamburg 1989, S. 145ff.
(59) Gestaltungslehre, 3. durchgesehene Auflage, Hamburg 1977, S. 52, 67.

12. Phasen einer Moderation und ihre Planbarkeit

12.1 Phasen moderierter Veranstaltungen

Wenn Menschen zusammenkommen, um zu lernen oder zu arbeiten, so verlaufen solche Veranstaltungen in typischen Phasen. Jede dieser Phasen hat ihren ureigenen Charakter und verlangt vom Moderator immer wieder andere Fähigkeiten. Innerhalb des nun idealtypisch dargestellten Prozesses befinden sich in Realsituationen immer wieder Schleifen, die die Moderation jedesmal einzigartig und abwechslungsreich gestalten. So entstehen immer neue Lernsituationen für den Moderator, die ihm Gelegenheit geben zu wachsen und eine interessante Arbeit zu gestalten.

typische Phasen von Veranstaltungen

Schleifen

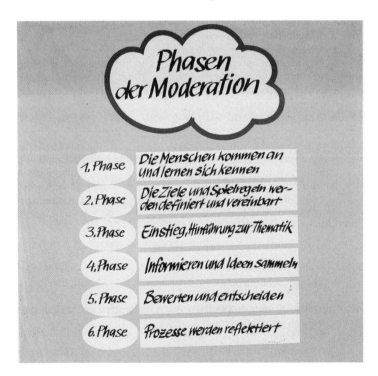

1. Die Teilnehmer lernen sich kennen (1. Phase)

Die Teilnehmer kommen an. Selten treffen alle Beteiligten gleichzeitig ein. Die Teilnehmer brauchen meist etwas Zeit, um sich von dem Anfahrtsstreß zu lösen und eine gewisse Ruhe zu erreichen. In jedem Fall sollten Sie als Moderator zu Beginn einen Freiraum zum zwanglosen Beisammensein schaffen. Ein Begrüßungsgetränk oder kleine Snacks im Foyer bieten sich

Teilnehmer kommen an

dazu an. Lassen Sie die Beteiligten in dieser Situation nicht allein. Widmen Sie sich den Teilnehmern und nutzen Sie diese Gelegenheit, eine angenehme Atmosphäre zu schaffen. Das heißt für Sie, daß Sie Ihre Vorbereitungen schon abgeschlossen haben und der Raum zum Anfangen einlädt. In vielen Situationen liegt eine vorbereitete Teilnehmerliste bereit, auf der sich die Eingetroffenen eintragen können.

Die Bandbreite der Ausgangssituationen ist meist sehr variabel: Von der einen Tatsache, daß sich die Teilnehmer überhaupt nicht kennen, bis zu der anderen Tatsache, daß die Teilnehmer sich häufig treffen und sich demgemäß sehr gut kennen. Ideal für die Zusammenarbeit wäre es, wenn sich die einzelnen Personen über ihre Stärken und Schwächen im klaren und die Rollen innerhalb der Gruppe definiert sind. Aber auch dann können noch Situationen auftreten, in denen Spannungen, Ängste, Widerstände und Barrieren spürbar sind.

Atmosphäre der Offenheit und des Vertrauens schaffen

Anfangssituationen sollten von Moderatoren nicht unterschätzt werden. Jede neue Moderation baut Spannung auf. Spannung auf Neues, Spannung auf schwierige Partner – eben vor allem emotionale Auswirkungen. Um diese emotionalen Effekte auffangen zu können, sollte zu Beginn eine Atmosphäre der Offenheit und des Vertrauens geschaffen werden, die die beste Grundlage für Veränderungen, Lernprozesse und Problemlösungen ist. Der erste Schritt dazu ist Freiraum zu schaffen, damit sich die Menschen besser kennenlernen, sich näher kommen – auch wenn sie sich schon zu kennen glauben. Spart man an dieser Stelle Zeit, muß sie an anderer Stelle wieder aufgebracht werden. Es kommt zu Seitengesprächen, kritischen Beobachtungen, verlängerten Pausen oder auch gezielten Provokationen einzelnen Personen gegenüber. Man versucht, Grenzen auszuloten, den anderen zu erfahren. Das Interesse, von dem Menschen gegenüber mehr zu erfahren ist ein ganz natürliches und läßt sich durch keine „durchgezogene Disziplin" der Welt entkräften. Wer hier spart, beeinträchtigt die Arbeitsfähigkeit seiner Gruppe und damit auch das Arbeitsergebnis!

Methoden:
- Steckbrief:
  Jeder Teilnehmer füllt ein eigenes Plakat aus, auf dem Angaben zur eige-

Steckbrief

nen Person stehen. Die Fragen werden von Ihnen als Moderator vorbereitet. Wichtig für die Auswahl der einzelnen Fragestellungen ist, was für die gesamte Gruppe von Interesse ist. Jeder Teilnehmer präsentiert sein Plakat der Gruppe. Die Teilnehmer können Rückfragen stellen. Jedoch sollte jedem Teilnehmer freigestellt sein zu entscheiden, wieviel seiner Privatsphäre und Persönlichkeitsstruktur er preisgeben möchte. Der Steckbrief wird natürlich auch von Ihnen als Moderator ausgefüllt, um Ihre eigenen Vorstellungen der Gruppe präsent zu machen.

- Paarinterview:
Aus der Teilnehmergruppe finden sich zwei Teilnehmer zusammen, die sich noch nicht so gut kennen. Die Partner interviewen sich gegenseitig. Es ist möglich, einen Interviewleitfaden vorzugeben oder die einzelnen Paare selbst entscheiden zu lassen, was sie vom Gegenüber erfahren möchten. Sie schreiben die Antworten stichwortartig auf ein Plakat und präsentieren ihren Partner anschließend dem Plenum.

Paarinterview

- Formen schneiden:
Bisher wurden überwiegend Formen des Vorstellens präsentiert, die mehr die linke Gehirnhälfte der Teilnehmer animieren. Formen schneiden ist eine Art der Vorstellung, die beide Gehirnhälften gleichermaßen anspricht. Die Teilnehmer bekommen vom Moderator verschiedenfarbige Kartonagen und Scheren zur Verfügung gestellt. Achten Sie darauf, daß die gängigen Farben mehrmals vorhanden sind und die Farbpalette breit gestreut ist. Geben Sie nun den Teilnehmern die Aufgabe, aus ihrem farbigen Karton eine freie Form zu schneiden, die ihrer jetzigen Person oder Gefühlslage am ehesten entspricht. Beseitigen Sie gleich in der Arbeitsanleitung Befürchtungen der Teilnehmer, nicht professionell genug damit arbeiten zu können. Die Teilnehmer brauchen eine Zeit, um sich mit dieser ungewöhnlichen Arbeit mental anzufreunden. Es ist oft eine Hilfe, wenn Sie als Moderator einfach schon mal mit der Arbeit anfangen. Anschließend werden die Figuren zusammen an eine Pinwand gepinnt und jeder Teilnehmer erklärt den Bezug seiner Person zu der ausgeschnittenen Form. Diese Form des Vorstellens ist wesentlich intensiver als alle anderen vorgestellten Vorstellungsarten. Sie gibt mehr Möglichkeiten, sich persönlich zu präsentieren und legt feine Facetten

Formen schneiden

der Persönlichkeitsstruktur frei. Der Vorteil dabei ist, daß der Vortragende frei entscheiden kann, wie weit er gehen möchte. In der Regel werden hier keine zusätzlichen Fragen durch die Gruppe gestellt. „Formen schneiden" ist eine ideale Ergänzung zu der Teilnehmerliste. Diese Übung kann vor der persönlichen Vorstellung des einzelnen erfolgen.

Teilnehmerliste

- Teilnehmerliste (siehe S. 151ff)

Kennenlernspiele

- Kennenlernspiele:
Neben den oben dargestellten Vorstellungsarten gibt es eine ganze Reihe von Kennenlernspielen. Die folgenden Bücher geben eine Fülle von Anregungen für Anwärmsituationen:
    1. Vopel, K.W.: Interaktionsspiele, 6 Bände, 7. Auflage 1992.
    2. Höper, C.-J./Kutzleb, U./Stobbe, A.: Die spielende Gruppe, 12. Auflage 1993.
    3. W. Jokisch: Steiner Spielkartei, 4. Auflage 1994.
    4. Ulrich Baer: 666 Spiele, 1994.
    5. Klaus W. Vopel: Anwärmspiele, 4. Auflage 1992.

2. Die Ziele werden definiert und vereinbart (2. Phase)
Jede Moderation hat eine Aufgabenstellung, ein Ziel. Dieses Ziel bestimmt die weitere Vorgehensweise der Gruppe und des Moderators. Jedoch setzt sich jeder Teilnehmer andere Prioritäten oder stellt sich gar etwas anderes darunter vor. Daher ist es notwendig, zu Beginn einer Moderation die Zielsetzung für alle verständlich zu klären. Welche Bestandteile sind für die einzelnen wichtig? Was hilft ihnen weiter? Was möchte oder muß der Teilnehmer sogar erreichen? Dazu gehört zuerst der inhaltliche Rahmen. Welche „Lehrziele" bei Lehrveranstaltungen, welche „Problemlösungsziele" bei Problemlösungssitzungen oder welche „Abstimmungserfordernisse" bei Besprechungen haben die Veranstalter?

das Ziel bestimmt die weitere Vorgehensweise

inhaltliche und persönliche Ebene

Wenn Sie sich diese beiden Ebenen (inhaltliche und persönliche) als Kreise vorstellen, so ist es wahrscheinlich, daß sich diese beiden Kreise nicht völlig überlappen, im Extremfall sogar überhaupt keine Berührungspunkte haben.

Phasen einer Moderation und ihre Planbarkeit

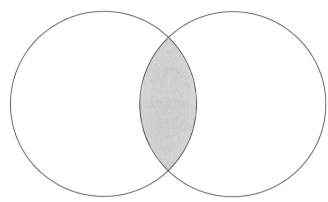

Nur in dem Bereich, in dem sich beide Kreise decken (schraffierte Fläche), sind Ziele erreichbar. Ihre Aufgabe als Moderator besteht darin, soviel Annäherung der beiden Kreise zu erreichen wie Ihnen möglich ist. Im Idealfall sind beide Kreise deckungsgleich. Wie können Sie das als Moderator erreichen? Indem Sie die Erwartungen der Teilnehmer klären. In diesem Zusammenhang ist es aber unbedingt notwendig, die Beteiligten über die Ausprägungen und Freiräume mit einem Höchstmaß an Offenheit zu informieren. Es bringt Ihnen nichts, Erwartungshaltungen bei den Teilnehmern aufzubauen, von denen Sie von vornherein wissen, daß sie nicht erfüllbar – realistisch – sind. Das führt nur dazu, daß die Teilnehmer sich nicht ernstgenommen fühlen und somit sinkt ihre Motivation und Arbeitsmoral.

Erwartungen klären

Wie klärt oder gewichtet man Erwartungen?
Stellen Sie mehrere Pinwände auf. Zuerst schreibt jeder Teilnehmer einzeln seine Erwartungen (stofflich, zur Seminargestaltung, usw.) auf je ein Kärtchen. Die einzelnen Erwartungen werden von den Betroffenen an die Pinwand gepinnt. In einem nächsten Schritt schauen die Beteiligten, ob Gemeinsamkeiten auftreten. Diese werden zusammengehängt. Falls nötig, können die Erwartungen in einem nächsten Schritt gewichtet werden, indem jeder Teilnehmer Klebepunkte erhält, die er dann je nach Wichtigkeit zu den einzelnen Erwartungen zuordnen kann. So können Sie sehen, welche Reihenfolge von Themen am angemessensten ist und die Moderation danach ausrichten.

Durchführung

Benötigte Zeit: ca. 20 – 35 Minuten

Zeitdauer

Fragen

Mögliche Fragestellungen: „*Was erwarte ich von der Moderation?*", „*Was erwarte ich vom Moderator?*", „*Was erwarte ich von mir?*", „*Was erwarte ich von der Gruppe?*"

Es kann aber auch passieren, daß sich im Laufe der Moderationsveranstaltung der Fahrplan ändert. Oft stellt sich heraus, daß „am grünen Tisch" im voraus an den eigentlichen Bedürfnissen der Beteiligten vorbeigeplant wurde oder sich eine veränderte Aufgabenstellung (Ziel) herauskristallisiert. Aber das ist nicht tragisch, sondern notwendige Begebenheit.

Spielregeln klären

Nicht nur die Ziele der Veranstaltung sollten geklärt werden – also das Was –, sondern auch die Art und Weise des Miteinanderumgehens – das Wie. Dazu dienen die Spielregeln, die an anderer Stelle schon ausführlich behandelt wurden. Spielregeln tragen dazu bei, daß der einzelne mit sich selbst und mit anderen umgehen und seinen Freiraum definieren kann. Neben dem Was und dem Wie bleibt an dieser Stelle noch die Absprache des formalen Rahmens. Anfangs- und Endzeiten fallen genauso darunter wie Pausenzeiten und Lern- bzw. Arbeitsrhythmus. Klären Sie die Fragen zusammen mit den Teilnehmern, denn jeder Beteiligte beschäftigt sich mit diesen Punkten am Anfang einer Veranstaltung selbst.

Folgende Aktivitäten empfehlen sich für diese Phase:

- Kartenfrage,
- Zuruffrage,
- Listen,
- Wechsel von Gruppenarbeitsformen.

3. Einstieg, Hinführung zur Thematik (3. Phase)

Teilnehmer für Thema sensibilisieren

Der Einstieg in das Thema dient dazu, die Teilnehmer für den Themenkomplex zu sensibilisieren. Als erstes sollte es Ihnen als Moderator allerdings gelingen, die Aufmerksamkeit der Beteiligten zu erlangen. Versuchen Sie, den Focus auf das „Hier und Jetzt" zu lenken, auf das Thema, die Gruppe. Alles, was langsam aber stetig zum Thema führt, ist angebracht. Fallen Sie also nicht mit der Tür ins Haus. Lassen Sie die Teilnehmer aus sich selbst heraus

Aktivitäten entwickeln, die Sie dann aufnehmen und verstärken, oder stellen Sie Fragen, die auf das Thema hinführen (sog. Trailer). *Trailer*

Folgende Aktivitäten sind hilfreich, um einen Einstieg zu gestalten: *Aktivitäten*
- Graffiti:
  Die Moderatoren schreiben auf Pinwände eine Reihe von Satzanfängen, die sich auf das Thema oder Problem beziehen. Plazieren Sie diese in das obere linke Feld der Pinwand. Die Teilnehmer werden daraufhin aufgefordert, diese Sätze mit Karten oder auf der Pinwand zu vervollständigen. Dies ermöglicht jedem Teilnehmer, sich ganz individuell mit dem Thema auseinanderzusetzen und zeigt zudem Vielfalt und Facettenreichtum eines einzigen Problems oder Themas.

- Thesen, die provozieren,
- Punktfragen,
- Präsentation eines Themenkomplexes,
- Sensibilisierende Übungen oder Spiele,
- Rollenspiele,

- Kurzfilme,
- Aktivitäten der Beteiligten transparent machen.

Sie können allerdings nie sicher gehen, daß alles störungsfrei verläuft. Vor allem Einstiegsaktivitäten geben immer noch Anlaß zu Unstimmigkeiten oder Unkonzentriertheit. Wer durch besondere Umstände belastet ist, durch etwas abgelenkt ist oder gar nicht mitmachen will, soll seinen Freiraum bewahren oder die Möglichkeit nutzen, seine Probleme kundzutun (Störungen anmelden). In dieser Phase bekommen Sie ein eindeutiges Bild von der Handhabung der Spielregeln innerhalb der Gruppe und wie „reif" sie ist.

4. Informieren und Ideen sammeln (4. Phase)

Informationen geben und austauschen

Im nächsten Schritt werden Informationen gegeben oder ausgetauscht, Ideen produziert, Erfahrungen werden transparent gemacht, es wird etwas erlebt. Es entsteht ein Dialog zwischen den Teilnehmern. Die soziale Interaktion garantiert eine hohe Aufnahmefähigkeit der Beteiligten und somit auch einen hohen Behaltensgrad. Jeder gibt seine Information (Wissen, Meinungen, Erfahrungen, Gefühle, etc.) weiter. Diese werden alle durch die Visualisierung transparent gemacht. Es entsteht ein gemeinsamer Wissenspool, der durch die vielen verschiedenen Informationen bereichert wird. Dies kann in Form einer Einwegkommunikation durch den Trainer oder Lehrer nie erreicht werden. Die Gruppe weiß immer mehr als der einzelne!

gemeinsamer Wissenspool

Informationen zusammenfassen, sortieren und strukturieren

Die auf diesem Weg ausgetauschten Informationen werden auf demokratische Art und Weise zusammengefaßt, sortiert und strukturiert. Demokratie bedeutet hier in besonderem Maße „Minderheitenschutz". Der Autor eines Beitrages hat das Recht zu bestimmen, was mit seinem Beitrag geschieht.

Folgende Aktivitäten empfehlen sich für diese Phase:
- Kartenfrage,
- Zuruffrage,
- Vernissage,
- Wechsel von Arbeitsformen,
- Vortrag,
- Informationssysteme (Video, Lexika, Literatur, Zeitschriften, usw.).

Kreativitätserweiterung

Kreativität bedeutet, daß geläufige Denk- und Handlungsmuster durchbrochen werden, um dadurch zu neuen Ansätzen bzw. Lösungen zu kommen. In Moderationsprozessen kommt es häufig vor, daß die Gruppe in ihrer Arbeit festgefahren ist oder zu keinen neuen Ansätzen findet. Die Blockade kann inhaltlicher oder kommunikativer Natur sein. In dieser Situation müssen Sie als Moderator der Gruppe Übungen oder Techniken an die Hand geben, die den Teilnehmern aus der Blockade heraushelfen. Hier werden jetzt nicht alle Kreativitätstechniken erklärt, die in der gängigen Literatur zu finden sind, sondern der Focus liegt bei den Übungen, die mit der Moderationsmethode einfach zu verknüpfen sind.

geläufige Denk- und Handlungsmuster durchbrechen

Führen vorhandene Denkmuster nicht zum Ziel, muß das Problem
- in andere Zusammenhänge gestellt werden,
- umformuliert werden,
- unter anderen Aspekten betrachtet werden.

„Das ist ganz einfach: Sie nehmen irgend etwas und machen etwas damit. Dann nehmen Sie es wieder her und machen etwas anderes damit. Recht schnell ist Ihnen etwas daraus gelungen." Jasper Johns

- Brainstorming (siehe Zuruffrage)
  Schreiben Sie die Problemformulierung auf, möglichst für alle sichtbar. Die Teammitglieder rufen dem Moderator Lösungsvorschläge zu, die von Ihnen visualisiert werden. Durch Assoziationen produzieren alle weitere Ideen.

  Brainstorming

  Zentrale Spielregeln:
  Jede Aussage ist willkommen!
  Keine Kritik!

- Brainwriting (siehe Kartenfrage)
  Eine Abwandlung des Brainstormings mit Hilfe der Moderationskarten. Die Teammitglieder schreiben Ideen auf Kärtchen. Der Moderator sammelt die Kärtchen und pinnt sie an die Pinwand. Nicht sortieren, einfach in loser Reihenfolge anpinnen. Wichtig ist auch hier, für eine kreative

  Brainwriting

Stimmung zu sorgen und die Regeln des Brainstormings zu beachten. Achten Sie darauf, daß dieser Schritt nicht zu früh beendet wird. Sie werden feststellen, daß zuerst die herkömmlichen Ideen genannt werden (Denkmuster). Erst wenn jeder Teilnehmer seine Denkmuster losgeworden ist, werden neue, ungewöhnliche Ideen produziert. Wenn der Ideenstrom nachläßt, können Sie als Moderator durch stimulierende Fragen das Team auflockern.

Umformulierung

- Umformulierung
  Die Umformulierung soll eine neue Betrachtungsweise des Problems bringen. Jeder soll sich von seinem bisherigen Standpunkt lösen und das Problem unter neuen Aspekten sehen.

  Vorgehensweise:
  Jeder Beteiligte schlägt neue Problemformulierungen vor. Sie stellen dazu eine WIE-Frage. Die neue Formulierung soll neue Lösungen bringen. Numerieren Sie die gefundenen Umformulierungen. Jedes Teammitglied schlägt drei Formulierungen vor, die ihm geeignet erscheinen, neue Lösungen zu produzieren. Die Auswahl der Formulierungen erfolgt durch geheime Wahl des Teilnehmers an seinem Platz. Sie fragen das Team: *„Wer ist für Formulierung 1?"* usw. Eine Alternative dazu wäre die Mehr-Punkt-Frage. Die Formulierung, die die meisten Stimmen bekommt, wird weiterverfolgt. Achten Sie darauf, daß auch bei diesem Schritt an den Formulierungsvorschlägen keine Kritik geübt wird.

  „Keine Idee ist so verrückt, daß sie nicht mit einem scharfen, aber gleichzeitig ruhigen Auge erwogen werden sollte." Winston Churchill

  Beispiel:
  Ursprüngliches Problem: *„Wie kann Altglas wiederverwendet werden?"*
  Umformulierung: *„Wie erreichen wir, daß Altglas gar nicht erst entsteht?"*

Analogien

- Analogien
  Zu diesem Zeitpunkt entfernen sich die Problemlöser am weitesten von der ursprünglichen Problemstellung. Jedes Teammitglied beschreibt die Gesetzmäßigkeiten der Analogien, die ihm einfallen. Alles, was zur Ana-

logie paßt, kann genannt werden. Besonders hier hat der Moderator darauf zu achten, daß keine Kritik aufkommt. Alle Aussagen und Beschreibungen werden visualisiert. Die Aussagen sollten nicht nur als Stichwort genannt, sondern als kurze Beschreibung vorgebracht werden. Versuchen Sie, eine Situation zu erreichen, in der sich die Teilnehmer völlig von der ursprünglichen Problemlösung trennen und sich ausschließlich mit der Beschreibung der Analogie befassen. Die Beteiligten setzen dann die Beschreibung der Analogien in Lösungsansätze um. Dies sollte so konkret wie möglich sein.

Beispiel:
1. Problemstellung – für einen Behälter einen neuen Verschluß finden
2. Analogie – Verschlüsse aus der Natur: Schneckenhaus, Froschmaul, Schließmuskel, Auge
3. Beschreibung einer Analogie – Das Schneckenhaus hat verschiedene Formen, angepaßt an die Schnecke. Es ist spiralförmig. Es kann ausgetauscht werden, wenn es zu klein wird. Die Schnecke kann sich darin zurückziehen.
4. Transfer in eine Lösungsmöglichkeit

5. Bewerten, Konkretisieren und Entscheiden (5. Phase) oder

Die bisher gesammelten Informationen und Ideen sind unstrukturiert, d. h. daß die Teilnehmer nun in eine Phase kommen, in der sie die gesammelten Informationen in einen Sinnzusammenhang einordnen. Um dies tun zu können, findet eine Bewertung der Information statt. Jede Bewertung führt dazu, Partei zu ergreifen, sich mit dem einen oder anderen Standpunkt zu identifizieren. Es liegt fast schon in der Natur der Sache, daß sich hier verhärtete Fronten bilden können (Konflikte auftreten können). Es ist daher erforderlich, daß die Bewertungsphase von konstruktiver Kritik getragen wird. Jeder Beteiligte ist dazu aufgerufen, Standpunkt zu beziehen, Zweifel anzumelden und sich mit allen Informationen auseinanderzusetzen. Um diese Phase so demokratisch wie möglich zu gestalten, sollten Sie als Moderator alle Beteiligten miteinbeziehen. Bieten Sie den Teilnehmern Spielregeln an, damit die Gruppe mit aufkommenden Konflikten gut umgehen kann.

Bewertung der Information

Spielregeln

konkretisieren　　In dieser gruppendynamisch entscheidenden Situation kommt es vor, daß die Informationen weiter konkretisiert werden müssen. Somit ergeben sich hier oft Schleifen mit der Notwendigkeit, den Prozeß kurz und interessant zu gestalten. Eine sehr anspruchsvolle Aufgabe für jeden Moderator! Endpunkte dieser Phase sind oft Entscheidungen, Planungen, Detaillierungen oder Vertiefungen.

Entscheidungen treffen　　Entscheidungen zu treffen, ist eine alltägliche Begebenheit für jeden Teilnehmer. Jedoch werden die meisten Entscheidungen allein oder nach dem Machtprinzip getroffen. Wichtig für moderierte Prozesse ist es jedoch, daß Entscheidungen im Konsens getroffen werden. D.h., daß die gesamte Gruppe hinter diesem Entschluß stehen muß. Konsensentscheidungen sind allerdings nur dann angebracht, wenn Sie im Moderationsprozeß Abschlußentscheidungen treffen. Nicht jede Auswahl aus mehreren Alternativen sollte im Konsens stattfinden. Mehrheitsentscheidungen sind für Abschlußentscheidungen also nicht ausreichend. Sie provozieren Störmanöver der überstimmten Teilnehmer.

Konsensbildung　　Beachten Sie bitte, daß im Zuge der Konsensbildung kreative Lösungen oft auf der Strecke bleiben. Sind Sie also darauf angewiesen, außergewöhnliche Lösungen zu erarbeiten, weisen Sie die Gruppe darauf hin. Schaffen Sie von vornherein Klarheit, was ein Konsensbeschluß ist und erklären Sie der Gruppe, warum Sie auf einer solchen Entscheidungsform bestehen.

Folgende Aktivitäten empfehlen sich für diese Phase:
- Cluster,
- Strukturierung von Aussagen,
- Punktfragen,
- Listen,
- Vernissage,
- Wechsel von Gruppenarbeitsformen.

Verarbeiten und vertiefen (5. Phase)

Lernprozesse　　In Lernprozessen erfolgt der nächste Schritt ähnlich wie oben beschrieben. Auch hier erfolgt eine Strukturierung der Information mit vorangegangener

Bewertung. In dieser Situation ist es aber von Belang, die erarbeiteten Informationen mit einem persönlichen Bezugsrahmen zu verknüpfen. Dies geschieht am besten durch eigene Erfahrungen. Es gilt, erlernte Dinge zu üben, anzuwenden oder in einem Rollenspiel zu simulieren. Erst die persönliche Erfahrung ermöglicht es dem Lernenden, der Information einen Sinngehalt zu geben. Ohne diesen ist die Verarbeitung der Information in dem Langzeitgedächtnis nicht möglich. Neben der Verarbeitung der Information kommt es notwendigerweise zu Vertiefungsphasen. Die Vertiefungen sollten von den Teilnehmern selbstverantwortlich ausgewählt und bearbeitet werden. Sogenannte Informationssysteme können dem einzelnen Beteiligen oder der Gruppe helfen, Selbstlernprozesse in Gang zu setzen. Eine für den täglichen Arbeitsprozeß unerläßliche Arbeitstechnik, gehen doch die meisten der Teilnehmer nach dem Seminar an ihren eigenen Arbeitsplatz zurück. Demnach findet diese Phase in unterschiedlichen Gruppenarbeitsformen statt (Plenum, Gruppenarbeit, Paararbeit, Einzelarbeit).

persönlicher Bezugsrahmen

Vertiefungen

Selbstlernprozesse

6. Die Prozesse und Ergebnisse werden reflektiert (6. Phase)

Die letzte Phase dient der Reflektion des Prozesses und der Ergebnisse. Erfahrenes und Verhaltensweisen werden Inhalt gegenseitigen Feedbacks. Aber auch der organisatorische Ablauf und die methodische Vorgehensweise werden beleuchtet. Fragen wie „*Welche methodischen Schritte waren hilfreich?*", „*In welchem Maße sind wir mit dem Ergebnis zufrieden?*" oder „*Welche Spielregeln sollten beim nächsten Mal besonders beachtet werden?*" sind typisch. Genau wie die Anfangssituation sollte man bei der Schlußphase nicht sparen, ermöglicht sie der Gruppe doch eine genaue Evaluation der eigenen Arbeit und liefert Verbesserungsvorschläge.

Reflektion

Feedback

Evaluation

Folgende Aktivitäten empfehlen sich für diese Phase:
- Einpunktfrage,
- Mehrpunktfrage,
- Kartenfrage,
- Vernissage.

dokumentieren	<u>7. Dokumentation</u>

Jede moderierte Veranstaltung wird dokumentiert. Es wird ein Simultanprotokoll von den visualisierten Plakaten angefertigt. Es ist wichtig, alle Schritte bis zur Entscheidungsfindung oder dem Lernergebnis nachvollziehen zu können. Daher sollten Sie alle Plakate aufheben und dokumentieren. Sortiert man die Plakate vor, können wertvolle Informationen verlorengehen, die erst im nachhinein als solche klassifiziert wurden.

wichtige Informationen auf Plakaten festhalten

Da nur diejenigen Äußerungen in einer Dokumentation auftauchen, die in den Plakaten visualisiert wurden, ist es notwendig, darauf zu achten, daß alle von den Teilnehmern als wichtig erachteten Aussagen auch auf den Plakaten festgehalten werden. Das bedeutet für jeden Teilnehmer, auch selbst dafür zu sorgen, daß er sich in seinen wichtigsten Aussagen wiederfindet. Das können die Teilnehmer aber nur dann leisten, wenn nicht jeder für sich selbst auch noch ein eigenes Protokoll führt. Unterbinden Sie das als Moderator und erklären Sie den Teilnehmern, daß sie ihre ganze Aufmerksamkeit für den Moderationsprozeß brauchen. Machen Sie den Teammitgliedern deutlich, daß auf den Plakaten ihr gemeinsames Protokoll entsteht.

im Laufe der Moderation

Erinnerungseffekt

Simultanprotokoll heißt in diesem Zusammenhang, daß die Dokumentation im Laufe der Moderation entsteht und nicht erst im Nachhinein aus der Erinnerung oder aus Notizen einzelner. Das Protokoll soll den visuellen Eindruck des Plakates möglichst genau wiedergeben. Dies ist wichtig, da der Erinnerungseffekt eines Plakates eher an die Gesamtgestaltung geknüpft ist, als an einzelne inhaltliche Aussagen. Daher bietet sich die Protokollierung mit einer digitalen Kamera förmlich an. Sie ermöglicht eine fotographisch genaue Wiedergabe der Plakate ohne Filmentwicklung. Das Protokoll kann während der Moderationspausen erstellt werden.

Plakate numerieren

Um die Reihenfolge der einzelnen Plakate nicht zu vergessen, sollten Sie während der Kurzpausen die fertigen Plakate durchnumerieren. Hängen Sie dazu kleine runde Scheiben mit den entsprechenden Nummern in die obere linke Ecke der Pinwand.

Fotoprotokoll

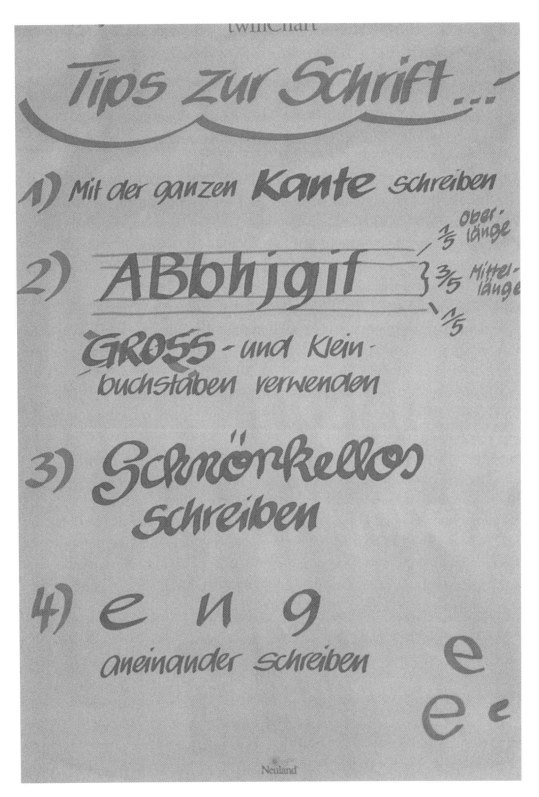

Die Handhabung der digitalen Kamera ist einfach, wenn Sie auf einige Voraussetzungen achten. Wählen Sie eine Kamera, die mindestens eine Auflösung von 1.4 Millionen Pixel hat. Spiegelreflex-Kameras sind von Vorteil, da sie ein genaueres Arbeiten zulassen. Die digitalen Kameras werden mit Speicherkarten bestückt. Normale Speicherkarten zwischen 4 und 8 MB sind momentan gängig (Entwicklungen in diesem Sektor schreiten jedoch rasend schnell voran).

Für eine dreitägige Moderation reichen Ihnen 2 bis 3 große Speicherkarten (8 MB) aus. Dies ist auch abhängig von der Auflösung, die Sie für Ihre Bilder aussuchen. Gängig sind drei verschiedene Auflösungen: Superhigh-Quality (SHQ), High-Quality (HQ) und Standard-Quality (SQ). Für normale Dokumentationen reicht „HQ", nicht allzu dicht beschriebene FlipCharts begnügen sich sogar mit „SQ". Die Bilder auf den Speicherkarten werden auf einen Computer oder Laptop heruntergeladen und ausgedruckt. Das Computerprogramm erhalten Sie bei den digitalen Kameras mitgeliefert. Die Bilder sind im Computer bearbeitbar. Spezielle Bildbearbeitungsprogramme brauchen Sie nicht dazu. Sie können die Bilder in schwarz-weiß oder vierfarbig ausdrucken. Farbige Ausdrucke sind meist nur dann nötig, wenn die Farbe spezieller Bedeutungsträger ist oder wenn es sich um eine aufwendige Präsentation handelt.

Sie können wichtige Bilddokumentationen speichern und so bedarfsgerecht ausdrucken. Sind die Daten dokumentiert und abgelegt, können Sie die Bilder wieder löschen. In Zukunft wird es sowohl ausgedruckte Fotoprotokolle geben als auch Fotoprotokolle in digitaler Form (auf CD, per Mail, usw.). Beide Ausgabeformen haben Vor- und Nachteile und werden je nach Information-Technology-System unterschiedlich präferiert. Die Ausgabeform auf Papier wird uns noch eine geraume Zeit erhalten bleiben, das ist sicher.

Das Abschreiben der einzelnen Plakate kann nur eine Ausweichmaßnahme sein, da sie viel zu zeitaufwendig und der Wiedererkennungseffekt nicht gegeben ist. Sollten Sie es aber trotzdem tun müssen, lassen Sie jedes Plakat von einem Teilnehmer jeweils auf ein DIN-A4-Blatt oder in den PC übertragen. Achten Sie auf eine gut lesbare Schrift! Die einzelnen Blätter können dann ebenfalls kopiert werden.

Abschreiben

Dokumentationen von moderierten Veranstaltungen sind meist nur für die Teilnehmer verständlich. Außenstehende haben in der Regel Schwierigkeiten, den Prozeß nachzuvollziehen. Es ist also ratsam, Außenstehende anhand einer Präsentation über ihre Arbeits- und Lernergebnisse zu informieren. So sind auch Mißverständnisse von vornherein ausgeschlossen.

Dokumentation

Handelt es sich um die Dokumentation einer längeren Moderation, ist es ratsam, das Protokoll zu untergliedern und entsprechende Erklärungsblätter dazwischen zu heften. Alles, was dazu beiträgt, die Verständlichkeit des Protokolls auf lange Sicht zu erhöhen, ist angebracht.

12.2 Prozeß versus Produkt

Der zentrale Arbeitsauftrag des Moderators ist die Prozeßsteuerung. Jedoch tun sich viele Moderatoren schwer, die Verantwortung für die Arbeitsergebnisse (Produkt) an die Gruppe abzugeben. Der folgende Exkurs soll helfen, diese beiden Ebenen in der Moderation zu erkennen und einordnen zu können.

Prozeßsteuerung

Produkte umfassen formale Outputs oder Aufgaben, Prozeßdimensionen umfassen Interaktionsmuster unter den Mitgliedern, Muster und Stile der Entscheidungsfindung, Mittel, Prozeduren, Motivationen und Organisationsklima. Das Produkt beschäftigt sich mit dem, was „herauskommt", der Prozeß beschäftigt sich mit der Bedeutung von Verhalten. Produkt beantwortet alle Fragen nach dem „Was" und „Wo", Prozeß diejenigen nach dem „Wann" und „Wie". Wichtigste Produkte der Aus- und Weiterbildung sind das Wissen, die Fähigkeiten und die Einstellungen, welche die Teilnehmer erwerben. Wichtigste Prozesse sind Training, Lernen, Beraten und Problemlösen.

Interaktionsmuster von Teilnehmern erfassen

Bedeutung von Verhalten

Denken Sie also immer daran, daß Sie als Moderator Prozesse planen müssen! Beschäftigen Sie sich, bitte, sehr intensiv mit dieser Maßgabe und fragen Sie sich, was das für Ihren Planungs- und Moderationsprozeß bedeutet.

12.3 Planbarkeit einer Moderation

Inszenierung von Lern- bzw. Arbeitsprozessen

Moderation ist nicht durch und durch planbar, schon gar nicht erfahrungsorientierte Moderation. Moderation hat – in diesem Sinne – Ähnlichkeiten mit einem Theaterstück; es ist eine Inszenierung von Lern- bzw. Arbeitsprozessen und von allen Beteiligten abhängig. Als Moderator kann man sicherlich eine Dramaturgie mit Inhalt, Formen und Erfahrungswerten erstellen, aber der resultierende Lern- bzw. Arbeitsprozeß hängt von Faktoren ab, die man nicht alle gleichzeitig beeinflussen kann. Spontaneität ist ein wichtiges Moment.

Das Destruktive oder Motivationstötende kann in einer Akzentverschiebung gesehen werden: Statt offen zu sein für vorder- und hintergründige Lern- bzw. Arbeitsbedürfnisse, verlagert der Moderator seine Energien krampfhaft auf die Einhaltung der Dramaturgie.

Vorbereitungszeit

Es wäre aber eine völlig fatale Schlußfolgerung, daß man Moderationsprozesse nicht planen und vorbereiten müsse. Bei einer Befragung bekannter

Phasen einer Moderation und ihre Planbarkeit

Moderatoren im Rahmen unserer Entwicklungsarbeit stellte sich heraus, daß im Mittel ein Tag Moderation einen halben Tag Vorbereitung bedarf. Erfahrungswerte sind in einer solchen Einschätzung schon mit inbegriffen!

Was gibt es also neben einer Dramaturgie – die den Abschluß der Vorbereitung einer Moderation darstellt – noch alles zu prüfen. Die folgende Checkliste soll einen Anhalts- und Orientierungspunkt darstellen (vgl. Fatzer: Ganzheitliches Lernen, S. 134f).

Checkliste

Checkliste
(1) Zielbereich
    (a) Zielsetzung
- kognitiv (Information, Wissen vermitteln)
- affektiv (persönlichen Bezug herstellen)
- somato-motorisch
- verhaltensmäßig (zusammenarbeiten lernen)
- sozial

    (b) Thema und Inhalt

(2) Kontextbereich
    (a) Teilnehmer
- Fähigkeiten, Ausbildungsstufe, Vorerfahrung
- Hintergrund, Alter
- Bereitschaft, Motivation
- Gruppenzusammensetzung

    (b) Gruppengröße
- Partnergruppe, Dreier-, Vierer-, Fünfergruppe, Plenum

    (c) Physikalische Ressourcen
- Räumlichkeiten, Technologie, Material, Raumgestaltung

    (d) Zeitrahmen
- Länge der Einheit, Pausen, Gesamtzeit
- Tageszeit

(3) Prozeßbereich
    (a) Themenzentrierung (TZI)
    (b) Intensität

(c) Interaktion
- groß - klein
- Teilnehmer – Teilnehmer
- Teilnehmer – Moderator

(4) Organisatorischer Bereich

(a) Struktur
- hochstrukturiert – unstrukturiert

(b) Leitung

Moderator als:
- „Befähiger" von Problemlösungen
- „Befähiger" von Lernprozessen
- „Vermittler" zwischenmenschlicher Fähigkeiten
- „Vermittler" von Wissen
- „Kommunikations"-Vermittler
- „Befähiger" von Planungen

Dramaturgie:
Plan für den Prozeß

Die Dramaturgie – als Begriff entlehnt aus dem Theater – ist der Plan für den Moderationsprozeß. Sie ist sozusagen der Bauplan für die Inszenierung. Die Dramaturgie enthält die einzelnen Schritte bis zum Erreichen des Moderationsziels. Im folgenden sehen Sie ein Dramaturgieblatt, das in der Moderation verwandt wird.

Phasen einer Moderation und ihre Planbarkeit

Dramaturgie

Seminar-Thema:
Ort:
Teilnehmerzahl:

Trainer:
Anfangszeit:
Datum:

Nr.	Arbeits-form	Arbeitstechnik	Arbeitsschritt	Hilfsmittel	Wer	Zeit pro Schritt	Endzeit

○ = Gruppenarbeit
EPF = Ein-Punkt-Frage
PW = Pinwand

•• = Einzelarbeit
MPF = Mehr-Punkt-Frage
FC = Flip Chart

△ = Plenum
ZF = Zuruffrage
OHP

□ = Präsentation
KF = Kartenfrage
PC

◇ = Expertenhearing
L = Liste
V = Video

◎ = Planspiel
Dia = Dia-Projektor

∞ = Rollenspiel
VC = Videocamera

Neuland®

Dramaturgie-Blatt

In die erste Spalte werden fortlaufende Nummern eingetragen. Sie bezeichnen die einzelnen Arbeitsschritte. Die zweite Spalte sagt etwas über die Arbeitsform aus. Hier wird eingetragen, ob die Phase z.B. im Plenum oder in Gruppenarbeit stattfindet. In die nächste Spalte notieren Sie sich die einzelnen Arbeitstechniken bzw. Moderationselemente. Die vierte Spalte bietet ausreichend Möglichkeit, den Arbeitsschritt zu beschreiben und die Fragen zu formulieren. Diese Spalte hilft Ihnen als Moderator, wenn Sie den Prozeß umgestalten müssen, denn sie gibt Ihnen Aufschluß über Ihre Zwischenschritte. Die nachfolgende Spalte beinhaltet die Hilfsmittel wie z.B. Pinwand, OHP oder Malblock. Die Spalte „Wer" verdeutlicht, wenn Sie zu zweit arbeiten, wie ihre Arbeitsaufteilung aussieht. Achten Sie auf ein ausgewogenes Zusammenspiel. Die vorletzte Spalte beinhaltet den Zeitaufwand pro Arbeitsschritt. Seien Sie hier lieber etwas großzügiger in der Planung. Sie sollten auf jeden Fall zwischendurch Schlupfzeiten (Puffer: 15 min.) einbauen. In der Spalte „Endzeit" wird die benötigte Zeit aufaddiert. Notiert wird dann aber nicht die aufaddierte Gesamtzeit, sondern die tatsächliche Uhrzeit.

Ein Beispiel: Sollte der erste Arbeitsschritt 20 min. dauern und Sie um 9.00 Uhr anfangen, notieren Sie in der letzten Spalte 9.20 Uhr. Brauchen Sie für den nachfolgenden Schritt 15 min., tragen Sie 9.35 Uhr ein.

12.4 Planung erfahrungsorientierten Lernens

Lernziele planen

Innerhalb eines Moderationsprozesses können mehrere Lernziele angesteuert werden. Wie die Durchführung einzelner Lernschritte aussehen kann, ist im folgenden beschrieben. Aber auch wenn Sie die Aufgabe haben, Moderation zu vermitteln und lehren, finden Sie hier wertvolle Anregungen (vgl. Fatzer: Ganzheitliches Lernen, S. 110ff):

<u>1. Planung</u>
Dieser Schritt umfaßt zwei Aspekte:

- die Entscheidung bezüglich der Wahl der verschiedenen Aktivitäten („design") und
- die konkreten Vorbereitungen der einzelnen Teile der Lernerfahrung.

Er umfaßt die Feststellung der Lernbedürfnisse der Teilnehmer, der Lernfähigkeiten, der Begleitmaterialien, das Festlegen geeigneter Ziele und die Auswahl der Aktivitäten.

2. Einführung
Die Aktivitäten in dieser Phase bestimmen den ganzen weiteren Verlauf. Wichtige Themen sind:
- Aktiv-Sein versus Passiv-Sein,
- Offenheit gegenüber der Erfahrung,
- Bereitschaft zum Risiko (bereit sein für das Geben und Empfangen von Feedback, zudem so authentisch als möglich),
- Prozeßorientierung (Der Prozeß des Lernens ist wichtig, er ist oft zentraler als der Inhalt. Jedoch sollte der Prozeß nicht gegen den Inhalt ausgespielt werden, denn beide sind untrennbar miteinander verbunden.),
- Leiter- und Teilnehmerverantwortlichkeit (Beide Seiten tragen Verantwortung für das Lernen, es muß in einem sogenannten Lernvertrag festgehalten werden. Damit Verträge ihre Gültigkeit haben, müssen sie unterschrieben werden.),
- Austausch von Teilnehmererwartungen.

Aktivitäten

3. Aktivität
Die Aktivität umfaßt den organisatorischen Rahmen und das „timing" der Instruktionen.
Als Moderator ist es wichtig, eine gute Balance zwischen Nähe und Distanz zu finden. Zu starkes Engagement des Moderators wird von den Teilnehmern als „Einmischung", zu starke Distanz wird als Störung oder Desinteresse empfunden. Ein guter Moderator erfahrungsorientierten Lernens sollte nahe bei der Aktivität sein (beobachten, fühlen, zuhören), aber nicht dazwischenfahren. Hauptaufgabe ist es, den Wahrnehmungsprozeß („awareness") der eigenen/anderen Bedürfnisse, Gefühle und Reaktionen anzuleiten.

Balance zwischen Nähe und Distanz finden

4. Austausch
Im Austausch sind zwei Aspekte wichtig:
- sich mitteilen („sharing") und
- Rückmeldung („feedback").

sich mitteilen und rückmelden

Beim Mitteilen ist es wichtig, daß die Teilnehmer ihre eigenen Gefühle, Reaktionen, subjektiven Eindrücke, Phantasien und Erfahrungen in die Gruppe hineingeben. Das Feedback ist eine Rückmeldung auf andere, auf die Gruppe und stammt von einem Beobachter, von den anderen Teilnehmern und – in beschränktem Maße – vom Moderator. Aufgabe des Moderators ist es, das Gespräch zu moderieren, damit konstruktives Feedback (siehe Seite 75) gegeben wird.

5. Zusammenfassung

Verarbeitungsrahmen bieten

Die Phase der Zusammenfassung enthält die spezifische Aktivität (Übung, Rollenspiel, Simulation, u.a.) sowie die gesammelte Erfahrung. Sie bieten den Teilnehmern einen Verarbeitungsrahmen an, damit sie Sinn und Inhalt der Erfahrung verstehen.

Die Zusammenfassung der spezifischen Aktivität umfaßt verschiedene Aspekte:
1. die Vermittlung von Perspektive zu Inhalt und Prozeß der Übung,
2. eine Integration der Teilnehmererfahrung mit Hintergrundinformationen,
3. eine Verallgemeinerung und Anwendung auf die Tätigkeit oder auf Alltagserfahrungen der Teilnehmer.

In der Kürze liegt die Würze

Integration der Erfahrung

Der Moderator hat hier eine aktive Rolle, da das hauptsächliche Ziel die Integration der Erfahrung ist. Erst hier beginnt das Lernen. Erfahrungen machen allein, hat noch nichts mit Lernen zu tun, erst die Integration der Erfahrung.

Transfer schaffen

Die Zusammenfassung der gesamten Lernerfahrung hat vor allem mit der Übertragung – Transfer – des gesamten Lernprozesses auf den beruflichen bzw. privaten Alltag des Teilnehmers zu tun. Oftmals kann das Seminar eine richtiggehende Insel- oder Ausnahmesituation sein. Falls hier Enttäuschungen entstehen, kann der Teilnehmer sich bereits damit vertraut machen, wie er mit möglichen Konflikten umgehen kann. Wichtig in dieser Phase ist die Offenheit des Moderators, der sich auch über seine Einschätzung der Lernerfahrung und Sicherheiten/Unsicherheiten im Anleiten äußert. Lehnt es ein Moderator ab, sich mit diesen Themen auseinanderzusetzen, fühlen sich die

Teilnehmer in ihrer Offenheit verletzt und reagieren mit Mißtrauen. Die Glaubwürdigkeit des Moderators oder des erfahrungsorientierten Lernens kann stark darunter leiden, so daß sich die Teilnehmer einer solchen Lernerfahrung nicht mehr öffnen werden.

Erfahrungsorientiertes Lernen ist nur in einem größeren Rahmen sinnvoll und konstruktiv, nicht als Augenblickserlebnis, das wie ein Instantkaffee angerichtet wird und schnell verfließt. Meistens mit bitterem Nachgeschmack.

6. Auswertung
Ziel der Auswertung ist es, die Wirksamkeit der Lernerfahrung für die Teilnehmer, die Stärken und Schwächen einer Aktivität, das Moderatorenverhalten näher zu beleuchten, um Änderungen oder Korrekturen für Verlauf und spätere Neuplanung herauszuschälen. Es erfolgt eine Betrachtung, ob die vorgegebenen Lernziele für den einzelnen oder insgesamt erreicht wurden. Die Auswertung erfolgt während des gesamten Lernprozesses und beginnt am Anfang mit dem Austausch der Erwartungen.

Wirksamkeit der Lernerfahrung prüfen

12.5 Musterdramaturgien

Wie bereits ausgeführt, ist jede Moderation immer wieder ein einmaliges Ereignis. Ihre Planbarkeit ist nur bedingt gegeben und doch werden im folgenden Musterdramaturgien vorgestellt. Sie sollen dazu beitragen, ein Gefühl für bestimmte Vorgänge und Prozesse zu bekommen.

Musterdramaturgien

I. Standarddramaturgie zur Moderation
  1. Gruppenspiegel mit Launi
  2. Ein-Punktfrage zur Themeneinstimmung
  3. Kartenfrage zum Themenaufriß
  4. Clustern
  5. Liste schreiben
  6. Mehr-Punkt-Frage zur Weiterbearbeitung
  7. Zuordnung der Teilnehmer zu selektierten Themen
  8. Gruppenarbeit mit strukturierten Fragen
  9. Präsentation der Arbeitsergebnisse

10. Ergänzungen durch Zuruf
11. Tätigkeitskatalog
12. Stimmungsbarometer

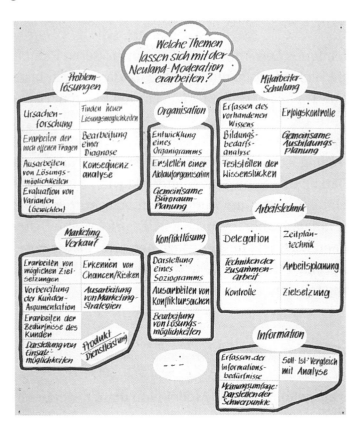

II. Schritte des kreativen Problemlösungsverfahrens

1. Die Phase der Ideenfindung:
- Der Moderator erklärt seine Aufgabe.
- Der Experte erklärt das Problem.
- Die Teilnehmer befragen den Experten bis zur Problemklärung.
- Alle Teilnehmer liefern spontane Lösungsansätze.
- Die Teammitglieder formulieren das Problem um.
- Alle Beteiligten liefern spontane Lösungsansätze.
- Alle Teilnehmer suchen nach Analogien.
- Individuelle Beschreibung der Analogien.
- Alle Gruppenmitglieder setzen die Beschreibung in Lösungsansätze um.

2. Die Phase der Bewertung und Entscheidung
- Jedes Teammitglied ordnet in Einzelarbeit alle Lösungsansätze in einer Matrix nach Oberbegriffen.
- Jeder Teilnehmer erarbeitet in Einzelarbeit mindestens einen Lösungsvorschlag.
- Die Gruppe arbeitet aus allen Lösungsvorschlägen die Gemeinsamkeiten heraus.
- Die Beteiligten untersuchen die Realisierbarkeit aller Lösungsvorschläge.
- Die Teammitglieder entscheiden sich und erstellen einen Maßnahmenplan.
- Die Teilnehmer analysieren die Vorgehensweise und besprechen die aufgetretenen Probleme.

III. Besprechung
1. Präsentation der Liste mit Besprechungsthemen.
2. Liste ergänzen (per Zuruf), Zeit abstimmen.
3. Mehrpunktfrage, Themenauswahl.
4. Maßnahmenplan (per Zuruf) für die nicht gewählten Themen.
5. Einstieg in ein Thema (Beispiel: Analyse-Thema).
6. Kartenfrage, *„Welche Probleme..."*.
7. Durch Zuruffrage Probleme ergänzen.
8. Karten sortieren, Oberbegriffe finden.
9. Liste mit Oberbegriffen (Probleme) erstellen.
10. Mehrpunktfrage, Bewertung (wichtigste Probleme).
11. Gruppenarbeit: Suche nach a) Ursachen, b) Lösungen, c) Maßnahmen.
12. Vernissage der Gruppenarbeitsergebnisse.
13. Diskussion der Interaktion.
14. Per Zuruf Maßnahmenplan erstellen.
15. evtl. weiter bei Punkt 5. Einstieg in ein neues Thema.
16. Reflexion des Ablaufs.

IV. Lerngruppe
1. Das Thema und das Ziel den Teilnehmern präsentieren.
2. Durch Zuruffrage eventuell die Themen ergänzen und in Liste festhalten.
3. Die Wege der Informationsgewinnung durch Zuruf sammeln.
4. Mit einer Mehrpunktfrage Lernthema und Weg der

Informationsgewinnung auswählen.
5. Gruppenbildung durch namentliche Zuordnung.
6. Bis zu einem vereinbarten Termin erarbeiten sich die Teilnehmer die Themen in Gruppen oder einzeln.
7. Die Beteiligten tragen ihre Erfahrungen mit einer Kartenfrage in einem Pro/Contra-Schema zusammen.
8. Die Karten werden sortiert und zu Oberbegriffen zusammengefaßt.
9. Durch eine Mehrpunktfrage werden die wichtigsten Erfahrungen herausgearbeitet.
10. Die Erfahrungen werden in einer visualisierten Diskussion noch einmal festgehalten.
11. Alles wird dokumentiert.
12. Der Ablauf wird reflektiert.

V. Quality-Circle
1. Das Ziel den Teilnehmern präsentieren.
2. Durch Zuruffrage die Probleme sammeln und in Liste festhalten.
3. Mit einer Mehrpunktfrage ein Problem auswählen.
4. Mit einer Zuruffrage für das Problem Fragestellungen vorschlagen.
5. Durch Mehrpunktfrage Frageformulierung auswählen.
6. Mit einer Kartenfrage Ideen sammeln.
7. Durch Zuruffrage Ideen ergänzen.
8. Karten sortieren, Oberbegriffe festhalten.
9. Oberbegriffe in Lösungsliste übertragen.
10. Mit einer Mehrpunktfrage die Lösungen bewerten.
11. In Kleingruppen die Lösung konkretisieren.
12. Vernissage der Gruppenergebnisse.
13. Maßnahmenplan erstellen.
14. Reflexion des Ablaufs.

VI. Ideenfindung
1. Das Problem den Teilnehmern präsentieren.
2. Mit Kartenfrage nach Ideen suchen.
3. Durch Zuruffrage Ideen ergänzen lassen.
4. Karten sortieren, Oberbegriffe für die Ideenklumpen suchen.
5. Ideen in Liste übernehmen.

6. Mit Mehrpunktfrage eine Bewertung der Ideen (beste Lösungen) vornehmen.
7. In Einzelarbeit ausgewählte Lösungen von Teilnehmern konkretisieren und visualisieren lassen.
8. Vernissage der Lösungsvorschläge.
9. Punktwertung (drei beste Lösungen auswählen).
10. In Gruppenarbeit: Konkretisierung der Lösungen, Verbesserungen und Maßnahmen.
11. Präsentation/Diskussion der Maßnahmen, Maßnahmenplan mit Gruppe verabschieden.
12. Reflexion des Ablaufs.

12.6 Literatur

Fatzer, G.: Ganzheitliches Lernen, Paderborn 1993
Klebert, K./ Schrader, E./ Straub, W.: ModerationsMethode, Hamburg 1991
Schnelle, W./ Stoltz, I.: Interaktionelles Lernen, Quickborn 1978
Tosch, M.: Trainings-Unterlage „Moderation und kreative Prozesse",
    Eichenzell 1992
Tosch, M.: Brevier der Neuland-Moderation, Eichenzell, 1994
Tosch, M.: Trainings-Unterlage „Grundlagen der Moderation", Eichenzell
    1991
Wohlgemuth, A.: Moderation in Organisationen, Bern - Stuttgart - Wien 1993

13. Wechsel von Arbeitsformen/-methodiken

Arbeitsformen

Wenn es darum geht, gemeinsam mit anderen Teilnehmern ein Problem oder Thema zu vertiefen und zu detaillieren, stellt sich die Frage, welche Arbeitsform neben dem Plenum für das angestrebte Ziel die geeignetste ist. Schauen wir uns an, welche Form es für welchen Zweck gibt.

13.1 Plenum

Grundarbeitsform in der Moderation

Das Plenum ist die Grundarbeitsform in der Moderation. Alle entscheidenden Arbeitsschritte werden in der Gesamtgruppe durchgeführt. Die einzelnen Moderationssequenzen führen immer wieder ins Plenum zurück. Es bildet die Basis für Entscheidungen der Gruppe. Vom Plenum aus wird die Gruppe in kleinere Formen unterteilt (Gruppenarbeit, Partnerarbeit, Einzelarbeit) und bietet immer wieder die Möglichkeit, die Unterformen zusammenzufassen. Die Präsentation der Einzelergebnisse erfolgt dann im Plenum.

13.2 Gruppenarbeit

Problembearbeitung in Kleingruppen

Wenn die Struktur des Problems erfaßt und aufgefächert ist, muß es bearbeitet oder vertieft werden. Dies geschieht in der Regel in Kleingruppen. Das Thema sollte in dieser Phase ausgiebig beleuchtet werden. Durch die parallele Bearbeitung mehrerer Lösungsansätze, steigt die Effektivität der Gruppe. Ziel der Kleingruppenarbeit ist es, die Vielfalt von Lösungsmöglichkeiten zu erarbeiten, um so die geeignetste herauszuarbeiten. Die persönlichen Fähigkeiten, Erfahrungen und Neigungen der einzelnen Gruppenmitglieder fließen zudem stärker mit ein.

13.2.1 Durchführung

Eine Kleingruppe besteht in der Regel aus drei bis fünf Teilnehmern. Für jede Gruppenarbeit benötigt die Gruppe eine zielgerichtete Arbeitsanweisung. Erläutern Sie sie zusätzlich verbal und erläutern Sie der Gruppe auch immer den Sinn des nächsten Arbeitsschrittes. Die meisten Kleingruppenarbeiten geben ein Szenario vor. Es sollte für alle Themen, die bearbeitet werden, gleich sein. Andernfalls können Sie die Aussagen nicht vergleichen. Auch hier gilt wieder das Prinzip der Visualisierung.

Durchführung

Schreiben Sie die Schritte der Gruppenarbeit Punkt für Punkt auf eine Pinwand. Fordern Sie ausdrücklich zur fortlaufenden Visualisierung auf. Legen Sie die verfügbare Zeit fest und weisen Sie darauf hin, daß das Ergebnis anschließend im Plenum präsentiert werden soll. Die Gruppenarbeits-Anweisungen können Sie als Moderator bereits vor Beginn der Moderation visualisieren. Sie verlieren in der Moderation keine Zeit und können vorher ohne Zeitdruck klar und eindeutig formulieren. Eine genaue Arbeitsanweisung stellt sicher, daß die erzielten Ergebnisse weiterverwertet werden können. Bei gleicher Aufgabenstellung für mehrere Gruppen sind die Ergebnisse vergleichbar und können ohne große Schwierigkeiten zusammengefaßt werden. Zudem verlieren die Gruppen keine Zeit bei langwierigen Diskussionen darüber, wie die gestellte Aufgabe zu erledigen ist. Eine gute Anweisung steigert den Wirkungsgrad der Gruppen.

Aber Vorsicht! Stecken Sie den Rahmen nicht zu eng! Es muß genug Freiraum für Kreativität und Erfahrungen vorhanden sein.

Fragefolgen

Die Szenarien für die Gruppenarbeit sind meist eine Abfolge mehrerer Fragen. Je nachdem, welches Ziel mit der Kleingruppenarbeit verfolgt werden soll, ergeben sich andere Zusammenstellungen. In der Regel handelt es sich um drei bis vier zusammenhängende Fragen, die der Gruppe bei der Bearbeitung des Themas Hilfestellung geben sollen.

Ein Szenario muß folgenden Punkten genügen (vgl. Schnelle/ Stoltz: Interaktionelles Lernen, S. 45):
- Auffächerung
  Es muß helfen, Komplexität zu entzerren.
- Spontaneitätssicherung
  Jeder Teilnehmer sollte Gedanken und Ideen beisteuern können.
- Beteiligungssicherung
  Jedes Gruppenmitglied muß in der Lage sein, Beiträge zu liefern.

Szenarien

Verschiedene Szenarien:
- Pro/Contra
- Problembeschreibung/Wünsche-Forderungen/weiterführende Fragen
- Schwierigkeiten/bisherige Lösungsversuche/erlebte Widerstände
- Ursachen/Lösungen/Widerstände
- wichtigste Problemaspekte/Lösungsansätze/Widerstände/erste Schritte
- Hauptpunkte/Lösungsvorschläge/Widerstände/offene Fragen

Ursachen	**Lösungen**
Problem-analyse	Ideen-findung
Widerstände	**konkr. Maßnahmen**
Analyse pol. Probleme	Entscheidung + Maßnahmen

(Problem)

13.2.2 Regeln für die Gruppenarbeit

Jede Zusammenkunft von Menschen sollte durch Regeln gestaltet sein. Hier nun die Regeln zur Gruppenarbeit (vgl. Schnelle/ Stoltz: Interaktionelles Lernen, S. 42f):

Regeln für die Gruppenarbeit

1. Gruppengröße: 3 – 5 Teilnehmer
Eine Kleingruppe sollte nicht mehr als fünf Teilnehmer haben. Bei mehr als fünf Beteiligten besteht die Gefahr, daß die Gruppe in Untergruppen zerfällt. Interessieren sich mehr als fünf Teilnehmer für ein Thema, so bearbeiten mehrere Kleingruppen das Thema parallel.

3 – 5 Teilnehmer

2. Ungezwungene Gruppenwahl
Die Teilnehmer suchen selbst aus, welches Thema sie bearbeiten wollen. Geben Sie jedem Teilnehmer eine kleine, runde Karte, auf die jeder seinen Namen schreibt. Dann bitten Sie alle Beteiligten, ihre Namenskarte in die

Gruppenwahl

Liste der Lösungsansätze auf die Lösung zu hängen, an der sie arbeiten möchten. Steht ein Name allein, sollten Sie zunächst die anderen Gruppenmitglieder fragen, ob jemand bereit ist, an dieser Lösung mitzuarbeiten. Versuchen Sie „Minderheitenschutz" zu gewährleisten. Findet sich niemand, der sich zu dem einzeln stehenden Namen pinnen möchte, fragen Sie umgekehrt: *„Können Sie sich für ein anderes Thema interessieren?"* Ist auch dies nicht der Fall, sollten Sie Einzelarbeit gewähren. Die Gruppenzuordnung auf freiwilliger Basis versammelt diejenigen in einer Gruppe, die das größte Interesse an diesem Thema haben. Lustlose oder gar unwillige Teilnahme an der Arbeit können Sie damit weitgehend vermeiden. Engagement der Gruppenmitglieder ist dadurch sichergestellt. Gilt es, das gleiche Thema von verschiedenen Standpunkten aus zu betrachten, so regelt sich die Einteilung nach der Zugehörigkeit zu den Funktionen und Rollen.

3. Nicht länger als ca. 45 Minuten arbeiten

45 Minuten

Diese Regel sollte für Sie nur ein zeitlicher Anhaltspunkt sein. Orientieren Sie sich am tatsächlichen Bedarf der Gruppe und bleiben Sie nicht an ihrer zeitlichen Vorgabe haften. Gehen Sie nach der Hälfte der Zeit durch die Gruppen und fragen Sie sie, wie es zeitlich aussieht. Wiederholen Sie diese Vorgehensweise kurz vor Ablauf der vorgegebenen Zeit. Ist die Gruppe noch nicht ganz fertig, teilen Sie ihr mit, daß sie den aktuellen Gedanken noch beenden kann. Ein ganz wichtiger Aspekt ist, daß die Gruppe nicht unbedingt in der Zeit fertig sein muß. Es ist durchaus von Vorteil, wenn offene Ergebnisse präsentiert werden. Sie veranlassen die Verfasser, nicht ihr Ergebnis zu verteidigen, sondern lassen Kritik und Verbesserungsvorschläge zu.

4. 70 % visualisieren

visualisieren

Wie bei allen Moderationsprozessen soll auch hier möglichst viel visualisiert werden. Entscheidend ist nicht, daß das Ergebnis festgehalten wird, sondern der Diskussionsverlauf muß nachvollziehbar sein. Das Plenum war an der Diskussion nicht beteiligt und kann nur dann einsteigen und mitarbeiten, wenn es schnell begreift, worum es geht. Ein weiterer Vorteil ist, daß die Vortragenden anhand der Plakate oder Kärtchen leichter präsentieren können. Die einzelnen Präsentationsplakate sollten Platz halten für Ergänzungen des Plenums.

5. Inhaltliche Konflikte dokumentieren, aber nicht ausdiskutieren
Inhaltliche Auseinandersetzungen sind durch Meinungsverschiedenheiten gekennzeichnet. Die entstandenen Konflikte zu dokumentieren, gehört mit zum Szenario. Sie werden durch ein Blitz-Symbol markiert. Wichtig hierbei ist, daß die Konflikte in der Kleingruppe nicht ausdiskutiert oder gar gelöst werden sollten.

Konflikte dokumentieren

13.2.3 Aufgaben des Moderators

Jede Phase in der Moderation verlangt von Ihnen unterschiedliche Fähigkeiten und Vorgehensweisen. Hier einige Hinweise und Tips für Sie.

Aufgaben des Moderators

- Setzen Sie Gruppenarbeiten nicht wahllos ein. Sie sollten zielgerichtet und methodisch angebracht sein. Es kann sehr verlockend sein, viele Gruppenarbeiten durchzuführen; in dieser Zeit hat der Moderator eine gewisse gruppendynamische Verschnaufpause. Eine erfahrene Gruppe verweigert Ihnen jedoch die weitere Zusammenarbeit.
- Machen Sie den Gruppen klar, daß die intensive Auseinandersetzung mit einem Thema oder einem Problem zu Diskussionen führen kann. Wichtig in diesem Zusammenhang ist nur, daß die Gruppenmitglieder nicht gegeneinander arbeiten sondern zielgerichtet.
- Halten Sie sich bei der Kleingruppenarbeit auch methodisch heraus. Die Gruppen arbeiten selbständig. Nur wenn die Gruppe Sie um Hilfe bittet, unterstützen Sie sie methodisch.

13.2.4 Vorteile der Gruppenarbeit

Die Vorteile der Gruppenarbeit liegen sowohl im kognitiven als auch im affektiven Bereich:

Vorteile

- Durch die geringe Gruppendichte wird intensiver gearbeitet. Es findet ein vermehrter Gedankenaustausch statt und die Gruppe arbeitet zielgerichtet.
- Die psychologische Hemmschwelle, Meinungen und Ansichten zu äußern, ist in einer Kleingruppe geringer als in einer Großgruppe.

13.2.5 Hilfsmittel

Hilfsmittel

Diese Angaben beziehen sich auf eine Kleingruppe:

1 – 2 Pinwände
1 – 2 Bogen Pinwand-Papier
Moderationskarten
Moderations-Marker
Trainermarker

13.3 Partnerarbeit

*Form teilnehmer-
orientierten
Arbeitens*

Die Partnerarbeit gehört zu den teilnehmerzentrierten Arbeitsformen. Ähnlich wie bei der Gruppenarbeit gestalten die Teilnehmer aktiv ihren Bearbeitungs- bzw. Lernprozeß. In der Partnerarbeit tun sich zwei Beteiligte zusammen, um an einer Aufgabe zu arbeiten. Neben der intensiven Auseinandersetzung mit dem Thema, werden soziale Kompetenzen, aktives Zuhören und Teamarbeit gefördert. Die Partnerarbeit ermöglicht eine stärkere Form der Auseinandersetzung des einzelnen mit der Aufgabe, integriert jedoch gleichzeitig interaktive Elemente.

13.3.1 Arten der Partnerarbeit

Zwecke

Die Arbeitsform der Partnerarbeit läßt sich für verschiedene Zwecke verwenden:

Übungen:
Die Teilnehmer haben die Aufgabe, bestimmte Verhaltensweisen oder Argumentationsverfahren bzw. Praktiken einzuüben. Die Partner unterstützen sich gegenseitig, indem sie zuhören, zuschauen und gemeinsam mit dem Gegenüber reflektieren.

Übungen

Wiederholungen – Reflexion:
Um zu überprüfen, ob man etwas verstanden und verinnerlicht hat, muß man es reflektieren. Dies ist am einfachsten mit einem Partner möglich, da die Eigeneinschätzung meist trügerisch ist. Das Thema wird von den Partnern gemeinsam bearbeitet und dem Plenum nochmals vorgestellt. So wird die Ganzheit des Themas für alle sichtbar.

Wiederholung

Erarbeitung neuer Gebiete und Ideen:
Der Moderator stellt eine Aufgabe oder konfrontiert die Teilnehmer mit einem Problem, dessen Lösungsvorschläge sie zunächst per Zuruf entwickeln. Die Beteiligten sollen durch die Aufgabenstellung zum Thema hingeführt werden. Als nächster Schritt ist das Besprechen und Vertiefen der zuvor entwickelten Lösungsansätze in der Partnerarbeit vorgesehen. Die Gruppenmitglieder geben sich gegenseitig Denkanstöße, um ein vertieftes Verstehen und weitere Lösungen gemeinsam zu bearbeiten. Anschließend formulieren sie Lösungsvorschläge zur Bewältigung der vom Moderator visualisierten Problemstellung und tragen sie dem Plenum vor.

Ideenfindung

13.3.2 Phasen der Partnerarbeit

Folgende Phasen ergeben sich bei Partnerarbeit:
1. Phase: Die Aufgabenstellung wird im Plenum geklärt, eventuelle Fragen beantwortet.
2. Phase: Die Partner finden zusammen (meist nach Sympathie).
3. Phase: Die Partner klären untereinander die Aufgabenstellung.
4. Phase: Sie diskutieren einzelne Lösungsvorschläge, geben sich gegenseitige Denkanstöße. Dieser Prozeß wird visualisiert.
5. Phase: Die Partner haben die Aufgabe, sich für zwei Alternativen auszusprechen und das Für und Wider zu diskutieren. Der

Phasen

Entscheidungsprozeß wird visualisiert.
6. Phase: Das Paar trägt seine Ergebnisse dem Plenum vor.

Die Partnerarbeit dauert etwa 15 – 20 Minuten.

13.3.3 Eignung

Eignung

Die Methode der Partnerarbeit ist geeignet, um

- die Teilnehmer bei der Verarbeitung von Wissen zu unterstützen,
- eine intensive Problembearbeitung zu erreichen,
- aktives Zuhören einzuüben,
- verständliches Mitteilen zu erlernen,
- zu lernen, zielorientiert zu arbeiten,
- das Visualisieren von Gesprächen einzuüben und
- Teamarbeit zu fördern.

13.3.4 Lernpartnerschaften

gegenseitige Unterstützung bei der Reflexion von Wissen

Eine spezialisierte Form der Partnerarbeit ist die Lernpartnerschaft. Hier wird der Focus auf die Unterstützung bei der Aneignung von Wissen gelegt. Lernpartnerschaften werden für einen begrenzten Zeitraum geschlossen und nach Zielerreichung wieder aufgelöst. Für unterschiedliche Lernziele können unterschiedliche Lernpartnerschaften eingegangen werden. Stellt jedoch ein Paar fest, daß es nicht miteinander lernen kann, sollte die Lernpartnerschaft vorzeitig abgebrochen werden.

Beispielsweise können Lernpartnerschaften gebildet werden, um
- Erfahrungen weiterzuvermitteln, auszutauschen und zu vertiefen,
- theoretische Kenntnisse in die Praxis umzusetzen,
- Fertigkeiten eines Lernbereiches einzuüben,
- sich gegenseitig bei der Anwendung vorhandener Kenntnisse zu unterstützen.

Wechsel von Arbeitsformen/-methodiken

Für die Lernpartnerschaften müssen feste Zeiten vereinbart werden. Diese können während der Seminarzeit oder auch außerhalb liegen. Die Erfahrungen, die mit der Lernpartnerschaft gemacht werden, sollten von Ihnen als Moderator im Anschluß reflektiert werden. Daher ist es nützlich, diese in einer visualisierten Form während der Lernpartnerschaft festzuhalten. In den Leitsätzen der Lernpartnerschaft findet man außerdem noch andere Hinweise, damit sich die Lernpartnerschaft positiv entwickelt.

feste Zeiten

Leitsätze für die Lernpartnerschaft: (aus Stiefel, R.Th „Lernen im Zweier-Team", München, 1980)

Leitsätze

1. Wir schließen freiwillig Lernpartnerschaften. Wir werden durch niemanden kontrolliert, sondern sind für den Erfolg selbst verantwortlich.
2. Wir gehen davon aus, daß die Lernpartnerschaft für uns eine neue und herausfordernde Form des Lernens ist, die nicht sofort und von selbst funktioniert.
3. Wir kennen die Ziele des Partners und setzen uns mit ihnen auseinander.
4. Wir sprechen über die Partnerschaft und versuchen, Konflikte zu erkennen und zu lösen.
5. Was wir als besonders störend empfinden oder was uns als besonders förderlich erscheint, fassen wir zu Spielregeln zusammen.
6. Wir vermeiden gegenseitige Belehrungen und Ratschläge.
7. Haben wir fachliche Probleme, die wir mit dem Partner nicht lösen können, so wenden wir uns an einen kompetenten Dritten.
8. Wir sind uns bewußt, daß eine Partnerschaft auf gegenseitigem Nehmen und Geben beruht. Das persönliche Ziel tritt hinter das gemeinsame Ziel zurück.

13.3.5 Hilfsmittel

Diese Angaben beziehen sich auf eine Zweiergruppe:

Hilfsmittel

1 Pinwand
1 Bogen Pinwand-Papier
Moderationskarten

2 Moderations-Marker
1 Trainermarker

13.4 Einzelarbeit

jeder für sich allein

In der Einzelarbeit bearbeitet der Teilnehmer für sich und ohne Kontakt zu Beteiligten Themen oder Aufgaben.

13.4.1 Durchführung

Durchführung

Die Einzelarbeit muß von Ihnen als Moderator gut vorbereitet werden. Visualisieren Sie die Aufgabenstellung an einer Pinwand und erläutern Sie sie zusätzlich verbal. Anschließend klären Sie Verständnisfragen. Denken Sie daran, daß die Aufgabe so gut vorbereitet ist, daß jeder einzelne über einen längeren Zeitraum selbständig arbeiten kann. Mit einer Einzelarbeit haben Sie die Chance, daß jeder Teilnehmer bedarfsorientiert lernen und arbeiten kann. Sie erreichen eine Harmonisierung des Wissens- und Bearbeitungsstandes innerhalb der Gruppe.

13.4.2 Eignung

Eignung

Die Methode der Einzelarbeit ist für folgende Gebiete geeignet:
- Für Lernprozesse im allgemeinen und für den Bereich der

Wissensaneignung im speziellen. Jedoch sollte die Einzelarbeit immer in Verbindung mit Gruppenarbeit angewendet werden, da die interaktive Auseinandersetzung mit dem Lernstoff erst den Verarbeitungsprozeβ in Gang setzt.
- Zur Vorbereitung von Rollenspielen oder Simulationen.
- Zur Reflexion von emotionalen und affektiven Situationen.
- Zur Reflexion neu erlernter Verhaltensweisen.
- Zur Überprüfung des eigenen Wissens- und Lernstandes.

13.4.3 Vorteile und Nachteile der Einzelarbeit

Die Vorteile der Einzelarbeit sind: *Vorteile*
- jeder Teilnehmer ist gefordert,
- hohe Aktivität des Beteiligten,
- selbständiges Erarbeiten von Lösungen,
- bedarfsgerechte Aneignung von Wissen,
- Harmonisierung des Wissens in der Gruppe.

Die Nachteile der Einzelarbeit sind: *Nachteile*
- keine Auseinandersetzung mit einem menschlichen Gegenüber,
- keine sozialen Kontakte,
- kein Vertiefen oder Überprüfen des eigenen Verstehens,
- zu hohe emotionale Bindung an eigenes Erarbeitetes.

13.4.4 Hilfsmittel

Diese Angaben beziehen sich auf eine Einzelarbeit: *Hilfsmittel*

1 Pinwand-Seite
1 Bogen Pinwand-Papier
Moderationskarten
1 Moderations-Marker
1 Trainermarker

13.5 Präsentation der Arbeitsergebnisse

erzielte Ergebnisse darstellen

Wenn Sie eine Gruppe, zwei Personen oder einen einzelnen arbeiten lassen, müssen Sie die Möglichkeit geben, das erzielte Ergebnis darzustellen. Während der Arbeit entwickelt sich eine Identifikation mit dem Ergebnis und ein gewisser Stolz auf die erbrachte Leistung. Die Beteiligten brauchen das positive Erlebnis der Präsentation, um anschließend weiter engagiert mitarbeiten zu können. Die anderen Teilnehmer werden mit den Einzelergebnissen vertraut gemacht, und die Gruppe hat zur Gesamtbearbeitung wieder den gleichen Kenntnisstand.

13.5.1 Visualisierter Vortrag

Gruppen stellen Ergebnisse auf Pinwänden vor

Nach der Kleingruppen-, Partner- oder Einzelarbeit bringen alle ihre Pinwände mit den Ergebnissen ins Plenum und stellen sie nacheinander vor. Die Pinwände, die noch nicht an der Reihe sind, sollten verdeckt sein, damit sich die Aufmerksamkeit der Teilnehmer auf die laufende Präsentation konzentriert. Die einzelnen Ergebnisse werden durch zwei Mitglieder der Gruppe präsentiert. Das hat den Vorteil, daß
- das Ergebnis als Werk der Gruppe angesehen wird,
- unterschiedliche Meinungen vorgestellt werden und
- das Ergebnis offen für Diskussionen bleibt.

Präsentationen von Arbeitsergebnissen sind meist sehr anstrengend für das Plenum, da sie über einen längeren Zeitraum voll konzentriert sein müssen. Die intensive Auseinandersetzung mit den präsentierten Ergebnissen ermöglicht jedoch dem Plenum, sich aktiv zu beteiligen. Achten Sie darauf, daß die Präsentatoren die vorgegebene Zeit nicht überschreiten. Es ist ebenfalls nicht wichtig, jede Karte oder Äußerung bis ins Letzte zu detaillieren. Oft ist eine Zusammenfassung hilfreicher, da das Plenum durch das Plakat gut informiert ist. Sollten den Plenumsmitgliedern Fragen oder Kommentare zu den Präsentationen einfallen, bitten Sie sie, die Fragen auf rhombische Karten und die Zustimmungen oder Widersprüche auf kleine runde Karten zu schreiben bzw. Klebepunkte anzubringen. So wird der Vortrag nicht unterbrochen und der Kommentierende vergißt seinen Beitrag nicht. Durch die

Kommentare auf rhombische Karten

rhombische Form sind die Fragen im Protokoll deutlich unterscheidbar. Auch die Kommentare bleiben für das Protokoll erhalten.

Unterbinden Sie aufkommende Diskussionen während der Präsentation. Sollten nach der Präsentation aufkommende Fragen nicht ausreichend zu beantworten sein, nehmen Sie diesen Punkt auf die Offene-Punkte-Liste. So bleibt gewährleistet, daß Kontroversen und weiterführende Fragen sachgerecht bearbeitet werden. Zum Schluß arbeiten Sie die angepinnten Rhombus-Karten und Klebepunkte mit der Gruppe ab.

13.5.1.1 Aufgaben des Moderators

Jede Phase in der Moderation verlangt von Ihnen unterschiedliche Fähigkeiten und Vorgehensweisen. Hier einige Hinweise und Tips:

Aufgaben des Moderators

- Sie als Moderator präsentieren kein Ergebnis.
- Achten Sie darauf, daß die Präsentatoren maximal fünf Minuten präsentieren.

- Vermeiden Sie Killerphrasen. Killerphrasen sind destruktive Äußerungen, z.B. *„Das haben wir noch nie so gemacht."* oder *„Das kann nur von einem Laien kommen."* Sie bringen die Gruppe nicht vorwärts, sondern „killen" Ideen und Vorschläge. Die Folgen solcher Äußerungen sind emotionale Reaktionen der Beteiligten, ohne Nutzen für das gemeinsame Ergebnis. Als Moderator können Sie dem destrukiven Kritiker deutlich machen, wie unnütz sein Beitrag ist, wenn Sie ihn danach fragen, wie sein Beitrag das präsentierte Ergebnis ergänzt.
- Achten Sie darauf, daß die Präsentatoren sich nicht rechtfertigen.

13.5.1.2 Feedback-Regeln

Bewertung der Ergebnisse

Jeder Präsentation folgt eine anschließende Bewertung des Ergebnisses durch die anderen Gruppenmitglieder im Plenum. Bei dieser Bewertung handelt es sich um ein Feedback. Um mit dieser Rückkopplung umgehen zu können, sollten Sie den Teilnehmern Feedback-Regeln anbieten. Diese Regeln lauten wie folgt:

Regeln

1. Die Gruppe präsentiert ihr Ergebnis ohne Unterbrechungen.
2. Die Präsentatoren können ein abschließendes emotionales Feedback geben, wobei erst die positiven und dann die negativen Erfahrungen innerhalb der Gruppe mitgeteilt werden. Achten Sie darauf, daß erst das Positive genannt wird. Es scheint Mode zu sein, immer nur negative Dinge berichten zu wollen.
3. Die Gruppe gibt ihr Feedback zum Ergebnis der Arbeitsgruppe wie folgt:
   a. Verständnisfragen
   b. Ergänzungen durch das Plenum auf Rhombus-Karten
   c. positive Bewertung anhand eines Herz-Aufklebers
   d. negative Bewertung anhand eines Blitz-Aufklebers
4. Das Schlußwort haben die Präsentatoren. Es ist ihnen jedoch nicht erlaubt, sich zu rechtfertigen.

Die Regeln sollten für alle sichtbar aufgehängt werden, dann müssen Sie als Moderator nicht so oft daran erinnern.

Wechsel von Arbeitsformen/-methodiken

13.5.2 Vernissage

Die Vernissage ist eine besondere Variante der Präsentation. Die Arbeitsergebnisse der einzelnen Kleingruppen bzw. Individuen werden im Seminarraum gemeinsam aufgestellt. Die Teilnehmer können, wie in einer Ausstellung, an den Pinwänden vorbeigehen. Den Beteiligten steht es nun frei, sich die einzelnen Ergebnisse anzuschauen und ihre Fragen, Meinungsverschiedenheiten, Zustimmungen und Ergänzungen an den Ergebnissen anzubringen. Die angebrachten Symbole werden anschließend im Plenum diskutiert. Bei der Vernissage ist eine starke Beteiligung und Auseinandersetzung mit den Ergebnissen anderer feststellbar. Vorteil dieser Präsentationsform ist es, daß die einzelnen Beteiligten die Intensität und Dauer ihrer Beschäftigung mit den Informationen selbst bestimmen können. Die Vernissage ist nicht so zeitintensiv wie visualisierte Vorträge, daher ist sie besonders für die Präsentation von Einzelergebnissen geeignet.

Ausstellung von Pinwänden

Eine Abwandlung der Vernissage ist der Jahrmarkt.

Jahrmarkt

Wie wird dieser durchgeführt?
An einem Beispiel für ein Moderations-Feedback wird die Vorgehensweise dargestellt. Stellen Sie drei Pinwände auf und verteilen Sie an die Teilnehmer grüne, rote, und gelbe Kärtchen. Auf die grünen Kärtchen schreiben Sie „Was mir gefallen hat", auf die roten „Was ich als Moderator anders machen würde" und auf die gelben „Was ich als praktische Anwendung mit nach

Durchführung

Hause nehme". Die Kärtchen werden auf die jeweilige Pinwand mit der entsprechenden Überschrift (Information) gepinnt. Man kann nun an diesem Jahrmarkt entlangspazieren und sehen, welche Meinungen die anderen Teilnehmer und der Moderator haben. Daran anschließend kann eine Plenumsdiskussion folgen.

Zeitbedarf — Wieviel Zeit braucht man? ca. 15 – 30 Minuten

13.5.3 Hilfsmittel

Hilfsmittel — Zur Durchführung einer Vernissage oder eines Jahrmarktes benötigen Sie:
Klebesymbole: Herz, Blitz, Fragezeichen
Rhombus-Karten
Moderations-Marker

13.6 Literatur

Literatur

Bataillard, V.: Die Pinwand-Technik, Zürich 1985.
Decker, F.: Teamworking – Gruppen erfolgreich führen und moderieren, München 1994.
Feix, N.: Moderationsmethoden und Synaplan, Mannheim 1990.
Klebert, K./ Schrader, E./ Straub, W.: ModerationsMethode, Hamburg 1991.
Knoll, J.: Kurs- und Seminarmethoden, Weinheim/Basel 1993.
Koch, G.: Die erfolgreiche Moderation von Lern- und Arbeitsgruppen, Landsberg 1992.
Langner-Geißler, T.: Pinwand, Flipchart und Tafel, Weinheim 1994.
Mehrmann, E.: Präsentation und Moderation, Düsseldorf/Wien 1993.
Namokel, H.: Die moderierte Besprechung, Offenbach 1994.
Schnelle/Stoltz: Interaktionelles Lernen, Quickborn 1978.
Seifert, J.: Visualisieren, Präsentieren, Moderieren, Bremen 1994.
Stiefel, R. Th.: Lernen im Zweier-Team, München 1980.
Tosch, M.: Trainings-Unterlage „Grundlagen der Moderation", Eichenzell 1991.
Tosch, M.: Brevier der Neuland-Moderation, Eichenzell 1994.
Wohlgemuth, A.: Moderation in Organisationen, Bern/Stuttgart/Wien 1993.

14. Sprache in der Moderation

14.1 Sprache – was wir darunter verstehen

Die Arbeit mit der Moderationsmethode ist immer und in erster Linie eine Arbeit mit Menschen. Die gemeinsamen Prozesse werden von Moderatoren initiiert und begleitet.

Kommunikation mit und in Gruppen gestalten

Qualität und Erfolg von Moderationen hängen in entscheidendem Maße von der Fähigkeit des Moderators ab, Kommunikation mit und in der Gruppe zu gestalten. Neben den unterstützenden Visualisierungsmedien ist dabei die Sprache das wichtigste Verständigungsmittel. Genaugenommen enthält der Begriff „Sprache" zwei Aspekte: Sprache und Sprechen. Professor Berger hat in Zusammenarbeit mit Neuland & Partner folgendes Konzept zur Sprache in der Moderation erarbeitet.

Sprache und Sprechen

Mit „Sprache" bezeichnen wir zunächst den historisch entstandenen und sich entwickelnden Bestand von Zeichen. Zu diesem System gehören:

- der Wortbestand oder Wortschatz,
- Redewendungen,
- die Sprachlehre und
- der Satzbau.

Unter „Sprechen" versteht man im allgemeinen die lautliche Realisierung von Sprache mit Hilfe der Sprechorgane. Für unsere Zwecke reichen die genannten Definitionen noch nicht aus. „Sprache in der Moderation" umfaßt vielmehr den ganzen wechselseitigen Prozeß der sozialen und personalen Interaktion zwischen dem Moderator und den Gruppenmitgliedern.

wechselseitiger Prozeß sozialer und personaler Interaktion

14.2 Die vier Seiten einer Nachricht

Der Moderationsprozeß wird ganz entscheidend durch mündliche Kommunikation gesteuert. Mündliche Beiträge haben Botschaften. Botschaften vordergründiger Art und Nachrichten, die uns nur indirekt errei-

mündliche Kommunikation

chen. Da aber diese Botschaften für den Moderator wichtige Indikatoren für das Gruppenklima sind, ist es unerläßlich, sich zumindest ansatzweise damit zu beschäftigen. Bei mündlichen Äußerungen werden klassisch (Watzlawick) zwei Ebenen von Kommunikation unterschieden:

die Sachebene und die Beziehungsebene.

vier Aspekte einer Nachricht

Schon in der Antike wußte man, daß selbst eine kurze Aussage mehr als nur eine Information enthält. Man muß den Sprecher-, Zuhörer- und Sachaspekt beachten, entsprechend der ersten, zweiten und dritten Person. Folgerichtig hatte Aristoteles den „Dreiklang" von Überzeugungsmitteln (Beweisen) beschrieben: Den Charakter des Sprechers (Ethos), die Erregung der Gefühle (Pathos) und die logische Argumentation (Logos).

1981 hat eine Hamburger Psychologengruppe (Schulz von Thun) jeden gesprochenen Satz als Akkord, und zwar als einen „Vierklang", dargestellt. Dieses Vier-Seiten-Schema hat sich sowohl für die Redeproduktion wie für deren Interpretation ausgezeichnet bewährt.

Sachinhalt

<u>Sachinhalt:</u> Darstellung der inhaltlichen, an den Bedeutungsinhalt von Sprache gebundenen Daten. Es-Aspekt

Selbstoffenbarung

<u>Selbstoffenbarung:</u> Bewußte und unbewußte „Kundgabe" über die eigene Persönlichkeit und Befindlichkeit (wie mir zumute ist). Ich-Aspekt. Vorwiegend nichtsprachliche Signale.

Beziehungshinweis

<u>Beziehungshinweis:</u> Signale über Einstellung, Beziehung zu Empfänger (was halte ich von ihm/ihr). Du-Aspekt. Vorwiegend nichtsprachliche Signale.

Appell

<u>Appell:</u> Intention, Zweck der Nachricht, erwünschte Wirkung im Denken, Fühlen und Handeln (was soll er/sie denken/empfinden/tun).

Jeder von uns verfügt gewissermaßen über 4 Münder: *4 Münder*

- der Sach-Mund informiert über einen Tatbestand,
- der Beziehungs-Mund äußert, wie ich zu dem anderen stehe,
- der Selbstoffenbarungs-Mund äußert ein Bedürfnis oder Gefühl,
- der Appell-Mund drückt aus, wozu ich den anderen veranlassen möchte, was ich mir von ihm wünsche,

und 4 Ohren: *4 Ohren*

- das Sach-Ohr hört die Tatsache,
- das Beziehungs-Ohr hört: „Wie redet der mit mir?", kritisierend oder hilfreich,
- das Selbstoffenbarungs-Ohr hört das Bedürfnis des anderen,
- das Appell-Ohr hört: was soll ich tun, denken, fühlen aufgrund seiner Mitteilung.

konstruktive Kritik   Denken Sie also vor allem bei der konstruktiven Kritik an die vier Ebenen einer Nachricht. Beobachten Sie den Vierklang und entwickeln Sie ein Feingefühl für eigene Äußerungen und für mündliche Beiträge der Gruppenmitglieder.

14.3 Tips zur Sprechweise

Grundsätze zur Sprechweise

Im folgenden sind ein paar Grundsätzlichkeiten zur Sprechweise aufgeführt. Diese Tips dienen Ihrer eigenen Analyse und Beurteilung.

Lautstärke
- eher etwas lauter als zu leise, aber nicht brüllen
- Lautstärkenwechsel dem Inhalt und der Situation anpassen

Tempo
- zu langsames Sprechen führt zum gedanklichen Aussteigen der Zuhörer
- besser etwas schneller als zu langsam, ohne hastig zu werden

Pausen
- dem Gesprächspartner/der Gruppe Zeit lassen, Aussagen aufzunehmen und zu verstehen
- wenn ein Gedanke zu Ende formuliert wurde, oder zur gezielten Erzeugung von Spannung

Melodie
- gleichbleibende Tonhöhe ist sinnentstellend und wirkt einschläfernd
- mit Melodiebogen Aussage gliedern

Melodiebewegung	Bedeutung	Beispiel
fallend	beendend	„Das habe ich gesagt" (endgültig)
schwebend	weiterweisend	„Das sagte ich, weil..."
steigend	(meist) fragend	„das habe ich (wirklich) gesagt?"

Modulation
- viel im unteren Drittel des Stimmumfanges bleiben, sich aber auch herauswagen
- Akzente (d.h. das Zusammenspiel von Lautstärke, Tempo, Melodie) nicht rhythmisch, sondern nach Sinn setzen

Stimmklang
- Zunge nicht nach hinten verlagern, vorne sprechen
- Wechsel von An- und Abpassung bei Hals- und Bauchmuskulatur beachten

Artikulation
- Laute deutlich aussprechen, aber flüssig bleiben
- der Situation angepaßte Mundöffnung, nicht „zwischen den Zähnen" reden, aber Mund nicht aufreißen

Nebenlaute
- Nebenlaute wie „öh", „äh", vermeiden
- Nebenlaute sind akustische Denkanzeigen

Dialekt, Sprachfärbung, Hochsprache
- regionale Sprachfärbungen stören nicht und wirken eher sympathisch
- Dialekt wird zum Problem, wenn die Allgemeinverständlichkeit nicht mehr gegeben ist

14.4 Gespräche in Gang setzen und initiieren

14.4.1 Umgang mit der Fragetechnik

Fragen sind die zentralen Steuerungsmittel, die vom Moderator im Prozeß eingesetzt werden. An anderer Stelle ist schon einmal ausführlich die Thematik der Fragen behandelt worden (siehe Seite 95 – 100). Hier geht es jetzt mehr um die sprachliche Verwendung von Fragen und um Dinge, die man dabei beachten muß.

Fragen als Steuerungsmittel

Wie eine Frage empfunden wird, ist abhängig von
- der sprachlichen Formulierung,
- der inhaltlichen Aussage,
- dem Tonfall und der Körpersprache.

Sprachliche Formulierung
Die Unterschiede von sprachlichen Formulierungen können sich durch die Inhalte verwischen. Offene Fragen können dann wie geschlossene wirken.

sprachliche Formulierung

Beispiele
„*Möchte noch jemand etwas sagen?*" –
„*Wer möchte noch etwas sagen?*"
oder
„*Können Sie mir die Uhrzeit sagen?*" –
„*Welche Uhrzeit haben wir?*"

inhaltliche Aussage

Inhaltliche Aussagen

Für den Sachzusammenhang ist die inhaltliche Aussage einer Frage entscheidend. Der Inhalt einer Frage sagt etwas über den Zweck der Frage: „*Was will ich mit meiner Frage erreichen?*"

Art der Frage	Zweck	Beispiel
Kontaktfragen	sozialen Kontakt herstellen	„*Wie geht's?*" „*Was macht die Familie?*"
Verstehensfragen	etwas besser verstehen, noch einmal „nachhaken"	„*Was meinen Sie mit ‚baldiger' Lieferung?*"
Gesprächseröffnungsfragen	durch weite Fragestellung den Gesprächseinstieg erleichtern	„*Wie sehen Sie das Problem?*" „*Was haben Sie auf dem Herzen?*" „*Wie denken Sie über diese Angelegenheit?*"
Fangfragen	das Gegenüber in Zugzwang bringen. Als unfaire Technik bekannt. Besteht aus einer meist geschlossenen oder rhetorischen Fragen, die mit „Ja" beantwortet werden muß, und einer daraus (angeblich) logischen Schlußfolgerung.	„*Sind Sie nicht auch daran interessiert, daß unser Unternehmen überlebt?*" „*Natürlich bin ich das.*" „*Dann sollten Sie auch ....*"
Verwirrungsfragen	das Gegenüber irritieren, evtl. Zeit gewinnen. Unfaire Taktik, weil die Fragen nicht dem Zweck dienen, den sie vorgeben. Man fragt nach Erklärungen, Definitionen, Begründungen, die im Moment nicht oder nur schwer zu geben sind.	„*Wer hat denn diese Statistik erstellt und wer hat sie mit anderen verglichen?*" (Doppelfrage) „*Ich verstehe das nicht. Wie definieren Sie den Begriff?*"

Tonfall und Körpersprache

Tonfall und Körpersprache

Wie eine Frage aufgenommen wird, hängt von der Beziehung und inneren Einstellung ab, die zwischen Frager und Beantworter besteht. Dieses Verhältnis wird hörbar im Tonfall und sichtbar in der Körpersprache. Die Signale der beiden nonverbalen Kommunikationskanäle werden vom Gegenüber interpretiert.

14.4.2 Aktives Zuhören

Aktives Zuhören ist eine Tugend des Moderators, die er perfekt beherrschen sollte. Doch vielmals ist nur der Begriff bekannt, ohne daß die Botschaft verinnerlicht wurde. Beim aktiven Zuhören sendet der Empfänger keine eigene Botschaft (etwa ein Urteil, eine Meinung, einen Rat, ein Argument, eine Analyse oder eine Frage). Er meldet nur das zurück, was nach seinem Eindruck die „eigentliche" Botschaft des Senders gewesen ist.

aktives Zuhören

die Botschaft zurückmelden

Aktives Zuhören hat mehrere Funktionen:
- den Inhalt einer Nachricht verstehen,
- die Person und Befindlichkeit des Gegenübers verstehen,
- dem Gegenüber zeigen, daß man zuhört.

Der Inhalt einer Botschaft umfaßt
- Aussagen über Fakten, Prozesse, Meinungen,
- Vermutungen, verdeckte Transaktionen,
- Nicht-Angesprochenes, „Geheime Botschaften".

Die Person und ihre Befindlichkeit betrifft deren
- innere Einstellung (positiv, negativ),
- Gefühle (Freude, Ängste, Gleichgültigkeit),
- Handlungsbereitschaft (aktiv, passiv).

Aktivität des Zuhörers bedeutet erkennen lassen,
- daß man sich nicht passiv verhält,
- daß man an der Information interessiert ist,
- daß man an der persönlichen Sicht und Befindlichkeit des Gegenüber interessiert ist.

Die folgende Tabelle zeigt Beispiele für aktives Zuhören.

Art der Äußerung	Zweck	Methode	Beispiele
a. Ermunterung	1. Interesse bekunden	Weder widersprechen noch eindeutig zustimmen. Verwenden Sie unverbindliche Worte in bestärkendem Tonfall.	1. „*Ich verstehe*" 2. „*Ohh..., aha..., hmm...*" 3. „*Tatsächlich*"
b. Wiederholung	1. Wichtige Begriffe, Personen, Vorgänge usw. in Erinnerung rufen. 2. Zu weiteren Ausführungen anregen.	Wiederholen Sie Wörter, die gebraucht wurden, wortwörtlich. Wählen Sie solche Wörter, die wichtig scheinen.	1. „*Sie sagten: Eine neue Planung.*" 2. „*Sie sagten vorhin: Vor allem die Mitarbeiter.*"
c. Neu formulieren	1. Zeigen, daß Sie zuhören. 2. Zu erkennen geben, daß Sie die Fakten verstanden haben.	Formulieren Sie die Hauptgedanken neu, stellen Sie die Fakten heraus.	1. „*Wenn ich Sie recht versteh', so...*" 2. „*Mit anderen Worten...*"
d. Gefühlslage reflektieren	1. Zeigen, daß Sie zuhören und verstehen. 2. Wissen lassen, daß sie verstehen, was der andere empfindet.	Reflektieren Sie die wichtigsten Empfindungen und Gefühle des anderen.	1. „*Sie haben dabei das Gefühl, daß...*" 2. „*Sie sagen das mit lächelnder Miene.*"
e. Zusammenfassung	1. Wichtige Gedanken, Fakten usw. zusammenfassen. 2. Grundlage für weitere Diskussionen schaffen.	Formulieren Sie neu, reflektieren Sie, fassen Sie zusammen (Gedanken und Gefühle).	1. „*Das/Folgendes scheinen Ihre Gedanken gewesen zu sein.*" 2. „*Sie wollen also das... und das... und stellen die Frage...*"

14.5 Zusammenfassen nach der KKP-Methode

14.5.1 Hören und Behalten

Visualisierte Informationen, z.B. auf einer Pinwand festgehalten, sind nicht nur dauerhaft vorhanden, sondern auch im Neben-, Über- und Untereinander überschaubar. Anders im Reden. Abgabe und Aufnahme der Information erfolgt ausschließlich im zeitlichen Nacheinander. Will oder kann man nicht visualisieren – etwa mit Stichwortkärtchen – bleibt nur das Gedächtnis. Der Volksmund sagt: *„Das Gedächtnis ist eine gute Tasche; aber sie zerreißt, wenn man zuviel hineintut."* Die Gedächtnispsychologie lehrt: Informationen, die nicht nach 30 Sekunden verstärkt werden, gelangen nicht ins Langzeitgedächtnis. Aus beiden Wahrheiten ergeben sich zwei Konsequenzen:

visualisierte Informationen sind dauerhaft

Informationen nach 30 Sekunden verstärken

- Sie müssen aus der Fülle von Informationen auswählen (selektieren). und
- Sie müssen das Selektierte wiederholen, bzw. verstärken.

14.5.2 Redezeit und Gedankenzeit

Wie können Sie verstärken und selektieren, wo Sie doch zuhören sollen? Das eine müßte das andere behindern.

verstärken, selektieren und zuhören zugleich

Nicht unbedingt.
Wir sprechen normalerweise etwa 120 Wörter pro Minute, zum Verstehen brauchen Sie aber wesentlich weniger Zeit. Redete jemand selbst mit mehr als der doppelten Geschwindigkeit, so könnten Sie, zumindest eine Zeit lang, inhaltlich folgen. Unser Gehirn arbeitet erheblich schneller als unsere Zunge. Bei normaler Redegeschwindigkeit haben Sie genügend Zeit, an etwas anderes zu denken. Nutzen Sie die Differenz zwischen Redezeit und Gedankenzeit für die Gedankenspeicherung!

das Gehirn ist schneller als die Zunge

14.5.3 Das KKP-Modell

das KKP-Modell

Das KKP-Modell besteht aus drei Modulen, die mit Bildern aus der Moderation arbeiten. Dies sind wie folgt:

1. Innere Karten schreiben

Kernaussagen formulieren

Um Kernaussagen zu formulieren, muß man auswählen, verdichten, zusammenpacken. Es handelt sich um dasselbe Gedankenverfahren, das Sie für das Schreiben von Karten anwenden: eine Aussage wird zu einer knappen Formulierung komprimiert.

zusammengesetzte Wörter mit einem Adjektiv

Dabei genügt es normalerweise nicht, nur ein Wort hinzuschreiben, z.B. „Methode". Aussagekräftiger sind zusammengesetzte Wörter, z.B. „Methodensicherheit", oder die Ergänzung mit einem Adjektiv, z.B. „sichere Methode", oder einem Verb, z.B. „zeigt Methodensicherheit". Mit solchen inneren Karten fassen Sie einzelne Gedankengänge in leicht behaltbare Aussagen zusammen. Wichtig ist dabei, daß Sie nicht Ihre Ideen hineinlegen, sondern die wesentlichen ihres Gegenüber.

2. Gedanken-Klumpen erkennen oder bilden

max. 7 Gedanken kann man sich merken

Man sagt, maximal sieben Gedanken könne man sich merken. Sie sind aber schwer zu behalten, wenn sie ohne System und Struktur sind. Entweder der Sprecher gliedert seine Gedanken nach einem Prinzip, er „klumpt" also, oder der Moderator muß sich eine Struktur selbst erstellen, er muß Klumpen bilden.

Häufige Ordnungsprinzipien sind:
- zeitliche Abfolge (am leichtesten zu behalten);
- räumliche Einteilung;
- Bedeutungs- oder Wertungsabstufungen (Neben-, Unterordnung; Ausschließungs-Gegensätze; u.ä.).

Wiederkehrende Kategorien bei Problemlösungsgesprächen sind etwa: Ursachen, Wirkungen, Analogien, Lösungsvorschläge, Maßnahmen, potentielle Probleme. Auch die berühmten „vier M's" der Ursachenanalyse von Prof. Ishikawa gehören hierher: Menschen, Maschinen, Material, Methoden.

Gelingt es dem Moderator, Kernpunkte in ein System einzubauen, also die „Karten" zu „Klumpen" zusammenzustellen, wird ihm eine Zusammenfassung erheblich erleichtert.

3. Gedanken-Pinwände erstellen

Im antiken Athen mußten die Angeklagten ihre Verteidigungsreden – mitunter ging es um Leben oder Tod – nicht nur selbst vortragen, sie durften auch keine Aufzeichnungen benutzen. Deshalb mußte man seine Rede „mnemorieren".

Findige Sophisten haben dafür Lernmethoden entwickelt, die sie „Mnemotechnik" nannten. Für Moderatoren sehr einleuchtend. Man visualisierte in Gedanken einzelne Begriffe mit Symbolen, den Ablauf stellte man sich wie einen Gang durch ein Haus oder einen Tempel vor: Eintrittsraum, Stufen, linkes und rechtes Gemach usw. bis zum Hauptraum.

Mnemotechnik

Unser Vorschlag für Sie:

> Bauen Sie sich gedankliche Pinwände!

Der zentrale Gedanke kommt in die Wolke. Nächstwichtiges in Streifen, dann folgen Ovale und Karten. Wiederholen Sie in Gedanken das Bild, sehen Sie es vor sich und verändern Sie die Struktur nicht mehr. Indem Sie eventuell Neues hinzufügen, prägen Sie sich das Gesamtbild wieder ein. Wenn Sie so verfahren, können Sie mit der KKP-Methode eine adäquate Zusammenfassung auch eines längeren Beitrages machen.

gedankliche Pinwände

14.6 Umgang mit Widerspruch

Der Umgang mit Widerspruch ist selbst für einen erfahrenen Moderator nicht immer leicht. Folgender Dialog in einer moderierten Veranstaltung soll dies verdeutlichen:

Moderator: *„Schreiben Sie jetzt bitte Ihre Gedanken auf die Karten."*
Ein Teilnehmer: *„Aber müssen wir nicht erst einmal Ideen entwickeln, bevor wir sie aufschreiben können?"*

Der Moderator zu sich: *„Das ist ein Angriff auf meine Kompetenz als Moderator. Der ist richtig, daran hätte ich denken müssen. Mir fällt ein..."*

Der Moderator laut: *„Nein, genau das wollen wir nicht. Wir möchten Ihre Spontaneität nutzen."*

Definition und Zweck des Widerspruchs

eine Aussage als unzutreffend bezeichnen

Nach dem Duden bedeutet widersprechen, eine Aussage, Äußerung als unzutreffend bezeichnen, einer Sache nicht zustimmen. Im Grunde handelt es sich bei Widerspruch um Argumentation und Gegenargumentation.

Möglichst bald sollte der Moderator das Ziel eines Widerspruchs erkennen. Mögliche Intentionen des Einwandes:

1. konstruktiv, ernsthaft, positiv gemeint,
2. ideenlos aus Wichtigtuerei, Blödelei oder
3. destruktiv, zerstörerisch, negierend, insgesamt ablehnend.

Je nach Zweck eines Widerspruchs wird der Moderator reagieren.

14.6.1 Verhalten bei konstruktiven Einwänden

14.6.1.1 Psychologische Aspekte

auf Widerspruch folgt Widerspruch

Wie Sie von den „vier Seiten einer Nachricht" wissen, hören wir Unterschiedliches aus einer Äußerung heraus. Manche Moderatoren „hören" vornehmlich mit dem „Beziehungs-Ohr", wenn Widerspruch kommt: *„Das ist ein Vorwurf, Angriff, meine Fachkompetenz wird in Frage gestellt."* Bestärkend wirken dabei Teilnehmerformulierungen wie: *„Hätten Sie nicht erst... Sie müßten doch erstmal..."*. Verständlich, daß aus dieser Haltung heraus Moderatoren die Strategie der Abwehr wählen. Auf Widerspruch folgt Widerspruch. Andererseits ist auch die Teilnehmer-Äußerung psychologisch zu betrachten. Teilnehmer haben Ängste, vor anderen zu reden, müssen einen gewissen Mut aufbieten zu widersprechen. Die Überwindung der Hemmung geschieht mit Kraftaufwand, das hört man an der Lautstärke und manchmal an der Wortwahl.

Ängste

Was sind Teilnehmerbefürchtungen?
Vor allem möchte man sich nicht blamieren. Zu dumm, wenn es ein läppischer Einwand wäre. Ist es ein ernsthaftes Anliegen, vielleicht ein spezielles Problem, so fürchtet man, daß es nicht genügend aufgenommen wird.

Wie sollte sich der Moderator verhalten?
Der Moderationsgrundsatz muß auch beim Widerspruch Geltung behalten:

> Die Menschen sind reif genug und willens,
> ihre Probleme selbst zu lösen.

Ein ehrlicher Moderator sollte sich deshalb über Widerspruch freuen. Genau das ist Ihr Ziel, die Gruppe soll selbst Ideen und Lösungen finden. Dieses Prinzip fördern Sie, wenn Sie Bestätigung vermitteln. Bestätigen Sie möglichst zweifach: auf der Sachebene und auf der Beziehungsebene. Somit schaffen Sie eine Vertrauensgrundlage, auf der ein Austausch von Argumenten erst sinnvoll ist. Gibt es auf der Beziehungsebene noch Unklarheiten oder Konflikte, ist es ausgesprochen schwer, auf der Sachebene voranzukommen.

freuen Sie sich über Widerspruch

14.6.1.2 Einige Einwandtechniken

Wie bei jeder Methode muß man auch hier über gewisse Techniken verfügen, um aus Betroffenen Beteiligte machen zu können.

Einwand-Techniken

1. Einwand aufspüren
Beispiel: Zum vorgenannten Beispiel: *„Wenn ich Sie recht verstehe, fehlen uns noch Kenntnisse zum Thema."* Oder: *„Was meinen Sie damit?"*

Einwand aufspüren

Beschreibung: Herauszufinden, was der andere meint und will, ist die aufrichtigste Methode des Umgangs mit Widerspruch. Es ist das Moderationsverfahren.
Der Teilnehmer kann und soll Gründe nachschieben, Argumente nennen, deren Stichhaltigkeit diskutiert wird. Damit ist der Einwand von der Sache her aufgegriffen. Zugleich aber erhält der Sprecher dadurch eine persönliche Bestätigung. Sie kann sprachlich durch ein „*Aha*" oder eine einleitende Bemerkung verstärkt werden: „*Ich finde es gut, daß Sie unsere Vorgehensweise hinterfragen.*"

Vorteil: Ideen werden aufgegriffen, abgeklärt, erweitert, angeregt.

Nachteil: Zeitaufwand, „klare Linie" wird verlassen.

2. Einwand vorwegnehmen

Einwand vorwegnehmen

Beispiel: „*Vielleicht werden einige von Ihnen denken, jetzt Karten zu schreiben, ist zu früh. Erst muß noch ein Gedankenaustausch stattfinden.*" Oder: „*Obwohl einige denken werden...*"

Beschreibung: Auf diese Weise will man den Teilnehmern „den Wind aus den Segeln nehmen". Argumentativ gesehen, wird der nicht hinreichende Grund genannt.

Vorteil: Der Moderator erscheint als objektiv (zweiseitige Argumentation) und verhindert Zeitverlust.

Nachteil: Möglicherweise weckt man „schlafende Hunde".

3. Pro-Contra-Schema

Pro-Contra

Beispiel: „*Sie möchten, daß wir das Problem erst umschreiben, also eine Reflexionsphase vorschieben. Andererseits hat es Vorteile, unvoreingenommen, intuitiv, spontan, „aus dem Bauch heraus" zu formulieren!*"

Beschreibung: Nicht nur vom Fernsehen ist das Schema Für und Wider, einerseits-andererseits, die Kehrseite der Medaille, bekannt. Jedes Ding hat zwei Seiten.

Nach Hegel (1770 – 1831) ist es das Aufzeigen der dem Gegenstand innewohnenden Widersprüche. Das Umschlagen des Begriffes in sein Gegenteil und die „Vermittlung" des Gegensatzes zur höheren Einheit (These – Antithese – Synthese) war der Grundgedanke der Hegelschen Dialektik.

Aus dem Pro-Contra-Disput können sich drei Lösungen ergeben:
1. entweder Pro oder Contra,
2. ein Kompromiß,
3. eine Synthese.

Pro oder Contra
Die „Entweder-oder-Entscheidung" ist zu fällen, wenn der Gegensatz sich einander ausschließend ist, wie bei „tot oder lebendig". Ein Zwischending gibt es nicht.

Kompromiß
Für die „Halblösung" des Kompromisses darf der Gegensatz nur ein konträrer, ein auf einer Werteskala entgegengesetzter sein, z.B. groß oder klein, jung oder alt. Es gibt Zwischenpositionen. Der Kompromiß „vermittelt", jeder muß nachgeben. Der eine mehr – der andere weniger. Dies ist die „winloose-Situation". Was der eine verliert, ist des anderen Gewinn.

Kompromiß

In unserem Moderationsbeispiel ist ein Ausgleich denkbar im zeitlichen Nacheinander (erst intuitiv aufschreiben, dann diskursiv erörtern) oder im räumlichen Nebeneinander (eine Teilgruppe intuitiv, die andere reflexiv).

Synthese

Synthese

In der Synthese verschmelzen die Alternativen zu einer neuen, „dialektischen" Einheit. Das ist das „win-win-Prinzip". Beide Parteien haben gewonnen durch Einigung auf einen übergeordneten Zweck.

Bei der angenommenen Moderation wären etwa Mind-Mapping oder Synektik intuitiv-reflexive Methoden neuer Qualität.

Vergleich

4. Vergleichsmethode

Beispiel: *„Wir haben damit beste Erfahrungen gemacht."*

Beschreibung: Man verweist auf ähnliche Fälle und zieht den Analogieschluß: so wie da, auch hier. Verstärkend wirkt, wenn zusätzlich die persönliche Erfahrung eingebracht wird.

Vorteil: Vergleiche sind konkret und verständlich.

Nachteil: Vergleiche „hinken". Einen Beweis erbringt nur der echte Parallelfall.

Einwand zurückstellen

5. Einwand zurückstellen

Beispiel: *„Vielen Dank, aber lassen Sie uns erst mal wie beschlossen verfahren. Ich werde später erklären, warum das günstiger ist."*

Beschreibung: Man verschiebt die Einwandbehandlung auf später.

Vorteil: Der geplante Ablauf wird nicht gestört. Man hat Zeit zum Überlegen.

Nachteil: Vertrösten ist immer persönlich und sachlich unbefriedigend. Unklarheit bleibt bestehen.

14.6.2 Verhalten bei ideenlosen Einwänden

Ein gewisses Maß an Blödeleien, an Spaßmacherei und Witzeleien ist ein Gradmesser für eine gelöste, positive und angeregte Atmosphäre. Besonders am Anfang von Veranstaltungen können Spaßmacher als Eisbrecher geradezu erwünscht sein.

Spaß und Witze

Ein Moderator sollte die Witze nicht auf sich persönlich beziehen. Dann besitzt er die nötige Gelassenheit, darauf zu reagieren. Nimmt das Ausmaß allerdings so zu, daß der Arbeitsprozeß gestört ist, heißt es, die Gründe dafür ausfindig zu machen und mit der Gruppe zu thematisieren. Oft sind Späßchen Ausdruck von Desinteresse. Man kann physisch nicht mehr auf den Stühlen sitzen, zu lange Monologe werden gehalten, das Thema hat keinen Bezug zu den eigenen Bedürfnissen. Entsprechend wären Pausen einzulegen, der Sinn dessen zu klären, was man gerade getan hat, kurz, es muß eine Motivationsphase eingeschoben werden.

nicht persönlich nehmen

Ausdruck von Desinteresse

14.6.3 Verhalten bei destruktiver Kritik

14.6.3.1 Allgemeine Aspekte

Selbst bei grundsätzlich ablehnender, destruktiver Kritik sollte sich ein Moderator nicht völlig aus dem Konzept bringen lassen. Voraussetzung ist allerdings, er hält sich an seine Prinzipien und Aufgaben.

nicht aus dem Konzept bringen lassen

14.6.3.2 Ironischer Widerspruch

Die Arten von Ironie können sehr verschieden sein. Die ursprüngliche Form ist die Verkehrung: man sagt das Gegenteil von dem, was man meint. Etwa: *„Das haben Sie prima hingekriegt!"*

das Gegenteil vom Gemeinten formulieren

Zynismus dagegen verletzt und vergiftet die Atmosphäre. *„Bewunderswert, wie Sie (persönlicherAngriff) den Gruppenprozeß ins Chaos moderieren."*

Zynismus

Ebenso vielfältig wie die Versionen von Ironie, sind die Reaktionsmöglichkeiten.

14.6.3.3 Erwiderungsformen

Erwiderungsformen

Es sind drei Erwiderungsformen empfehlenswert:

<u>1. Ignorieren durch Schweigen</u>
Wenn sich keine Steigerungen einstellen, ist das die schnellste und eleganteste Form der Reaktion.

<u>2. Wörtlich-Nehmen</u>
Man tut so, als würde man die zweite Bedeutungsebene nicht bemerken und antwortet auf den „geraden Sinn".
„Prima war es vielleicht nicht, aber ich freue mich über Ihre Zustimmung".

<u>3. Konflikt aufgreifen</u>
Erhält Zynismus aus der Gruppe keinen Widerspruch, kann die Störung nur gruppenöffentlich geklärt werden. Ziel muß es sein, die Spannung produktiv werden zu lassen.

14.7 Literatur

Literatur

Berger, L./Jehn, St.: Seminarunterlage „Effektive Sprache in Moderation und Präsentation", Künzell, 1997.
Schulz von Thun, F.: Miteinander reden 1, Störungen und Klärungen, Hamburg (rororo), erste Aufl. 1981 (Bd. 2, 1989, Bd. 3, 1998).
Watzlawick, P./Beavin, J./Jackson, D.: Menschliche Kommunikation, Bern, erste Aufl. 1969.

15. Handwerkszeug des Moderators

Jeder Moderator benötigt neben seinen eigenen fachlichen Fähigkeiten auch Handwerkszeug. Die Medien, die im folgenden beschrieben werden, helfen Ihnen, Ihre Arbeit so gut wie möglich auszuführen. Sie sind vielfach erprobt, langjährig entwickelt und gehören zu der Grundausstattung eines Moderators. Neben den absolut essentiellen Medien wie der Pinwand finden Sie hier aber auch Hilfen beschrieben, die Ihre Arbeit professioneller aussehen lassen.

Handwerkzeug

Grundausstattung

15.1 Pinwand

Die Pinwand ist das „Wahrzeichen" der Moderation. Vorteile der Pinwand sind ihre große Arbeits- und Visualisierungsfläche und die Möglichkeit, Karten mit Nadeln an ihr zu befestigen.

Wahrzeichen

Im Gegensatz zu anderen Medien (FlipChart, Overhead-Projektor, Tafel), an denen eigentlich sinnvoll nur ein Präsentator oder Trainer arbeiten kann, ist die Pinwand das demokratische Hilfsmittel für alle Teilnehmer. Alle können an ihr arbeiten. Interaktion ist nicht nur erlaubt, sondern Arbeitsprinzip. Für einen optimalen Ablauf einer moderierten Veranstaltung kalkulieren Sie für je zwei Teilnehmer eine Pinwand.

demokratisches Hilfsmittel für alle

Sie ermöglicht dem Moderator ein aktives und flexibles Arbeiten. Die Pinwand ist den Bedürfnissen der Moderation genau angepaßt: leicht, praktisch und strapazierfähig. Sie hat ein Tafelmaß von 122,5 x 150 cm mit einer Gesamthöhe von 193 cm und einem Gewicht von 6 kg. Die langlebigen Hartschaumtafeln sind ohne FCKW geschäumt, lassen sich einfach auswechseln und zur langfristigeren Benutzung auch mit einem Filztuch beziehen.

aktives und flexibles Arbeiten

mobile und stationäre Pinwände

Es gibt viele verschiedene Arten der Pinwand, aber hier unterscheiden wir primär mobile und stationäre Pinwände. Mobile Pinwände sind für die Reise oder den Transport im Haus (d.h. wenn Sie viel unterwegs sind, oder die Pinwände oft von einem Raum in den anderen gebracht werden müssen). Diese Pinwand läßt sich zusammenklappen, so daß sie nur noch die Hälfte ihrer Arbeitsfläche ausmacht. Die Beine können bequem auf den Rahmen der Pinwand zurückgeschoben und die Füße zusammengeklappt werden. Ein Verschluß hält die zum Transport fertige Pinwand zusammen. Die geteilte Pinwand hat zudem eine stabile Tafelarretierung.

Stationäre Pinwände gehen nicht auf Reisen. Sie sind ideal für Seminarräume, Bildungszentren, Tagungshotels, Kongreßzentren und Ausstellungen. Auch bei der ungeteilten Pinwand lassen sich die Standbeine einschieben und die Füße zusammenklappen. So lassen sich die Pinwände optimal auf geringem Stauraum unterbringen.

15.2 Pinwand-Papier

Mit dem Pinwandpapier bespannt man die Pinwand auf der Vorder- und Rückseite. Das Pinwandpapier ist in der Regel packpapierfarben, um eine geeignete Arbeitsatmosphäre zu schaffen und hat zudem den Vorteil, daß es nicht vom Beschreiben abhält wie rein weißes Papier. Das Pinwandpapier besteht meist aus Recyclingpapier und ist in der Regel strukturiert. So findet der Moderator bei der Visualisierung Hilfslinien vor. Meist hat das Pinwandpapier zwei verschiedene Seiten, eine glatte und eine stumpfe Seite. Ideal zum Beschreiben ist die glatte, satinierte Fläche. Sie ist weniger saugfähig und ermöglicht schärfere Konturen. Jedoch kann das Pinwandpapier beidseitig genutzt werden, da die Marker auf diesem Papier nicht durchschreiben.

schafft Arbeitsatmosphäre

Hilfslinien

15.3 Moderatorenkoffer

Er enthält alle notwendigen Arbeits- und Verbrauchsutensilien, die bei der Moderation verwendet werden. Für einen Moderator, der viel reist und unterwegs ist, ist ein Moderatorenkoffer unentbehrlich. Sie können nicht im

Zusammenfassung notwendiger Utensilien

mer davon ausgehen, daß in Hotels oder anderen Trainingsräumen der gesamte Bedarf an Moderationsmaterial vorhanden ist. Handlich und auf kleiner Fläche sind in dem Koffer Marker, Kärtchen, Wolken, Nadeln, Klebestift, Schere und vieles mehr untergebracht. Er ist beliebig erweiterbar mit eigenen Materialien, die Sie für Ihre persönliche Arbeit brauchen. Den Moderatorenkoffer gibt es in den verschiedensten Größen und Ausführungen. Anhaltspunkt für Ihre Zusammenstellung sollte der Bedarf für ein 3-Tages-Training sein.

am Bedarf orientieren

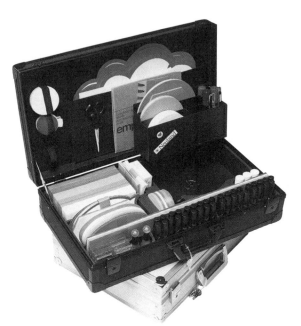

15.4 Kärtchen

typisch für Moderationsprozesse

Neben den Pinwänden sind die Kärtchen typisch für Moderationsprozesse. Es gibt die verschiedensten Formen und Farben von Kärtchen, über deren Bedeutung Sie an anderer Stelle schon etwas gelesen haben (siehe Seite 180ff). Folgende Kartenformen sind üblich: Rechteck 9,5 x 20,5 cm (1/3 DIN A4), Runde Scheiben (Kuller) 9,5 cm, 14 cm, 19,5 cm, Ovale 11 x 19 cm, Überschriftenstreifen (Schlipse) 9,5 x 54,5 cm, Wolken 42 x 25 cm und 62 x 37 cm. Darüber hinaus können Sie aber auch andere Formen zur Visualisierung nutzen: Rhombus 9,5 x 20,5 cm, Waben 9,5 cm Kantenlänge, Gesamtlänge 19 cm, Höhe 16,5 cm, Königswaben Kantenlänge 9,5 cm – 20,5 cm, Gesamtlänge 29,7 cm, Höhe 16,5 cm, Eckwolken 49 x 22 cm (auch farbig).

15.5 Punkte

Klebepunkte werden in der Moderation häufig zur Ist-Analyse benutzt. Es gibt zwei verschiedene Größen, die zu unterschiedlichen Zwecken verwandt werden. Die kleineren Klebepunkte werden bei der Ein-Punkt-Frage oder Mehrpunkt-Frage eingesetzt, sind 20 mm groß und in verschiedenen Farben und Mustern erhältlich. Größere Markierungspunkte sind 35 mm groß und werden häufig für Kommentare (Vernissage, Stimmungsbild) eingesetzt. Folgende Symbole sind üblich: Herz, Pfeil, Fragezeichen, Launi.

zur Ist-Analyse

Kommentare

15.6 Moderations-People

Die Moderationspeople gibt es in allen Kartenfarben. Sie sind 20 cm lang und haben als Fuß ein Namensfeld. So kann zur entsprechenden Wesensart einer Person – ausgedrückt durch die Farbigkeit – der Name oder ihre Funktion zugeordnet werden.

People

15.7 Sprechblasen

Die Sprechblasen können in Verbindung zu den Moderationspeople genutzt werden. Sie sind 20 x 11 cm groß, weiß und haben auf beiden Seiten einen roten Rand. Sie werden aber auch für Kommentare bei Ein-Punkt-Fragen verwandt.

Sprechblasen

15.8 Nadeln

Zum Anpinnen der Kärtchen und des Pinwandpapiers werden Nadeln benötigt. Sinnvoll sind Nadeln mit kurzer Spitze, da diese nicht durch eine Pinwand hindurch gehen. Dies beugt Unfallgefahren vor, zugleich ist eine einfachere Handhabung möglich. Empfehlenswert sind runde Nadelköpfe. Sollte wider Erwarten eine Nadel in der Pinwand stecken bleiben, so kann die Pinwand problemlos zusammengeklappt werden. Verwenden Sie lange Köpfe, so besteht die Gefahr, daß Sie die Pinfläche beschädigen, da sich der

kurze Spitze

runde Köpfe

Nadelkopf in die zusammengeklappte Pinwandfläche eindrückt. Gebrauchsüblich sind zwei verschiedene Nadelgrößen mit dünnen Köpfen (4 x 15 mm) oder dicken Köpfen (6 x 15 mm). Die dicken Köpfe sind allerdings besser greifbar. Das Anpinnen von Karten bedarf einiger Übung, jedoch gewinnt man in der Praxis immer mehr Routine. Pinnen Sie kraftvoll und mit Schwung und versuchen Sie nicht, die Nadel langsam in die Pinwand hineinzustecken.

kraftvoll pinnen

15.9 Marker

Marker sind neben den Kärtchen ein wichtiges Utensil für die Teilnehmer und Moderatoren. Die Marker sollten im Interesse der Umwelt nachfüllbar sein und eine Tusche auf Wasserbasis (geruchsneutral) aufweisen. Im allgemeinen sind Marker in den vier Farben Schwarz, Rot, Blau und Grün erhältlich. Vorsicht: Rote Schrift ist im Pinwand-Protokoll schlecht zu erkennen! Teilnehmermarker weisen eine Strichbreite von 2 – 6 mm, Trainermarker eine Strichbreite von 8 – 13 mm auf. Achten Sie darauf, daß Sie keine runden Spitzen für Marker verwenden. Sie ergeben eine zu eintönige Schrift ohne Struktur und Charakter.

Vorsicht: Rot ist schlecht zu protokollieren

Die frische Tinte von wasserlöslichen Stiften läßt sich mit Kernseife und einem Nagelbürstchen, in hartnäckigen Fällen (eingetrocknet) mit Alkohol, Nagellackentferner oder Spiritus von der Haut entfernen.

Entfernung von Tintenresten

15.10 Namensschild

In Seminaren, Konferenzen und Sitzungen tragen die Teilnehmer ordentlich vorgefertigte Namensschilder zum Anstecken oder finden einen Tischaufsteller vor. Da es in moderierten Gruppen meist keine Tische gibt, die Teilnehmer viel in Bewegung sind und eine ungezwungene Form des Beisammenseins im Vordergrund steht, ist es vorteilhafter, wenn sich die Teilnehmer ihr Namensschild selbst herstellen. Lassen Sie die Teilnehmer ihren Namen auf einen Streifen Krepp-Papier (ca. 10 cm Länge), vorgefertigte Klebestreifen oder Namens-Wolken schreiben.

Namensschild

15.11 Klebestift bzw. Sprühkleber

Neben der Variante des Anpinnens von Kärtchen gibt es noch die Möglichkeit, Kärtchen anzukleben. Dazu verwenden Moderatoren in der Regel Sprühkleber. Die Methode des Klebens hat den Vorteil des relativ einfachen Umhängens und Sortierens. Nachteilig dabei ist der große Verbrauch von Sprühkleber, der in der Regel riecht und auch nicht all zu lange hält. Achten Sie darauf, daß Sie einen Sprühkleber verwenden, dessen Treibmittel ohne FCKW ist.

Anpinnen oder Kleben

Sollten Sie die erarbeiteten Plakate archivieren wollen, müssen Sie die angepinnten Karten ankleben. Empfehlenswert hierfür ist der Klebestift. Er hält länger und besser. Umranden Sie dazu die Kärtchen mit dem Klebestift auf der Rückseite und hängen Sie sie an die entsprechende Stelle zurück. Lassen Sie sich bei diesem Vorgang von den Teilnehmern unbedingt helfen! Auch bei den Klebestiften gibt es umweltfreundliche Varianten.

15.12 Schere

Schneiden von Freiformen

Eine Schere wird in Moderationsprozessen nicht so oft gebraucht, dennoch sollte sie nicht fehlen. Vor allem zum Schneiden von Freiformen aus farbigem Papier ist sie dringend notwendig. Aber auch bei Arbeiten, wie dem Abschneiden von mehreren Klebepunkten ist sie hilfreich. Sollten Sie auf eine akkurate und saubere Visualisierung Wert legen, werden Sie sie öfter nutzen. Achten Sie darauf, ob Sie Moderationspartner haben, die Linkshänder sind! Auf jeden Fall brauchen Sie eine scharfe Papierschere. Vorteilhaft ist eine Schere mit 8 Zoll, jedoch kleiner als 6 Zoll sollte sie nicht sein.

15.13 Pinwand-Protokoll-Kopierer (PPK)

Das authentische Fotoprotokoll ist grundlegender Bestandteil der Moderationsmethode. Die Teilnehmer bekommen kein getipptes, dem eigenen Arbeitsergebnis optisch fremdes Dokument, sondern eine fotografische Dokumentation. Auch hier zeigt sich nochmals deutlich, wie wichtig die Visualisierung ist. Alles was den Teilnehmern wichtig ist, steht im Protokoll!

fotografieren

Bisher war die Herstellung mit erheblichem zeitlichen und finanziellen Aufwand verbunden. Die einzelnen Pinwände wurden fotografiert, der Film wurde entwickelt (erst jetzt war ersichtlich, ob alles richtig belichtet wurde) und die einzelnen Fotos auf DIN-A4 vergrößert, um dann fotokopiert zu werden. Dies gehört jetzt der Vergangenheit an.

Pinwandprotokoll-Kopierer

Der Pinwand-Protokoll-Kopierer hat das aufwendige Verfahren wesentlich vereinfacht. Das handliche Gerät wird während oder nach der Moderation vor die Pinwand gestellt, im Suchfeld der Ausschnitt festgelegt, dann ein Knopfdruck – und das Arbeitsergebnis liegt als Kopie vor. Diese Kopie, eventuell mit einem Passpartout versehen, dient zur Vervielfältigung (Fotokopierer). Der Pinwand-Protokoll-Kopierer arbeitet mit Scannertechnik, Autofocus und automatischer Belichtung. Als Papier wird Thermo-Papier verwandt, das in jedem Faxgerät Verwendung findet. Das Ergebnis des Protokolls ist in verschiedenen Graustufen und Weiß scharf zu erkennen. Da das Gerät nur zwei Kilo wiegt und relativ klein ist, kann es leicht transportiert werden. Selbstverständlich kann der Pinwand-Protokoll-Kopierer auch bei Protokollen vom FlipChart und der Wandtafel verwendet werden.

Durchführung

Zeitgemäß ist mittlerweile die digitale Kamera. Sie hat den Pinwand-Protokoll-Kopierer abgelöst. Verbunden mit günstigen Farbdruckern und Bildbearbeitungsprogrammen steht der professionellen Dokumentation nichts mehr im Wege.
In Zeiten der Information-Technology (IT) werden digitalisierte Daten wichtiger denn je – auch und vor allem für Weiterbildner.

digitale Fotografie

15.14 FlipChart

*Präsentations-
medium*

Das FlipChart ist ein weiteres Präsentationsmedium, das in der Moderation Verwendung findet. Es handelt sich dabei um eine weiße Schichtstoff-Tafel, die beschreibbar und trocken abwischbar ist. Diese Tafel ist in einen Rahmen eingefaßt und bietet zusätzlich eine Möglichkeit, Papier an dieser Tafel aufzuhängen. Hier gibt es zwei Alternativen: eine Klemm- oder Bügelhalterung. Die Gesamthöhe des FlipCharts beträgt 190 cm mit einer Arbeitsfläche von 72 x 102 cm (innen).

Medienmix

Das FlipChart ist noch das traditionsreichste Arbeitsmedium, das neben den Pinwänden in der Moderation verwandt wird. Jedoch sollte ein sinnvoller Medienmix in jede Moderation Eingang finden und dazu gehört eben mehr als nur die Pinwand und das FlipChart.

15.15 Overhead-Projektor (OHP)

Der Overhead-Projektor gehört zu einer Standard-Ausrüstung während einer Moderation. Auf dem Markt befindet sich eine Vielzahl an Geräten, die sich kaum noch durch ihre Leistungsmerkmale unterscheiden. Wichtig im Zusammenhang mit dem Seminarbetrieb sind Lichtstärke und Parallaxen-

*Lichtstärke und
Parallaxenausgleich*

ausgleich. Grundsätzlich werden bei den Overhead-Geräten transportable und stationäre Projektoren unterschieden.

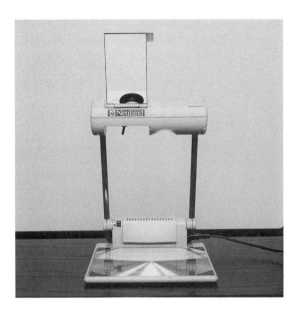

15.16 Moderations-Software und Chart-Planer

Mittlerweile gibt es erste Ansätze von Moderations-Software auf dem Markt. In Bezug auf den Wiedererkennungswert eines erarbeiteten Plakates sind alle EDV-Lösungen nicht so positiv zu bewerten. Daher empfiehlt sich deren Einsatz momentan eher bei der Vorbereitung von Moderationssequenzen. Hier können die Programme durchaus eine Hilfe sein. Allerdings sollte man von vornherein eine Affinität zur computergestützten Arbeit aufweisen, bevor man sich mit diesen Medien auseinandersetzt. Neben der Software bietet sich aber auch ein Chart-Planer zur Vorbereitung von Moderations-Charts an. Er ermöglicht die Chartgestaltung vom Schreibtisch aus.

Software

Chart-Planer

15.17 Materialbedarfsliste

Um den genauen Bedarf von Moderationsmaterialien kalkulieren zu können, finden Sie weiter unten eine Materialbedarfsliste. Sie ist auf Grund langjähriger Erfahrungswerte erstellt worden und hilft Ihnen bei der optimalen Vorbereitung Ihres Seminars oder Ihrer Sitzung.

Bedarfsliste

Bedarfsliste
für Moderations-Verbrauchsmaterial (3 Tage)

Seminar-Teilnehmer	bis 5	bis 8	bis 12	15 – 20
Anzahl der Pinwände	3	5	6	8
Pinwand-Papier 118 x 140 cm				
100 Bogen im Karton	1 Karton	1 Karton	2 Kartons	2 Kartons
Moderations-Karten 9,5 x 20,5 cm	600 farb. sort.	600 farb. sort.	1200 farb. sort.	1200 farb. sort.
Runde Scheiben ø 9,5 cm	600 Stück, sortiert in 6 Farben			
Runde Scheiben ø 14,0 cm	600 Stück, sortiert in 6 Farben			
Runde Scheiben ø 19,5 cm	600 Stück, sortiert in 6 Farben			
Ovale Scheiben 11 x 19 cm	600 Stück, sortiert in 6 Farben			
Überschriftstreifen 9,5 x 54,5 cm	120 Stück, sortiert in 6 Farben			
Moderations-Wolken 42 x 25 cm	50 Stück, weiß/rot			
Rhombus-Karten 9,5 x 20,5 cm	600 Stück, farbig sortiert			
Waben-Karten	600 Stück, farbig sortiert			
Korrektur-Pads	20 Bogen			
Moderations-Marker, schwarz	10 Stück	20 Stück	30 Stück	40 Stück
Trainer-Marker,				
schwarz, rot, grün, blau	4 farbig sort.	4 farbig sort.	4 farbig sort.	4 farbig sort.
Markierungsnadeln 6 x 15 mm	200 Stück	400 Stück	400 Stück	500 Stück
Markierungspunkte 1000 Stück				
sortiert in 4 Farben, ø 20 mm	1 Sortiment	1 Sortiment	1 Sortiment	1 Sortiment
Markierungspunkte ø 35 mm				
Launi, Sympathieherz, Konfliktpfeil,				
Fragezeichen, 480 Stück	1 Sortiment	1 Sortiment	1 Sortiment	1 Sortiment
Papierschere, klein (6 Zoll)	1 Stück	1 Stück	2 Stück	2 Stück
Papierschneidemesser	1 Stück	1 Stück	2 Stück	2 Stück
Klebestift	2 Stück	3 Stück	4 Stück	5 Stück
Krepp-Klebeband	2 Stück	3 Stück	4 Stück	5 Stück
Bitte Verpackungseinheit beachten				

Unser Bedarf für

Seminar am		Ort	Thema	
Pinwand-Papier 100 Bogen			Korrektur-Pads	
Moderations-Karten 9,5 x 20,5 cm			Moderations-Marker	
Runde Scheiben ø 9,5 cm			Trainer-Marker	
Runde Scheiben ø 14,0 cm			Markierungsnadeln 6 x 15 mm	
Runde Scheiben ø 19,5 cm			Markierungspunkte ø 20 mm	
Ovale Scheiben 11 x 19 cm			Markierungspunkte ø 35 mm	
Überschriftstreifen 9,5 x 54,5 cm			Papierschere, klein (6 Zoll)	
Moderations-Wolken 42 x 25 cm			Papiermesser	
Rhombus-Karten 9,5 x 20,5 cm			Klebestift	
Waben-Karten			Krepp-Klebeband	

Bei dieser Auflistung ergibt sich in den meisten Fällen ein Material-Überschuß, bedingt durch die Verpackungseinheiten.

16. Lernumgebung

Neben den didaktischen und methodischen Voraussetzungen gibt es ebenso Anforderungen, die an die Lern- bzw. Arbeitsumgebung gestellt werden müssen. Die Lern- und Arbeitsumgebung beeinflußt den Menschen in besonderem Maße. Sie kann den Lernenden bzw. Arbeitenden behindern aber auch befördern. Ein entscheidender Faktor ist die Wohlbefindlichkeit, an der sich die Gestaltung der Lern- und Arbeitsumgebung orientiert.

Lern- bzw. Arbeitsumgebung

Wohlbefinden

Es ist ein Unterschied, ob Sie sich in die Klassenzimmeratmosphäre ihrer Kindheit zurückerinnern oder ob Sie einen nach neuesten Erkenntnissen ausgestatteten Seminarraum betreten. Aber was macht gerade den Unterschied aus?

In verschiedenen Einzelpunkten werden die Anforderungen an eine lerngerechte Umfeldgestaltung erläutert und mit praktischen Tips umsetzbar gemacht.

16.1 Raumform und -bedarf

Raumökonomie ist die logische Aneinanderreihung von Raumart und -zahl. Was bedeutet das?

Raumökonomie

Das Raumprogramm beinhaltet die verschiedenen Raumarten (Plenar- und Seminarräume, Gruppenarbeitsräume, Stauraum, Pausenzone, Trainerwerkstatt, etc.) in der richtigen Anzahl und Größe.

Raumarten in richtiger Anzahl und Größe

Ideal sind Seminarräume, die einem Quadrat nahe kommen. Hier kann die Aktionszone je nach Bedarf variiert und verschoben werden. Der interaktiven Arbeit von Gruppen steht nichts im Wege, da die Entfernungen für eine moderationsgerechte Gruppenplazierung in jeder Weise zu realisieren sind. Denkbar sind neben reinen Quadraten auch ein Sechs- bzw. Achteck. Sie bilden die Synthese zwischen Kreis und Quadrat, machen den Raum aber nach wie vor gestaltbar und funktional, indem sich gerade Wandflächen darin befinden. Die vielfältigen Gestaltungsmöglichkeiten und die etwas andere Raumform regen den kreativen Geist an. Ungünstig hingegen sind Recht-

quadratische Räume

Aktionszone

ecke. Je größer die verschiedenen Seitenflächen auseinanderliegen, desto ungünstiger sind sie. Ein rechteckiger Raum schreibt meist eine Aktionszone vor, die kaum noch variiert werden kann. Eine moderationsgerechte Gruppenmöblierung im Halbkreis wird kaum noch möglich, da sich die Teilnehmer in der Mitte oder die Teilnehmer an den beiden Außenenden nicht in der optimalen Entfernung bzw. im optimalen Blickwinkel befinden.

Raumbedarf

Bei der Kalkulation des Raumbedarfes (Seminarraum) geht man von einem Mittelwert von 6 qm pro Teilnehmer aus. Es sollten jedoch mindestens 5 qm pro Teilnehmer sein. Der Raumbedarf orientiert sich aber auch nach der Verfügbarkeit von Zusatzräumen. Um Gruppenarbeiten durchführen zu können, muß entweder der Seminarraum groß genug sein, um ihn abteilen zu können (dann brauchen Sie bis zu 8 qm pro Teilnehmer) oder zusätzliche Gruppenarbeitsräume müssen vorhanden sein. Diese sollten mindestens 2,5 qm pro Teilnehmer groß sein. Wieviele Gruppenarbeitsräume Sie benötigen hängt aber auch von der Gruppengröße ab. Bei mehr als 12 Teilnehmern brauchen Sie zumindest zwei zusätzliche Gruppenarbeitsräume.

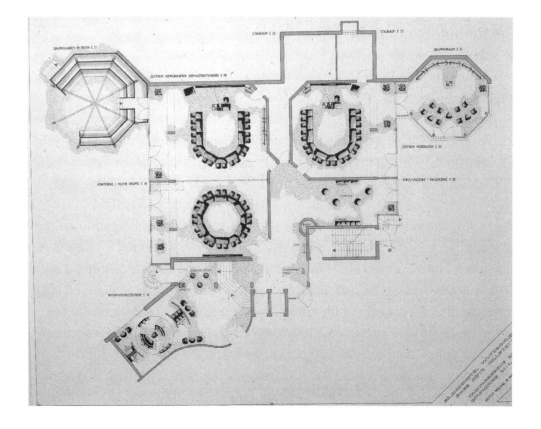

16.2. Raumfunktionalität

Neben der Raumform und -größe spielt die Funktionalität der Architektur eine Rolle. Wichtig für den Moderator ist in diesem Zusammenhang, daß nicht alle Wände mit Fenstern versehen sind. Zudem sollten genügend Stell- und Hängeflächen vorhanden sein, um Plakate und Pinwände günstig plazieren zu können. Stehen Pinwände vor Fensterflächen werden die Teilnehmer geblendet. Hängeflächen sind notwendig, um einzelne Plakate an Magnetschienen hängen zu können und so dem Visualisierungsgrundsatz genüge zu tun.

Funktionalität der Architektur

Stell- und Hängefläche

16.3. Gestaltung

Die Gestaltung der Lernumgebung muß bedürfnisgerecht, also funktional, aber auch lernunterstützend sein. Assoziationen mit schulischen Lernumgebungen sollten vermieden werden, um vorhandene Lernblockaden nicht zu aktivieren. Ein angenehmes Ambiente zum Wohlfühlen zu schaffen, in dem Lernen und Arbeiten Spaß macht, sollte Ihr Ziel sein.

bedürfnisgerecht

Lernen und Arbeiten muß Spaß machen

Neben den reinen funktionalen und lernpsychologischen Aspekten spielt die Ästhetik ein gewisse Rolle. Die meisten, ja vielleicht alle Menschen besitzen eine angeborene ästhetische Sensibilität, die auf Klang, Form, Farbe und Rhythmus anspricht. In jedermann steckt die Fähigkeit, auf Schönheit zu reagieren. Diese von Geburt an vorhandene Fähigkeit soll „Erste ästhetische Ordnung" genannt werden. Es gibt eine weitere Klasse ästhetischer Wahrnehmung, die aus der Spannung zwischen Komplexität und Grundstruktur entsteht. Schließlich gibt es eine Art ästhetischer Wahrnehmung, die einfach die Freude an sinnenhafter Empfindung auf einem verhältnismäßig oberflächlichen Niveau umfaßt, mit Hochfrequenz- oder Spitzen-Sättigung. Ihre Wurzeln liegen im primitiven (limbischen) Gehirn, das über eine Art vorästhetisches Wertsystem verfügt. Fast alle ästhetische Erfahrung wird untermauert durch die allgemein verbreitete Grundstruktur eines Bewußtseins für die Harmonie von Tönen, Räumen und Farben.

Ästhetik

16.4. Licht

Verbindung zwischen Mensch und Umwelt herstellen

Ohne Licht kein Sehen! Das Licht stellt eine Verbindung zwischen dem Menschen und seiner Umwelt her. Licht ist ein wesentliches Gestaltungsmittel in der Seminararchitektur und gleichzeitig ein wichtiger Faktor für das Wohlbefinden der Menschen.

Tageslicht

natürliches Licht

Am wertvollsten ist das natürliche Licht und sollte daher in keinem Seminarraum fehlen. Ausreichende Fensterflächen sorgen für eine angenehme natürliche Belichtung am Tag. Zur Steuerung der Tageslichtintensität sollten vorhanden sein:
- außenliegender Sonnenschutz,
- Verdunkelungsanlage,
- Vorhänge (Farbe – Struktur!).

Tageslicht-Ergänzungs-Beleuchtung

Ergänzungslicht

Je nach Tageszeit, Jahreszeit und Wetter muß meist Tagesergänzungslicht hinzugeschaltet werden. Bei den meisten Raumtiefen ist eine Zuschaltbarkeit einer Tagesergänzungsbeleuchtung unbedingt erforderlich; diese sollte ca. 500 Lux erreichen.

Kunstlicht

Kunstlicht

Gemäß DIN 5053 ist von folgenden lichttechnischen Werten auszugehen:
- Nennbeleuchtungsstärke 300 - 500 Lux
- Lichtfarbe neutral/warmweiß
- Stufe der Farbwiedergabe 11
- Güte der Blendungsbegrenzung 11

Licht- und Farbspektrum

Wichtig hierbei zu beachten ist, daß das Licht- und Farbspektrum des Kunstlichtes dem des Tageslichts nahe kommt. Bevorzugt sollte Glühlampenlicht eingesetzt werden, jedoch ist auch eine Kombination von Glühlampenlicht mit Halogenlicht denkbar. Mittlerweile gibt es Spezialleuchtmittel, die das Licht- und Farbspektrum des Tageslichts erreichen. Das wäre ideal.

Die 9 Gebote für eine gute Seminarraumbeleuchtung: *9 Gebote*

1. Wann immer möglich, sollte das Tageslicht benutzt werden.
2. Die Beleuchtung muß variabel sein, um den unterschiedlichen Anforderungen angepaßt werden zu können (verschiedene Stromkreise, dimmbar).
3. Grundbeleuchtung, die beim Betreten des Raumes eingeschaltet werden kann.
4. Arbeitsbeleuchtung; sie sollte eine gleichmäßige, helle Ausleuchtung der Arbeitsflächen ermöglichen und blendungsfrei sein.
Reines Leuchtstofflampenlicht wirkt eintönig und ermüdend. Es läßt sich nur unter ungünstigen Bedingungen dimmen (fahles Licht) und zeigt im Gegensatz zu Glühlampenlicht keine Brillanz. Auch die äußere Erscheinungsform der Lampenkörper ist meist unbefriedigend und verstärkt den technischen Charakter der Leuchte.
5. Aktionslicht; die Beleuchtung der Aktionszone sollte die Arbeitsflächen (Pinwände, Schreibmagnettafeln) hell und gleichmäßig ausleuchten. Ein separater Stromkreis sollte das Zu- und Wegschalten ermöglichen (Wandfluter, eingebaut oder in Stromschiene).
6. Vortragsbeleuchtung; sollte eine Dimmung der Grundbeleuchtung auf 80 Lux ermöglichen (Glühlampen, oder Niedervolt-Halogen).
7. Gemütliches Licht für Entspannung und Meditationsübungen. Geringe Beleuchtungsstärken, gemütliches, warmes Licht, z.B. Glühlampen.
8. Beleuchtungsstärke – 300 bis 500 Lux.
9. Fazit: Mutlifunktionale Beleuchtung: Lebendigkeit durch interessante Licht- und Schattenspiele.

16.5 Farbe und Struktur

Neben der ästhetischen Beurteilung von Farben kommt ihrer physiologischen und psychologischen Wirkung große Bedeutung zu. Wir registrieren Farbe nicht nur, sondern wir reagieren auch darauf. Wir empfinden Farben als leicht und schwer, warm oder kalt, nah oder fern. Entsprechend können Räume als hoch, eng oder weit interpretiert werden. Farbe sollte in der Architektur eine Verbindung zwischen Mensch und Baukörper herstellen.

Verbindung zwischen Mensch und Baukörper schaffen

Für die Farbgestaltung in der Praxis gibt es keine Patentrezepte. Jeder Raum ist verschieden, durch die Himmelsrichtung, Beleuchtung, Geschoßlage usw. Bei der Zusammenstellung von Farbe und Materialien zu einem harmonischen Ganzen ist eine methodische Vorgehensweise wichtig.

Farbgestaltung

Folgende Kriterien müssen berücksichtigt werden:

1. Überprüfen der vorhandenen Raumsituation
   a) Himmelsrichtung
   Sonnige Räume stimmen glücklich und fröhlich, lichtarme Räume und sonnenarme Räume machen depressiv.
   b) Größe des Lichteinfalls bei Tag
   In lichtarmen Räumen sollten unbedingt helle, leichte Farben eingesetzt werden.
   c) Künstliche Beleuchtung
   Ein Raum, der bei Tageslicht harmonisch wirkt, kann durch eine ungeeignete, künstliche Lichtquelle unangenehm verändert werden

2. Welche Einrichtungsgegenstände sind eventuell vorhanden?
   (Bodenbelag, Teppich, Vorhänge, Holzarten ...)

3. Berücksichtigung der Oberflächenbeschaffenheit der vorhandenen oder neuhinzukommenden Materialien.

4. Physiologische Anforderungen: Lichtverhältnisse und Farbgebung sollten so sein, daß Irritationen, Sehstörungen und Ermüdungserscheinungen vermieden werden. Diese können, z.B. durch Blendungen, Spiegelungen, fehlende oder zu harte Kontraste entstehen.

5. Psychologische Anforderungen: Farbe ist ein Mittel, um Wohlbefinden und Behaglichkeit entstehen zu lassen. Fußboden, Wände und Decke sollten dem natürlichen Empfinden des Menschen entsprechen und ein Helligkeitsgefälle im Raum entstehen lassen. Es empfiehlt sich, z.B. den Fußboden nicht gleich hell oder heller als die Wände zu wählen, sondern dunkler, um Verunsicherungen zu vermeiden.

Im Sinne ganzheitlichen Lernens hat die unmittelbare Lernumgebung eine hohe Bedeutung. Die Phasen des Lernens: von stiller Konzentration, angeregter Kommunikation bis hin zur schöpferischen Entspannung – ein modern gestalteter Raum bietet das ansprechende Lernumfeld. Im Sinne von Dramaturgie und Kulissentechnik sollte der Raum auf die Bedürfnisse und farbpsychologischen Aspekte der Lernsituation angepaßt werden können. Hier eine kleine Beschreibung von Farben und ihren Wirkungen:

Farbwirkungen in Räumen

Gelb
wenn es nicht zu intensiv auftritt, wirkt es freundlich, heiter und kommunikativ. Es eignet sich in Seminarräumen besonders als Wandfarbe, aber auch als Filztuchbespannung für Pinwände oder Dekorationsstoff im Fensterbereich.

Rot und Orange
lassen sich als Akzentfarben (z.B. Metallrahmen/Beschläge) einsetzen. Ihre anregende und aktivierende Wirkung kann zur Belebung des Raumes beitragen.

Blau
ist aufgrund seiner konzentrationsfördernden Wirkung ebenfalls gut geeignet für den lernenden Menschen. Großflächig kann ein helles Blau als Deckenanstrich Verwendung finden. In sonnigen Räumen ist ein blauer Teppichboden denkbar. Auch für Stuhlbezüge, Pinwände, Rahmenteile und Tischbeine sind Blautöne gut geeignet.

Grün
läßt sich wegen seiner ausgleichenden Wirkung großflächig einsetzen. Im Bodenbereich wird es als weich, trittfreudig und erholsam empfunden. Ein kräftiges Grün ist auch als Akzentfarbe, beispielsweise für Tischbeine oder Rahmenteile denkbar.

Farbwirkungen im Raum
- warme Farben (z.B. Orange) verkleinern den Raum,
- helle, warme Farben (z.B. Gelb, Gelborange) geben Ersatz für fehlende Sonne, hellen den Raum auf,
- dunkle, warme Farben lassen den Raum kleiner wirken,

- kalte Farben (z.B. Blau) erweitern den Raum; helle, kalte Farben (z.B. Hellblau) lassen den Raum größer wirken,
- dunkle, kalte Farben (z.B. Dunkelblau) lassen die Raumbegrenzungen stark fühlbar werden (können Räume zum „Loch" werden lassen).

Tageszeit, Wetter und Jahreszeit beeinflussen den Organismus und die Bedürfnisse des Menschen. An einem heißen Sommertag werden kühle Farben als angenehm erfrischend empfunden, während warme Farben und das gemütliche Brasseln eines Kaminfeuers im Winter Wärme und Geborgenheit vermitteln.

Die wechselnden Kulissen im Theatergeschehen machen deutlich, wie intensiv das Zusammenspiel von Licht und Farbe Stimmungen erzeugen kann.

wandelbare Farbstimmungen

Übertragen auf unseren Seminarablauf könnte das bedeuten, daß in Zukunft wandelbare Farbstimmungen auf die Bedürfnisse des lernenden Menschen eingehen. Durch verschiebbare Wandelemente und variierende Beleuchtung wäre dies möglich.

Struktur der Wände

Neben der reinen Farbigkeit der Wände spielt die Struktur ebenso eine Rolle. Die oft weißen Wände sind meist zu grell für das Auge und bedeuten auch Streß. Streß eben auch weil das Auge auf planen Oberflächen keinen Halt findet. Strukturen in Form von Oberflächen helfen dem Auge, sich zu entspannen. Wichtig in diesem Zusammenhang zu erwähnen ist, daß mit Naturanstrichen gearbeitet werden sollte.

16.6 Klima

Das Klima im Raum ist von mehreren Faktoren abhängig und kann durch die Verbesserung von Einzelfaktoren schon entscheidend beeinflußt werden.

Klima im Raum

Temperaturverhältnisse
Lange hat man sich bei der Bewertung des Wohnklimas am absoluten Celsius-Grad der Lufttemperatur orientiert und die unterschiedlichen Behaglichkeitsstufen von Lufttemperatur und Oberflächentemperatur unberücksichtigt gelassen. Die Erfahrung zeigt jedoch, daß Strahlungswärme im Infrarotbereich zuträglicher und Konvektionswärme mit Luftumwälzung (Klimaanlage) abträglicher ist.

Lufttemperatur

Konvektionswärme

Der menschliche Körper ist – physikalisch gesehen – ein Wärmetauscher, der Energie primär über Wärmestrahlung abgibt. Unbehaglichkeit stellt sich ein, wenn die umgebende Raumfläche aufgrund negativer wärmeleitender Eigenschaften diese Körperstrahlung zu stark ableitet, anstatt sie zu reflektieren. Dies führt zwangsläufig zur Forderung nach Strahlungsheizungen und wärmeabstrahlenden Oberflächen (Strahlungswärme durch Heizkörper und Fußbodenheizung). Das Ziel sind Raumtemperaturen mit vergleichsweise niedriger Lufttemperatur (ca. 18 Grad C) und hohen Oberflächentemperaturen (20 – 22 Grad C).

Strahlungsheizungen

Luftfeuchtigkeit
Der Mensch gibt neben der Wärmestrahlung auch Wärme über Konvektion – vorrangig durch Atmung – ab. Hieraus leitet sich die Forderung nach geringer absoluter Luftfeuchtigkeit ab. Die relative Luftfeuchtigkeit soll jedoch bei 40 – 50% gehalten werden. Heizsysteme, die vor allem die Raumluft erwärmen und zu geringe Strahlungsanteile haben, erfüllen diese Forderung nicht. Überall wird über zu trockene Luft geklagt. Technische Luftbefeuchter sind keine Lösung, da hier eher die Verbreitung von Krankheitskeimen gefördert wird.

relative Luftfeuchtigkeit bei 40 – 50%

Dauerlüftung

Als dritte Haut müssen die Umschließungsflächen von Arbeits- und Versammlungsräumen eine Dauerlüftung ermöglichen. Die normale Fensterlüftung ist wegen der hohen Fugendichtigkeit niedriger als bisher.

Statt eines notwendigen 1 – 2-fachen Luftwechsels pro Stunde, haben Neubauten oft nur einen 0,1-fachen. Atmungsaktive Wände nehmen daher einen besonderen Stellenwert ein (Holz, Ziegel, Kalk, usw.).

Das „ideale Heizsystem"
Eine Besinnung auf das Natürliche, auf die Sonne und das Feuer – als Symbol der Heizung – ist notwendig. Was Wärmequalität eigentlich ist, spüren wir vor offener Flamme oder in der strahlenden Sonne. Die gesundheitliche Nutzung dieser Strahlungswärme ist Infrarot, Ultraviolett, Farb- und Ionentherapie zugleich.

offener Kamin

Als Heizquelle von innen – im Zentrum des Hauses – kommen in erster Linie der offene Kamin, der gemauerte Kamin sowie Fußleisten-Heizsysteme in Frage. Diese Kombination von Sonne, Flamme und Wärmestrahlung führt zur biologischen Heizung.

Resümee
„Jedes Ding durchläuft bis zu seiner Anerkennung drei Stufen: In der ersten erscheint es lächerlich. In der zweiten wird es bekämpft. In der dritten gilt es als selbstverständlich." Dieses Zitat von Arthur Schopenhauer beschreibt vortrefflich die Situation der Baubiologie heute. Nach dem Verhalten vieler zu urteilen, befinden wir uns in der zweiten Phase.

16.7 Einrichtung und Materialien

Bedürfnisse der Teilnehmer sind ausschlaggebend

Die Einrichtung des Seminarraumes sollte an den Bedürfnissen der Teilnehmer ausgerichtet werden und nicht nach dem Geschmack einzelner Eigentümer oder Architekten. Es handelt sich bei diesen Räumen um Lernstätten und Lernende haben ganz eigene Bedürfnisse. Lernen heißt, das eigene Verhaltensrepertoire zu überprüfen und zu ändern. Erwartungen an seine Leistungsfähigkeit, eventuell unbekannte Menschen, eine andere

Lernumgebung

Umgebung, weg von zu Hause und eine verstärkte Sensibilität setzen den Teilnehmer zusätzlich unter eine gewisse Spannung. Da wechselt tiefe Betroffenheit mit dem Gefühl, vor Freude über dem Boden zu schweben. In dieser Situation muß die Umgebung so gestaltet werden, daß der Lernende sich sicher fühlt, daß er positiv angeregt wird, daß er Geborgenheit verspürt. Ein kaltes Ambiente ist dem sicherlich nicht zuträglich. Attribute wie heiter, freundlich, hell und menschlich beschreiben den Gesamteindruck – die Atmosphäre des Raumes. Warme und natürliche Materialien und eine humane Architektur erzeugen bei dem Lernenden ein solches Gefühl. Diese Räume wirken einladend und befördern den Lernenden bzw. Arbeitenden.

Geborgenheit

einladend

Möbel sollen nicht beeindrucken, sondern dem Benutzer das Arbeiten erleichtern. Im Seminarraum wirken zu viele und zu schwere Möbel erdrückend und stören das oft wechselnde Geschehen. Das Verhältnis von Raumgröße und Mobiliar sollte ausreichend Bewegungsfreiheit ermöglichen.

Möbel sollen nicht beeindrucken

Seminarmöbel sollen sich unauffällig in das gestalterische Gesamtkonzept einfügen, kommunikationsfreundlich und für die Anwender leicht nutzbar sein. Holz ist dabei das zentrale Material. Verschiedene Hölzer haben verschiedene Wirkungen, so daß innenarchitektonisch ein großer Handlungsspielraum entsteht. Zudem sind Hölzer auch immer wieder kombinierbar mit kälteren Materialien wie Chrom. Holzoberflächen bei Tischen sind strapazierbar und bieten gleichzeitig durch die Maserung dem Auge einen Halt. Zu plane Oberflächen sind für das Auge Streß, da es keinen Anhaltspunkt hat, um sich zu entspannen. Die verschiedenen Tische sollten miteinander kombinierbar sein, sodaß verschiedenste Formen gestellt werden können (Systemtische). Mit einer Tischhöhe von 72 cm und einer Tiefe von 67,5 cm ist ein optimales Sitzen und Arbeiten möglich.

Holz

plane Flächen bedeuten Streß fürs Auge

Für eine Moderation benötigen Sie in der Regel keine Systemtische, sondern Interaktionstische, die zwischen dem Stuhlhalbkreis plaziert werden. Jeweils zwei Teilnehmer teilen sich einen Interaktionstisch. Die Teilnehmer brauchen schnellstmöglichen Bewegungsspielraum. Tischfronten würden dies nur behindern.

Interaktionstische

Schreibhilfen

Da die Teilnehmer alles auf Pinwänden visualisieren, sind sie auf keine permanente Schreibfläche angewiesen. Hilfreich in diesem Zusammenhang sind Schreibhilfen, die dem Teilnehmer das Schreiben ohne Unterlage erleichtern.

Aktionszone

Die Teilnehmer sitzen im Halbkreis um die Aktionszone. Die Aktionszone ist das Herzstück des Raumes. Hier werden der Moderator und die Teilnehmer agieren und reagieren. In dieser Zone muß sich das planerische Gesamtkonzept bewähren. Die Aktionszone ist allerdings nicht festgesetzt, sondern kann sich innerhalb der Moderation im Raum verschieben. Immer da, wo die Moderation im Moment stattfindet, ist die Aktionszone. Sie sollte jedoch von Türen möglichst freigehalten werden, damit hereinkommende Personen keinen zu großen Störfaktor darstellen. Vor dem Halbkreis stehen die Pinwände, FlipCharts und sonstigen Medien, die der Moderator einsetzt. Allerdings sollten nur die Medien in der Aktionszone sein, die aktuell benötigt werden.

Die Stühle, auf denen die Teilnehmer teilweise bis zu drei Tagen sitzen, dürfen weder zu weich noch zu hart sein. Daher empfiehlt es sich, gepolsterte Stühle zu nehmen, aber trotzdem darauf zu achten, daß sie relativ hart sind. Sie werden sehen, daß das ein entscheidender Faktor ist. Sitzen die Teilnehmer auf zu weichen Stühlen, ermüdet der Rücken sehr leicht und es kommt zu Irritationen. Allein ein solcher Stuhl kann Ihnen die Hälfte des Lernerfolges nehmen, da der Teilnehmer immer wieder eine Aufmerksamkeitsverschiebung hat, die ihn daran hindert seine volle Konzentration auf das Thema zu lenken. Neben dem Sitzkomfort spielt auch die Ergonomie eine große Rolle. So sollte der Stuhl eine Armlehne aufweisen, die nicht vorne mit dem Stuhl abschließt, sondern dem Bein eine gewisse Bewegungsfreiheit nach rechts oder links läßt. Eine Unterstützung des Rückens muß ebenso gegeben sein. Optimal wäre ein Stuhl, der zusätzlich eine gewisse Schwingbewegung zuläßt, um ein aktives Sitzen zu unterstützen.

Stühle

Ergonomie

Elastizität

Für unsere Sinneswahrnehmungen ist nicht nur die Farbe, sondern auch die Oberflächenbeschaffenheit eines Gegenstandes von Bedeutung. Glatte Kunststoffoberflächen wirken im Gegensatz zu einer warmen Holzoberfläche kalt und tot. Im Seminarraum sollten möglichst natürliche Materialien eingesetzt werden, die Tradition haben und sich seit Jahrhunderten bewährt haben.

natürliche Materialien

Natürliche Materialien sind: Holz, Kork, Kokosfasern, Leinen, Mamor, Linoleum, Naturstein, Pflanzenöle, Wachse, Ziegel, Wolle, Baumwolle, Mineral- und Pflanzenfarben.

Fußböden in Seminar- und Gruppenräumen sollten aus Textilbelag (Baumwolle, Wolle), Sisal, Holz, Klinker oder Linoleum sein.

Vielfach werden aus praktischen Gründen oder um Kosten zu sparen, Kunststoffe und Kunstfasern eingesetzt. Um ein angenehmes Raumklima zu schaffen und das Wohlbefinden des Menschen positiv zu beeinflussen, sollten biologisch unbedenkliche Materialien eingesetzt werden.

16.8 Technik

ohne Technik geht es nicht

Ohne Technik geht es nicht; gerade in der Aus- und Weiterbildung hat die Technik große Fortschritte gemacht und die Methodik hat sich beträchtlich weiterentwickelt:

Elektro- und Medienanschlüsse, Videoverkabelung, Schalttableaus (stationär und mobil), Projektionstechnik, Ton und Akustik. Diese Auflistung läßt sich beliebig fortsetzen. Um so schwieriger ist es, der Anforderung zu entsprechen, die Technik so unauffällig wie möglich, aber so funktional wie notwendig anzuordnen und einzubauen. Wichtig dabei zu beachten ist, daß die Technik dem Menschen dienen soll und nicht umgekehrt. Dies bedeutet, nicht alles machbare in den Raum zu installieren, sondern gemessen an der didaktischen und humanistischen Vorgehensweise, die entsprechende Technik zu selektieren.

Technik dient dem Menschen

16.9 Aktivierung der Sinne

Im Sinne der Seminararchitektur erzeugt Gestaltungsvielfalt vielschichtiges Denken. Kreativität gedeiht da, wo das Umfeld den Menschen inspiriert, neue ungewohnte Gedanken zu erfassen. In den bisher aufgezeigten Kriterien der Seminararchitektur sind die eigentlichen Kernfunktionen (Seminarräume) nicht allein in den Mittelpunkt der Überlegungen zu stellen. Ganzheitlichkeit bedeutet hier, ein ideales Umfeld für den lernenden Menschen zu schaffen. Nicht nur das gestaltete Umfeld, wie ökologische und ästhetische Architektur, Licht, Farbe und Innenausbau, fördern das Wohlbefinden des Seminarteilnehmers, sondern auch das Bewußtsein des eigenen Ichs – durch die Aktivierung der menschlichen Sinne – trägt zur Lebensfreude, zur Freude am Erleben bei.

Kreativität

Von der Seite des „gefühlten Mangels", wie Hegel sagt, ist das Bewußtsein vieler einzelner wach geworden. Bedürfnisse nach intensiverem sinnlichen Erleben drücken sich in verschiedenen Formen aus. Diesem Bewußtsein und diesen Bedürfnissen gilt es, Angebote zu machen, die gelassen, gelöst, spielerisch erprobt werden können.

intensives sinnliches Erleben

Die alltäglichen Anlässe zu solchen Erfahrungen werden immer spärlicher, die Fähigkeiten immer unterentwickelter, sie wahrzunehmen, wahrhaft aufzunehmen und zu eigenem Vermögen zu machen (Rudolf zur Lippe, Dr. phil.).

Sinneserfahrungen Beschreibung der Stationen (im Haus)

1. Spiegelphänomene
2. Optikphänomene (Fresnel-Linse)
3. Farbphänomene
4. Akustikphänomene (Klangfiguren nach Chladni, Summstein Hugo Kükelhaus)
5. Mathematik (Die Lösung des Unlösbaren)
6. Mechanik (Drehscheibe, Balancierscheibe, Doppelhelix)
7. Tastsinn (Fühlkasten)
8. Wasserglocke

Beschreibung der Stationen (außerhalb des Gebäudes)

9. Schwingende Balken
10. Große Balancierscheibe
11. Partnerschaukel

Die vorgenannten Erlebnisobjekte stellen nur eine kleine Auswahl dar und berücksichtigen die räumlichen Möglichkeiten in den Pausenzonen eines Seminarhauses sowie in eventuellen Grünanlagen außerhalb eines Hauses.

16.10 Pausenzonen

aktive Kommunikation

Bei heute vorherrschendem Verständnis von der aktiven Kommunikation spielen die Pausen und die für diese Zeit zur Verfügung stehenden Räume eine wichtige Rolle. Besonders bei Anlagen mit mehreren Seminarräumen sollte für die Gruppierung dieser Räume um ein Forum plädiert werden – spärlich möbliert, da die Teilnehmer in den Pausen Bewegung suchen. In

informelle Kontakte

diesem Forum finden die so wichtigen informellen Kontakte in zwanglosen Gruppen oder Zweier-Gesprächen statt. Da wird Gehörtes nachbereitet, da werden Konflikte angesprochen. Man sucht sich oder man geht sich aus dem Weg. Das Ganze sollte ein wenig vergleichbar dem Theater-Foyer, natürlich auch mit Getränke- und eventuell einer Imbiß-Ausgabe kombiniert oder ausgestattet sein. Darüber hinaus kann dieses Forum auch noch als

Plenum bei Veranstaltungen mit großen Gruppen genutzt werden oder – bei geschickter Anordnung – in Gruppenarbeitszonen aufgeteilt werden. Ausstellungen können hier stattfinden, in denen die zu bearbeitenden Themen begleitend visualisiert werden. Und mit etwas Phantasie sind noch weit mehr Nutzungsmöglichkeiten denkbar.

Ausstellungen

Bei einer großzügigen Raumgestaltung sollte das Verhältnis von Seminarräumen zu Pausenzonen 3 : 1 sein. Ein polygonaler Zuschnitt des Raumes mit Ecken, Nischen und Ausbuchtungen ist ideal. Die Pausenzone sollte tageslichtdurchflutet sein, mit vielen Pflanzen, Ausstellungswänden für Kunst, Kultur und Hausinformationen. Die Möblierung ist locker, ohne erkennbare Ordnung und sollte Sitzmöglichkeiten zum Alleinsein beinhalten.

polygonaler Zuschnitt

Eine ausreichend große Pausenzone ermöglicht den Teilnehmern, ihre Bedürfnisse nach Bewegung, Kommunizieren und Informieren auszuleben:

Bewegung und Kommunikation

- Abstellflächen für Pausenverpflegung, z.B. Sideboards
- Stehtische und Wandborde
- kleine Ecken und Nischen zum Sitzen und Stehen in Zweier- oder Kleingruppen, die auch für die Gruppenarbeit genutzt werden können.
- Verbindung nach Draußen – Pausenmöglichkeit im Freien
- Tageslicht
- Steigerung des Wohlbefinden, durch offenen Kamin, Musik ...
- Reaktivierung der Sinne durch Erlebnisobjekte
- Kunst, z.B. Bilder, Skulpturen

16.11 Literatur

Literatur

Wittling, W.: Einführung in die Psychologie der Wahrnehmung, Hamburg 1976.

Neuland, R./Petters, G./Pfeffer, S./Poremba, H.: Grundlagenermittlung und Kostenschätzung für ein Seminarhotel, Eichenzell 1986.

Neuland & Partner: Seminar-Unterlage „Grundlagen ganzheitlicher Seminararchitektur", Eichenzell 1992.

17. Anwendungsfelder

Die Bandbreite der Anwendungsfelder zu beschreiben, ist kaum möglich, da jeder Moderierende eigene Einsatzgebiete schafft und diese immer wieder variieren. In einer Analyse der Anwendungsfelder kommt jedoch eine eindeutige Präferenz zutage. Problemlösungen werden am häufigsten moderiert. Die Analyse zeigt aber auch eine Vielzahl von anderen Einsatzgebieten auf.

Problemlösungen kommen am häufigsten vor

Die Frage „*Welche Themen lassen sich mit der Moderation erarbeiten?*" brachte folgende, bereits geclusterte Antworten:

Themen der Moderation

Problem-Lösungen
- Ursachenforschung
- Erarbeiten der noch offenen Fragen
- Ausarbeiten von Lösungsmöglichkeiten
- Evaluation von Varianten (Gewichten)
- Finden neuer Lösungsmöglichkeiten
- Bearbeitung einer Diagnose
- Konsequenzanalyse

Organisation
- Entwicklung eines Organigrammes
- Erstellen einer Ablauforganisation
- Gemeinsame Büroraum-Planung

Mitarbeiter-Schulung
- Erfassung des vorhandenen Wissens
- Bildungsbedarfs-Analyse
- Feststellen der Wissenslücken
- Erfolgskontrolle
- Gemeinsame Ausbildungs-Planung
- Gestaltung von Lernprozeßen

Marketing/Verkauf
- Erarbeitung von möglichen Zielsetzungen
- Verarbeitung der Kundenargumentation
- Erarbeiten der Bedürfnisse des Kunden
- Darstellung von Einsatzmöglichkeiten (Produkt/Dienstleistung)
- Erkennen von Chancen/Risiken
- Ausarbeitung von Marketing-Strategien
- Briefing-Gespräche

Konfliktlösung
- Darstellung eines Soziogrammes
- Ausarbeiten von Konfliktursachen
- Berabeitung von Lösungsmöglichkeiten

Arbeitstechnik
- Delegation
- Techniken der Zusammenarbeit
- Kontrolle
- Zeitplanung
- Arbeitsplanung
- Zielplanung

Information
- Erfassen von Informationsbedürfnissen
- Meinungsumfrage: Darstellen der Schwerpunkte
- Soll-Ist-Vergleich mit Analyse

Organisationsentwicklung
- Prozeßbegleitung

Kommunikationsform
- Besprechung
- Seminar
- Tagung/Kongreß
- Kunden-/Mitarbeiter-Gespräch
- Beratung

Anwendungsfelder

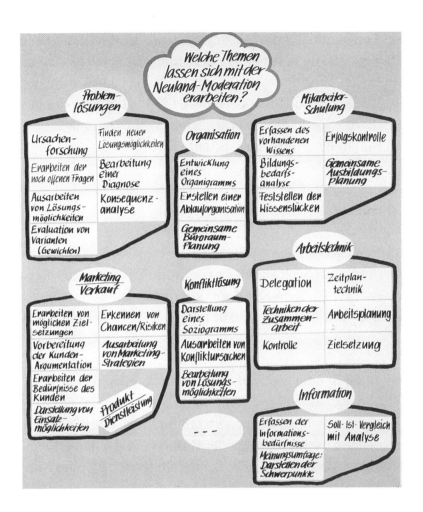

Die vielfältigen Einsatzgebiete reichen von moderierten Patienten-Gesprächen in einer Diät-Klinik über moderierte Beprechungen beim Bürgermeister bis hin zu moderiertem Unterricht. Die klassische Anwendung der Moderation bei Quality Circles oder Problem-Lösungssitzungen in den Unternehmen ist um immer weitere Felder angewachsen.

Einsatzgebiete

Die Frage nach den Grenzen der Moderation ist längst nicht mehr eine Frage der Komplexität des Problems, der Anzahl der Beteiligten oder des Grades der Aggression. Vielmehr sind Faktoren wie Unternehmensphilosophie und didaktisches Design entscheidend.

eine Frage der Unternehmensphilosophie und des didaktischen Designs

Die immer wieder gestellte Frage nach kulturellen Unterschieden ist kaum von Belang. Menschen aus den verschiedensten Gesellschaftsstrukturen

kulturelle Unterschiede

arbeiten und reagieren auf die Moderation ähnlich. Moderation funktioniert in Zimbabwe gleich wie in Amerika oder Hong Kong. Ob es sich um arme Länder wie Indien handelt oder um industrialisierte wie Australien, der Prozeß der Moderation bleibt unverändert. Die Philosophie der Moderation ist so generell, daß sie zu dem menschlichen Verhalten ansich paßt und so kaum einer kulturellen Anpassung bedarf.

17.1 Die moderierte Besprechung

moderierte Besprechung

In Besprechungen kommen mindestens zwei Personen zusammen, um (einen oder mehrere) Sachverhalte zu erörtern. Es wird in der Regel unterschieden zwischen Problem-, Ziel- und Informationsbesprechungen. Besprechungen werden häufig und in fast jeder hierarchischen Stufe durchgeführt.

Die Besprechung ist eine weit verbreitete Kommunikationsart.

Die Konferenz ist eine Besprechung im größeren Stil oder anderer hierarchischer Konstellation. Neben den bei der Besprechung aufgeführten Formen existieren ebenso Motivations- oder Lehrkonferenzen. Sie sind seltener als Besprechungen.

Einsatzgebiete

Folgende Einsatzgebiete der Pinwand sind bei Besprechungen und Konferenzen möglich:

- zur Festlegung der Tagesordnungspunkte
- zur Visualisierung des Gesprächsverlaufs
- zur Aufstellung eines Tätigkeits- oder Maßnahmenkataloges
- zur Vorinformation der Teilnehmer durch Schaubilder, Abläufe, Erklärungen, etc.
- zur Anwendung von Kreativitätstechniken wie Brainstorming, Verfremdung, etc.
- zur Protokollierung

Der Wirkungsgrad einer Besprechung wird mit der Moderations-Methode auf folgenden Wegen verbessert:

Wirkungsgrad

- Alle Besprechungsteilnehmer bringen ihre Bedürfnisse und Ansichten ein.
- Die Teilnehmer arbeiten aktiv mit bei Zielsetzung und Arbeitsprozeß.
- Das Arbeitstempo ist frei wählbar.
- Die Teilnehmer analysieren ihre eigene Situation.
- Die Teilnehmer bringen ihre eigenen Informationen ein.
- Die Besprechungsergebnisse werden in Form eines Fotoprotokolls festgehalten.

Damit eine Beprechung erfolgreich verläuft, ist eine gute Vorbereitung unerläßlich. Schon allein dieser Zwang führt zu einer Verbesserung der Effizienz. Ferner muß streng getrennt werden zwischen Sitzungsleitung und Moderation. Der Moderator ist der „Methodenmann", der dafür sorgt, daß die Sitzung plangemäß abläuft. Der eigentliche Sitzungsleiter in der traditionellen Form entfällt, er wirkt als Teilnehmer mit und bringt seine eigenen Ansichten und Ideen gleichberechtigt mit den übrigen Teilnehmern ein.

gute Vorbereitung

17.1.1 Die Besprechungsvorbereitung

Die folgenden Vorbereitungsarbeiten sind vorzunehmen:
1. Bestimmung der Teilnehmer: Es sind nur solche Teilnehmer aufzubieten, die zur Sache wirklich etwas beitragen können und auch genügend über das Besprechungsthema informiert sind.
2. Festlegen der Dauer: Die Bearbeitungszeit kann mit etwas Erfahrung recht gut geschätzt werden. Wichtig: Reservezeit vorsehen für Unvorhergesehenes.
3. Reservation des Arbeitsraumes: Beachten Sie, daß die Moderation mehr Raum als üblich beansprucht.
4. Vorbereitung des Materials und der Dramaturgie: Die benötigten Plakate (Pinwand-Papier) sind zu beschriften und in der richtigen Reihenfolge vorzubereiten.
5. Einladung der Teilnehmer: Bei der Einladung ist speziell darauf hinzuweisen, daß mit der Moderations-Methode gearbeitet wird. Nötige Unterlagen sind vorher zuzustellen.

Zielsetzungen   Bei der Vorbereitung der Besprechung ist entscheidend, mit welcher Zielsetzung ein bestimmtes Thema bearbeitet werden soll. Wir können die folgenden wichtigsten Fälle unterscheiden:

- Vorbereiten oder Fällen von Entscheidungen,
- Bearbeiten einer linearen Problemlösung,
- Bearbeiten einer kreativen Problemlösung,
- Bearbeiten eines Konfliktes (emotionales Problem),
- Informations-Vermittlung.

17.1.2 Die Dramaturgie

Dramaturgie   Speziell die Dramaturgie richtet sich nach der vorgegebenen Zielsetzung. Im folgenden finden Sie einige Dramaturgie-Vorschläge, die in einfacheren Fällen eingesetzt werden können. Die Beispiele beziehen sich auf die oben genannten Fälle.

Entscheidung

Entscheidung   Hier behandeln wir den Fall einer „Ja-Nein-Entscheidung". Zuhanden der Entscheidungsinstanz erarbeiten wir die Entscheidungsgrundlagen. Ausgangslage ist die Frage, ob wir etwas tun sollen (= „ja") oder den bisherigen Zustand belassen wollen (= „nein", sog. Nullvariante). Als Beispiel verwenden wir den Fall *„Sollen wir ein zusätzliches Verwaltungsgebäude bauen?"*

1. Errichten eines Verwaltungsgebäudes
    1.1 Was spricht dafür?
    1.1 Was spricht dagegen?
2. Mit welchen Konsequenzen müssen wir beim Bau rechnen?
    2.1 Auf jeden Fall
    2.2 Vielleicht
    2.3 Gar nicht

Problemlösung

Beispiel für ein Problemlösungs-Thema: *„Wie beseitigen wir die Lärmbelästigung in unserem Arbeitsumfeld?"*

1. Welches sind die erkannten Symptome?
2. Welche Ursachen führen zu der Lärmbelästigung?
    - 2.1 Häufig/immer
    - 2.2 Gelegentlich
3. Welche Ziele wollen wir erreichen?
    - 3.1 Sofort/unmittelbar
    - 3.2 Später
4. Welche Möglichkeiten haben wir zur Beseitigung?
    - 4.1 Personell
    - 4.2 Sachlich
    - 4.3 Organisatorisch
5. Welche Vorschläge können wir realisieren?
    - 5.1 Sofort
    - 5.2 Später
6. Wie gehen wir vor? (Zuständigkeiten, Termine)
7. Mit welchen Widersprüchen müssen wir bei der Realisierung rechnen?

Informations-Vermittlung

Oft ist es besser, Informationen an die Besprechungsteilnehmer nicht einfach schriftlich oder per Einweg-Vortrag weiterzugeben. Vielmehr kann z.B. mittels der Moderation festgestellt werden, ob bestimmte Fragen offen geblieben sind oder Erläuterungen notwendig sind. Hier einige Frage-Möglichkeiten:

1. *Was ist noch offen geblieben?*
2. *Was soll noch vertieft werden?*
3. *Mit welchen Widerständen ist wahrscheinlich zu rechnen?*
4. *Wer muß noch informiert werden?*
5. *Worauf müssen wir bei der Realisierung besonders achten?*

17.2 Moderation in der Schule

Moderation in der Schule

Schule wandelt sich von einer Institution der Belehrung zu einem Ort der Beteiligung. In allen Schulformen soll immer häufiger miteinander und selbstverantwortlich gelernt und gearbeitet werden. Grundlage dafür bieten pädagogische Ansätze wie „Handlungsorientierter Unterricht", „Kommunikativer Unterricht" und „Offener Unterricht". Gemeinsam ist diesen Ansätzen das Ziel, die Schülerinnen und Schüler am Unterricht aktiv zu beteiligen.

didaktische Überlegungen

Diese aktive Beteiligung entsteht durch die Arbeit mit der Neuland-Moderation, denn die Schülerinnen und Schüler erreichen schrittweise

Planungskompetenz
dadurch, daß der Unterrichtsablauf durch das Visualisieren stets transparent wird und sie zunehmend selbst an den Planungsprozessen beteiligt werden;

Methodenkompetenz
dadurch, daß sie aufgefordert sind, in Gruppenarbeitsphasen unterschiedliche Methoden eigenständig beim Erarbeiten und Vermitteln anzuwenden;

kommunikative Kompetenz
indem sie lernen, sich – unterstützt durch ihre Beiträge auf Karten und Streifen – differenziert auszudrücken, einander zuzuhören und dabei unterschiedliche Meinungen und Entwürfe zu akzeptieren;

fachlich inhaltliche Kompetenz
indem sie lernen, sich vertiefend auf eine Fragestellung, einen Sachverhalt, eine Übung einzulassen und die Ergebnisse anderen visuell und sprachlich zu vermitteln;

kreative Kompetenz
dadurch, daß sie aufgefordert sind, beispielsweise während der gemeinsamen Ideenfindung in Ruhe beim Schreiben der Karten quer zu denken und später Arbeitsergebnisse informativ und interaktiv zu präsentieren;

Anwendungsfelder

die Kompetenz, vernetzend zu denken
indem sie ihre Ergebnisse mit den Ergebnissen anderer – auch fächerübergreifend – visuell auf den Pinwänden zusammenfügen und inhaltlich miteinander verbinden.

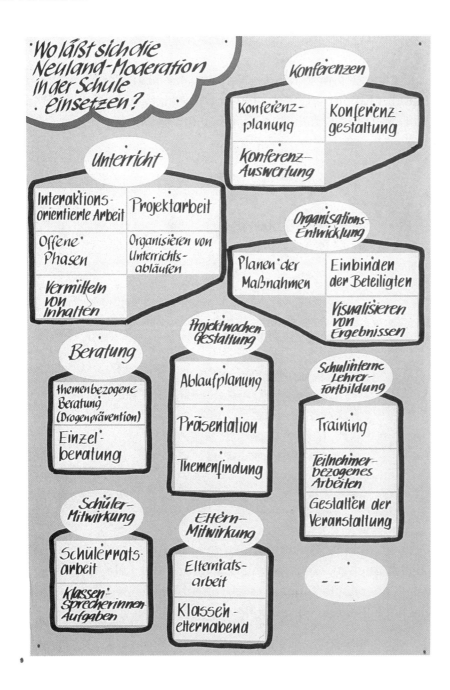

Beispiel: Umweltlernen konkret

entdeckendes und forschendes Lernen

Die Moderationsmethode eignet sich besonders auch für entdeckendes und forschendes Lernen. Sie hilft bei der Systematisierung in Sammlungs- und Erkundungsphasen, schafft für den Lernenden Übersicht und vermittelt dadurch Einsichten (vgl. Imhof: Schüler wollen lernen).

Ernährungsverhalten der Waldtiere

Eine Klasse erkundet im Wald den Nahrungskreislauf der Tiere. Im Vordergrund steht das Ernährungsverhalten der Waldtiere. Das Thema ist im Unterricht bereits behandelt. Die Arbeitsaufträge werden von den Kindern verstanden:

Die Kinder sammeln in Zweiergruppen in kleinen Plastikbeuteln Fraßspuren von Eichhörnchen, vom Specht, das Gewöll der Eule, von Rehen verbissene Zweige, abgenagte Tannenzapfen, angebissene Beeren der Eberesche, einen Büschel Fellhaare, ausgerupfte Vogelfedern etc.

Die Funde werden auf einer Pinwand angeheftet und nach folgenden Gesichtspunkten bestimmt:

Bestimmung der Funde

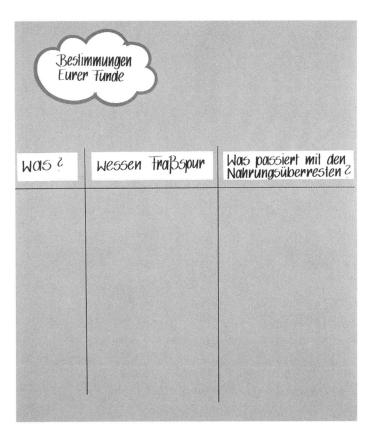

Bestimmungsbücher und Schaubilder bzw. Zeichnungen helfen den Schülern bei der Zuordnung.

Im nächsten Schritt wird der Nahrungskreislauf des Waldes an der Pinwand rekonstruiert, indem der Kreislauf von den Nahrungsproduzenten, wie Pflanzen, über Waldtiere als Konsumenten bis zu den sog. Destruenten, wie Pilze, Bakterien und kleine stoffzersetzende Kleintiere, deutlich wird.

Nahrungskreislauf

An der Pinwand sind die zentralen Stationen des Stoffkreislaufes bereits vorgegeben:

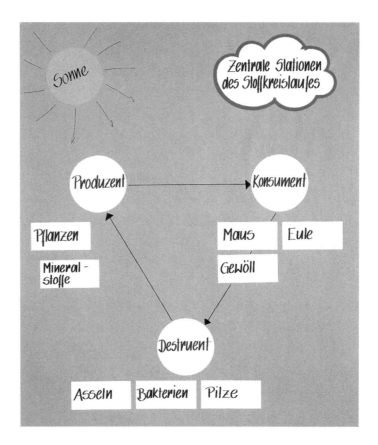

Abstraktionen mit eigenen Funden konkretisieren

Die Schülerinnen und Schüler haben die Aufgabe, in Gruppenarbeit die ökologischen Abstraktionen (auf Kreiskarten) mit Hilfe ihrer eigenen Funde (auf Rechteckkarten) zu konkretisieren.

Dieses idealtypische Kreislaufsystem arbeitet rückstandsfrei und ist in jedem Ökosystem nachvollziehbar. Vom Menschen angestrebte technische Stoffkreisläufe erzielen nirgendwo dieses vollkommene Recycling. Depots, wie Müllberge, sind die zwangsläufige Erscheinung.

Photosynthese

Der Antriebsmotor dieses Kreislaufes ist die Sonne: Im Rahmen der Photosynthese werden die verbrauchten Nahrungsmittel von ihrer Endstufe in wiederverwertbar hochwertige Energieträger, wie Pflanzen, verwandelt, und dienen so den Konsumenten erneut als Lebensgrundlage. Damit schließt sich der Kreis.

Entscheidend für den pädagogischen Prozeß ist hierbei neben der inhaltlichen Seite, für deren Richtigkeit nicht zuletzt der Lehrer bzw. die Lehrerin steht, der Prozeß der Erarbeitung.

Beispiel: Pädagogische Konferenz: Wir wollen unsere Schule weiterentwickeln (vgl. Imhof: Moderationsmethode und Schule)

Das Bewußtsein vieler Lehrerinnen und Lehrer ist geprägt von den belastenden Erfahrungen in Schule und Unterricht. Probleme, den Erwartungen von Eltern, Schulaufsicht und Schülern gerecht zu werden, vielleicht Auseinandersetzungen mit einem Kollegen oder einer Kollegin oder einer Gruppe im Kollegium über Unterrichtsziele oder Lehrerverhalten, Unzufriedenheit mit dem Erreichen der eigenen Ansprüche, entwickeln sich oft zu einer immer größer werdenden Belastung. Die positiven Schul- und Unterrichtserfahrungen werden dabei in den Hintergrund gedrängt.

belastende Erfahrungen der Lehrer/-innen

Verabredet sich also ein Kollegium oder eine Teilkonferenz einer Schule zu einer Pädagogischen Konferenz oder einem Pädagogischen Tag, so sollte auf alle Fälle auch eine Stärkenbilanz vorgenommen werden. Die Planung der Konferenz mit Hilfe der Moderationsmethode könnte folgendermaßen aussehen:

Stärkenbilanz

> Was gefällt mir an meiner Schule?

wird in einer Zuruffrage beantwortet. Die Zurufe werden vom Moderator ggf. mit Unterstützung eines Partners aus der Gruppe schriftlich gesammelt, an der Pinwand angeheftet und schließlich geordnet.

Zuruffrage

Was belastet mich im Lehreralltag?

Kartenfrage wird über eine Kartenfrage von den Teilnehmern beantwortet. Über diese Kartenfrage sollen die Problemfelder erschlossen werden, die nach Änderung verlangen. Daher brauchen die Betroffenen Zeit, ihre Gedanken zu sammeln und schriftlich zu fixieren.

Über die Doppelfrage

> Was können wir kurzfristig ändern?

und

> Was sollte langfristig geändert werden?

wird eine Lösungshierarchie gefunden, die über eine Punktfrage erfolgt.

Gruppenarbeit In einer Gruppenarbeitsphase wird anschließend die Frage bearbeitet:

> Wie sehen die Schritte zur Entlastung aus?

Was wollen wir ändern?	Wie sieht die Änderung aus?
Welche Hindernisse stehen der Änderung entgegen?	Wer? Tut was? Bis wann?

Am Ende des ersten Schrittes stehen so konkrete Verabredungen für erste Verbesserungsansätze. Die kleinen pragmatischen Schritte, die sichtbare Ergebnisse zulassen, sind dabei den großen Lösungen vorzuziehen, da diese im Schulalltag unterzugehen drohen. Machbares und Erkennbares sollten die Entscheidungskriterien sein. Nur auf diesem Weg kann Frust vermieden und sichtbarer Erfolg erreicht werden.

17.3 Moderation bei Großveranstaltungen

Für alle Veranstaltungen, an denen mehr als 18 Teilnehmer zugegen sind, ist die Moderations-Methode empfehlenswert. Sehr oft zeichnen sich solche Zusammenkünfte durch eine ineffektive Ein-Weg-Kommunikation aus.

Veranstaltungen mit mehr als 18 Teilnehmern

Die meisten Tagungen und Kongresse werden immer noch von Referaten, Vorträgen und sinnlosen Diskussionsformen geprägt. Das eigentliche Potential, die Teilnehmer, bleibt durchweg ungenutzt.

Die Moderation kann hier neue Wege aufzeigen. Zwei Beispiele sollen die Grenzen und Möglichkeiten der Moderation bei Großveranstaltungen verdeutlichen.

17.3.1 Beispiel 1: Großworkshop

1. Beispiel: Großworkshop mit ca. 70 Teilnehmern eines Funktionsbereiches in einem Industrieunternehmen zur Optimierung der Zusammenarbeit der dazu gehörenden drei Abteilungen.

Großworkshop

Ausgangssituation: Funktionsbereichsleiter Materialwirtschaft (3 Hauptabteilungen: Zentraleinkauf, Materialverwaltung, Verkehrsbetriebe) äußert Unbehagen im Hinblick auf
- mangelnde Kooperation,
- unzureichende Information,
- schlechte Kommunikation.

Es entstehen Reibungsverluste.

Ausgangssituation

frühere *Lösungsansätze*

Frühere Lösungsansätze sahen wie folgt aus:

- Konferenzen, Gespräche, Sitzungen
- Verordnungen, Richtlinien
- Trainings

Die Ergebnisse waren bisher insgesamt nicht sehr befriedigend.

17.3.1.1 Lösungsansatz

neuer Lösungsansatz

Neuer Lösungsansatz:
- Tagung mit Workshop-Charakter
- ca. 60 - 70 Teilnehmer
- Teilnahme aller Führungskräfte
    - Mitglied der Unternehmensleitung
    - Funktionsbereichsleiter
    - Hauptabteilungsleiter
    - Abteilungsleiter
    - Sachbearbeiter

Ziel

Ziel:
- Aufzeigen aller Reibungsverluste,
- gemeinsames Erarbeiten von Lösungen und
- gemeinsames Verabreden künftiger Maßnahmen.

17.3.1.2 Dramaturgie

1. Tag

Nr.	Form	Aktion	Dauer	Zeit	*Dramaturgie*
1.	Plenum	Begrüßung und Statement des Funktionsbereichsleiters	20 Minuten	14.50 Uhr	
2.	Plenum	Einleitung der ersten Gruppenarbeit und Einteilung	10 Minuten	15.00 Uhr	
3.	Gruppenarbeit	gemischte Gruppen, d.h. Teilnehmer aus ZE, MV, VB in einer Gruppe arbeiten an folgender Frage: *„Von uns als integrierter Materialwirtschaft wird erwartet ..."*	60 Minuten	16.00 Uhr	
4.		Pause, Präsentationsvorbereitung (Folie)	30 Minuten	16.30 Uhr	
5.	Plenum	Präsentation und Diskussion, Statement des Fachleiters	30 Minuten	17.00 Uhr	
6.	Gruppenarbeit	2. Gruppenarbeit abteilungsbezogene Gruppe: *„Damit wir als ... unsere Aufgabe optimal erfüllen können, müssen ... folgendes tun. Formulieren Sie Ihre Forderungen möglichst konkret an die beiden anderen Abteilungen!"* Kartenfrage, Klumpen, Liste, Mehrpunkt-Frage, Rangreihe	2 x 60 Minuten	19.00 Uhr	

7.		Abendessen	90 Minuten	20.30 Uhr
8.	Plenum	Präsentation (Verwendung der Pinwände) als Info-Markt	30 Minuten	21.00 Uhr

2. Tag

9.	Plenum	Einpunktfrage: „*Wenn ich an die Wünsche der anderen denke, fühle ich mich ...*" Stimmungsbarometer	10 Minuten	8.40 Uhr
10.	Gruppenarbeit	gleiche Gruppeneinteilung wie 2. Gruppenarbeit „*Aus unserer Sicht sind die Forderungen ... erfüllbar, weitgehend erfüllbar teilweise erfüllbar, kaum erfüllbar, Begründung*" (Mehr-Punktfrage) Entwicklung von Maßnahmen (Zuruffrage)	2 x 60 Minuten	10.40 Uhr
11.		Pause, Präsentationsvorbereitung	30 Minuten	11.10 Uhr
12.	Plenum	Präsentation und Diskussion	60 Minuten	12.10 Uhr
13.		Pause, 20 Minuten Zeitpuffer	110 Minuten	14.00 Uhr
14.	Gruppenarbeit	gemischte Gruppen „*Welche Anforderungen haben wir ... an dritte?*" (Zuruffrage) anschließend Mehr-Punktfrage und Liste	60 Minuten	15.00 Uhr

| 15. | Plenum | Präsentation | 30 Minuten | 15.30 Uhr |
| 16. | Plenum | Schlußstatement und Vereinbarung über Abarbeitung der Maßnahmen | 30 Minuten | 16.00 Uhr |

17.3.2 Beispiel 2: Arbeitssicherheitstagung

Beispiel 2: Arbeitssicherheitstagung in Workshop-Form mit ca. 250 Teilnehmern.
Ziel: Reduzierung der Arbeitsunfälle und Sensibilisierung aller Verantwortlichen;
Arbeit in acht Gruppen mit 16 Moderatoren.

Tagung

Ausgangssituation: Zunehmende Arbeitsunfälle im Unternehmen. Unbefriedigende Sensibilisierung unserer Führungskräfte/Mitarbeiter bezüglich der Arbeitssicherheit.

Ausgangssituation

Bisherige Lösungsansätze: Fülle von Einzelseminaren, Vorträge, Filme, usw. zum Thema „Arbeitssicherheit"

frühere Lösungsansätze

17.3.2.1 Lösungsansatz

Neuer Lösungsansatz:

neuer Lösungsansatz

„Arbeits-Sicherheits-Tagung"
- ca. 250 Teilnehmer
- Mitglieder der Unternehmensleitung, Spartenleiter, Produktionsleiter, Meister, Vorarbeiter, Arbeitssicherheitskräfte

Ziel: Das Motto der Tagung ist Programm:
Alle Unfälle sind vermeidbar!

Ziel

Präsentation der Ergebnisse:
- Fotoprotokoll an alle Teilnehmer
- genauer definierte Aktionspläne für Abteilung „Arbeitssicherheit"

Ergebnisse

Ergebnisse:
- Arbeitssicherheitsausschüsse heruntergebrochen in die Abteilungen
- Rückgang der Unfallzahlen
- Arbeitssicherheitszirkel

17.3.2.2 Dramaturgie

Schwerpunktthemen:
- 1. Welche Probleme haben Führungskräfte bei der Erreichung/Durchsetzung von Arbeitsschutzmaßnahmen?
- 2. Wie können bereits bei der Planung Gesichtspunkte der Arbeitssicherheit besser berücksichtigt werden?
- 3. Warum ist sicherheitsbewußtes Verhalten im Betrieb zu wenig ausgeprägt?
- 4. Wie kann das vorhandene Gefahrenpotential jedem Mitarbeiter bewußt gemacht werden?

Dramaturgie

Ablauf: Aufteilung der Gesamtteilnehmer in 8 Gruppen

Vormittag:
- Zusammensetzung der Gruppen möglichst ausgewogen aus allen Ebenen
- Präsentation der Ergebnisse als Vernissage
- Bereitstellung der Ergebnisse für Gruppen am Nachmittag

Nachmittag:
- Zusammensetzung der Gruppen nach Hierarchie und Fachkompetenz, z.B. alle Produktionsleiter, alle Konstrukteure
- Erarbeitung von Aktionsprogrammen zur entscheidenden Reduzierung von Arbeitsunfällen unter der zentralen Forderung: *„Was kann ich persönlich tun ..."*

Programm

09.00 Uhr Begrüßung
09.10 Uhr Stand und Bedeutung der Arbeitssicherheit in unserem
 Unternehmen
09.30 Uhr Einführung in die Gruppenarbeiten
09.40 Uhr 1. Gruppenarbeit
 Diskussion und Ideenfindung zu den Schwerpunktthemen 1. bis 4.
 Präsentation der Ergebnisse der Gruppenarbeiten als Vernissage

12.00 Uhr Mittagspause
 gemeinsames Mittagessen
13.45 Uhr Fortsetzung der Präsentation als Vernissage
14.10 Uhr 2. Gruppenarbeit
 Erarbeiten von Aktionsprogrammen zur wirkungsvollen
 Reduzierung von Arbeitsunfällen
15.30 Uhr Präsentation der Ergebnisse und Diskussion
16.15 Uhr Schlußwort
16.20 Uhr Ende der Veranstaltung

17.4 Persönliche Arbeitsorganisation

In den bisherigen Anwendungsfeldern der Moderation wurden Beispiele dargestellt, bei denen stets mehrere Personen bei der Bearbeitung beteiligt waren. Selbstverständlich eignet sich die Moderations-Methode ausgezeichnet auch für Einzelarbeit, insbesondere zur Unterstützung der persönlichen Arbeitstechnik. Die folgenden Anwendungsbeispiele geben Ihnen Hinweise (vgl. Bataillard: Die Pinwand-Technik):

Einzelarbeit

Problemlösung im Alleingang

Anstatt ratlos am Schreibtisch zu sitzen und am Bleistift zu kauen, stehen Sie auf und bearbeiten an der Pinwand mit Hilfe von Karten Ihr Problem. Zunächst überschreiben Sie die Pinwand mit Ihrer Problemstellung. Darunter tragen Sie auf Karten die Symptome und die Ursachen des Sie beschäftigenden Problems ein. Auf einer zweiten Pinwand tragen Sie Lösungsvorschläge

Problemlösung

auf Karten auf. Selbstverständlich kann sich diese Arbeit in Einzelschritten über mehrere Tage erstrecken. Gut bewährt hat sich das Verfahren, die Wand mit den aufgesteckten Karten während dieser Zeit stehen bzw. hängen zu lassen. Immer wenn Ihnen ein neuer Gedanke kommt, tragen Sie diesen auf Karten ein. So ergibt sich allmählich und in mehreren Etappen ein klares Bild Ihres Problems. Selbstverständlich steht Ihnen jederzeit auch die Möglichkeit offen, einen oder mehrere Kollegen zur Mithilfe zuzuziehen. Dank der visuellen Darstellung ist eine Zusammenarbeit ohne weiteres möglich.

Reorganisation

Reorganisation
Wollen oder müssen Sie Ihre Abteilung oder Ihr Unternehmen reorganisieren? Schreiben Sie jede Funktion auf ein Kärtchen. Nun können Sie die Kärtchen entsprechend den Über- und Unterstellungen beliebig verschieben und neu gruppieren. Zur besseren Unterscheidung können Sie z.B. Stabsstellen auf runden Kärtchen und Linienstellen auf viereckigen Karten aufzeichnen. Zur weiteren Verfeinerung verwenden Sie Karten mit verschiedenen Farben. Nach Abschluß der Arbeit können Sie das auf der Pinwand dargestellte Organigramm fotografieren. Damit ersparen Sie sich aufwendige Zeichenarbeit.

Ideensammlung

Ideensammlung
In der Ableitung der systematischen Problemlösung können Sie selbstverständlich die Pinwand auch spontan für die Ideensuche einsetzen. Zu einem bestimmten Thema, zu dem Sie Ideen suchen, schreiben Sie Ihre Einfälle auf Karten und pinnen diese an die Pinwand. Auch hier wird die gut sichtbare Visualisierung Ihre Kreativität fördern!

Planungsarbeit

Planungsarbeit
Auch einfache Planungsarbeit läßt sich problemlos auf der Pinwand durchführen. Sie schreiben die einzelnen Arbeitsschritte beispielsweise in eine Aktivitäten-Liste oder gruppieren die Karten nach logischem Arbeitsablauf. Durch Verbinden der einzelnen Schritte mit einem Strich entsteht auf diese Weise eine netzplanähnliche Darstellung. Dank der großen Beweglichkeit der Darstellungsweise lassen sich Änderungen im Ablauf leicht vornehmen. Eine andere Darstellungsform der Planungsarbeit kann auch mit Mind-Maps erfolgen.

Weitere Anwendungsmöglichkeiten
Mit etwas Erfahrung und Phantasie finden Sie speziell für Ihre Bedürfnisse noch weitere Anwendungsmöglichkeiten. Mit der Zeit wird die Pinwand für Sie ein nützliches und unverzichtbares Arbeitsmittel.

17.5 Literatur

Bataillard, V.: Die Pinwand-Technik, Zürich 1985.
Dokumentation - 2. Internationaler Moderations-Markt, Bad Honnef 1989.
Glaeser, K.-H./ Schlie, D.: Ihr Nutzen beim Einsatz der Neuland-Moderation in der Schule, Eichenzell 1995.
Imhof, M.: Moderationsmethode und Schule, aus: Schüler wollen lernen, Eichenzell 1995.
Tosch, M.: Brevier der Neuland-Moderation, Eichenzell, 1994.

Literatur

18. Stichwortverzeichnis

Aggressivitätsfaktor	6
Akkomodator	41
Arbeitsformen	24
Architektur	7, 271ff
Aristoteles	4
Assimilator	41
Aufnahme- und Verarbeitungsprozesse	19
Bewegung	12, 33
Biorhythmus	13ff
Converger	41
Corporate Communication	2
demokratisches Verhalten	16
Dienstleistungsunternehmen	1
Diverger	41
Dramaturgie	8, 213ff
Düfte	38
Eigenverantwortlichkeit	16
Elemente, affektive	8
Elemente, kognitive	8
Elemente, psychomotorische	8
Ergonomie	7, 283
Ernährung	9ff
Erwachsenenpädagogik	16
Essen	9ff
Farbe	7, 275ff
Flipchart	8, 268
ganzheitliches Arbeiten und Lernen	4, 5
Ganzheitlichkeit	4
Gestaltpädagogik	27ff
Gruppeninteraktion	29

Stichwortverzeichnis

Holismus	4
Informationsverarbeitung	20
Klima	7, 279
klösterliches Lernen	20ff
Kneten	21
Kritkfähigkeit	16
Lachen	17ff
Leistungstief	15
Lern- und Arbeitsdramaturgie	8ff, 195ff
Lern- und Arbeitsfeldgestaltung	6ff, 271ff
Lern- und Arbeitsprozess	5
Lernblockaden	48
Lernen, affektiv	24ff
Lernen, erfahrungsorientiert	27ff, 40, 73 – 118
Lernen, kognitiv	24ff
Lernen, multisensorisch	25
Lernen, psychomotorisch	24ff
Lernen, selbstbestimmt	22ff
Lernen, sozial interaktiv	23ff, 52
Lernmethodik	23ff
Lernprotokolle	51
Lernpsychologie, humanistische	47ff
Lernrhythmus	19ff
Lernsandwich	19ff
Lernstile	38ff
Lernstörungen	48
Lerntagebuch	50ff
Lerntransfer	49ff
Lerntypen	38ff
Lernunterbrechung	20
Licht	7, 274ff
Lust-Erlebnisse	11

Mahlzeiten	9
Malen	21
Material	7, 259ff
Medien	8, 259ff
Moderator, die Rolle des	48
Musik	7, 34ff
Overheadprojektoren	2, 268
Pausenarrangements	9
Pausenintervalle	22
Phantasien, gelenkte	30ff
Pinwände	2, 259
Plato	4
Quickborner Team	2
Reflektion	20, 41-47
Rollenspiele	28ff
Sauerstoff	12
Schulungs-Techniken, Effizienz von	26
Selbstbestimmtheit	8, 16
Selbstlernprozesse	8
Sexualverhalten	6
Simulation	29ff
Sozialverhalten	6
Spaß	16ff
technische Lern- und Arbeitshilfen	8
Töpfern	21
Transparenz	3
Trinken	12
Übungen	27
ultradiane Rhythmen	13ff
Wissensdepots	8
Zucker	11

Für Ihre Notizen:

Für Ihre Notizen: